国家出版基金项目
NATIONAL PUBLICATION FOUNDATION

我的中国故事

海外汉学家视野里的中国

《我的中国故事》编委会 编
［荷］伊维德 等 著

北京时代华文书局

图书在版编目（CIP）数据

我的中国故事 ： 海外汉学家视野里的中国 / 〔荷〕伊维德等著 ；
《我的中国故事》编委会编 .
— 北京 ： 北京时代华文书局， 2018.7（2019.11 重印）
ISBN 978-7-5699-2497-8
Ⅰ. ①我… Ⅱ. ①伊… ②中… Ⅲ. ①访华观感Ⅳ. ① D609.9

中国版本图书馆 CIP 数据核字（2018）第 153438 号

我的中国故事：海外汉学家视野里的中国

WO DE ZHONGGUO GUSHI HAIWAI HANXUEJIA SHIYE LI DE ZHONGGUO

编　　者 |《我的中国故事》编委会
著　　者 |〔荷〕伊维德 等
出 版 人 | 王训海
责任编辑 | 胡俊生　余荣才　葛江霞
装帧设计 | 谢金宝　迟　稳
责任印制 | 刘　银
出版发行 | 北京时代华文书局 http://www.bjsdsj.com.cn
北京市东城区安定门外大街 136 号皇城国际大厦 A 座 8 楼
邮编：100011　电话：010-64267955　64267677
印　　刷 | 北京富诚彩色印刷有限公司 010-87971892
（如发现印装质量问题，请与印刷厂联系调换）
开　　本 | 787mm×1092mm 1/16　印　　张 | 20.75　字　　数 | 300 千字
版　　次 | 2018 年 8 月第 1 版　印　　次 | 2019 年 11 月第 2 次印刷
书　　号 | ISBN 978-7-5699-2497-8
定　　价 | 68.00 元

序

余 华

这本书收集了来自十四个国家的十五位汉学家的“我的中国故事”，这里面有五位是我熟悉和认识的：德国的高立希、罗马尼亚的白罗米、匈牙利的克拉拉、缅甸的杜光民、塞尔维亚的巴亚茨。

巴亚茨是不会讲中文的“汉学家”，这位作家兼出版商每年都来中国，我感觉如果房价不是太高的话，他会在北京或者青岛买下一套房子。我去过他在贝尔格莱德的地缘政治出版社，喝着土耳其咖啡的时候，他向我展示了已经翻译成塞尔维亚文出版的中国图书，还向我描述了他要出版更多中国图书的雄心勃勃计划，脸上洋溢出很想一口吃成一个胖子的表情。

这十五个“我的中国故事”来自不同的国家、不同的文化和不同的性别年龄，他们的研究、写作和翻译领域也是各不相同，从古代到当代，从文学到戏曲，从历史到政治等应有尽有。他们学习中文的经历和在中国生活的经历迥然不同，他们的中国故事也因此五彩缤纷。这些五彩缤纷的故事有一个地方是一致的，就是共同讲述了对中国的爱和对中国巨大变化的惊叹。

关于爱和变化，我要在这里和你们分享自己的故事。爱在不少汉学家那里经常是通过失望和想念表现出来的。先说失望，经常有汉学家向我讲述他们国家里的一些人对中国的无知，那时候他们的语气和表情充满了失望，需要我去安慰他们，我说这个仍然需要时间。我知道这些无知通常是由愚昧造成的。我刚去过里斯本，在那里的时候，一位中国留学生告诉我，她是前年过来留学的，租了一间房子，葡萄牙房东指着家里的冰箱问她，你见过这个吗？再说想念，我在国外的时候，经常有汉学家向我表达对中国的想念，有几位说到动情处眼睛湿润。今年 1 月下旬，塞尔维亚的汉学家安娜陪我前往波黑的维舍格勒，路上她说太想念北京了，甚至想念北京的雾霾，她希望自己明天就能够飞到北京，下了飞机做的第一件事就是狠狠吸一口北京的雾霾。我说今年冬天北京大风不止，雾霾被吹散驱走了，你下了飞机很可能吸不到雾霾。她说那我就狠狠吸一口北京的大风。

十天前的这个时候，我坐在里斯本的一家书店里，活动的主题是“变化、记忆和写作”，我从交易的角度讲述了中国变化的故事。我告诉葡萄牙的读者，中国人在吸收新的技术和新的生活方式时没有任何障碍，适应的速度之快令人感觉到新旧之间似乎没有距离，比如移动支付，短短几年时间，阿里巴巴支付宝的 APP（手机软件）和腾讯微信支付的 APP 差不多被装载进了所有的智能手机，从超市的收银台到办理证件的收费窗口，从大商场到街边小店，只要有交易的地方，差不多都有支付宝和微信支付的二维码放在显眼的位置，人们从口袋里拿出手机扫一下就轻松完成交易。我自己在中国已有一年多没有用过现金，也没有用过信用卡，因为手机支付太方便了。有些人上街时口袋里没有现金也没有信用卡，一部手机就可以完成所有来自生活的需求。于是乞丐也与时俱进，他们身上挂上了二维码，乞求过路的人拿出手机扫一下，用移动支付的方式给他们几个零钱。

我告诉他们，也就是三十多年前，不少中国人出差时担心钱被偷就把现金藏在内裤里，那是最安全的地方。在内裤的内侧缝上一个口袋，还会缝上纽扣，需要付钱时，手伸进去摸索一会儿，根据需要支付的金额，准确地摸出一张五角的或者一张一元的钞票来，因为钞票的大小不一样。女性都会去会找个隐蔽的地方悄悄摸钱；有的男性大大咧咧，会当着别人的面把手伸进内裤摸索，即使对面是一位或者几位女性也会这么做。这个动作要是在今天出现的话，很容易被指控为性骚扰。

最后我要说的是，中国图书进出口（集团）总公司编辑这部《我的中国故事：海外汉学家视野里的中国》，印证了一千四百多年前王勃的诗句：“海内存知己，天涯若比邻。”

2018 年 6 月 16 日

目录

既然我的背景中没有任何东西促使我作出这样的选择，我为什么下定决心要学习汉语？我对拉丁语和希腊语很是着迷，于是，我想学一种不仅历史悠久，而且现在依然活跃的语言和文化，最好这种文化尽可能远离欧洲传统。我曾考虑过梵文，但最终决定不学它，因为它和我熟悉的多数语言一样，属于印欧语系。我曾一度有过学习阿拉伯语的想法，但是，尽管《一千零一夜》很吸引人，我还是决定放弃，因为中东文化深受伊斯兰教的影响，不过是另一种与犹太教和基督教一样的一神教。这样，就剩下汉语这个选项了。汉文化既古老又鲜活，它的语言不属于我知道的任何语系，它的非字母文字也增添了吸引力。后来我才认识到，很明显，我的选择是基于极大的无知，但在十八岁这个年纪，不可动摇的自信弥补了这种无知。

——伊维德（荷兰）

中国文学之旅

伊维德（荷兰）

伊维德，荷兰翻译家、荷兰皇家艺术和科学院院士，致力于中国古典白话小说、中国戏剧和中国女性文学方面的研究，主要译著有荷兰文版《孟浩然文选》《李清照文选》《西厢记》等。

在我的家庭背景或少年时代的经历中，没有什么能让人联想到我最终会从事汉学研究。我出生于 1944 年，成长于冷战时期，在荷兰东北部的一个小村庄长大，父亲是当地一家合作乳制品加工厂的厂长。我的祖父母双方世代都是农民，与中国贸易或亚洲文化没有任何关系。我的家族中，除了一位学医的表兄，没有人上过大学。我从上小学开始，就对米卡诺（一种组装玩具，可以组装成各种运动的物体）非常着迷，于是父母认为，我长大后一定会成为工程师，并希望我能够进入一所高级技工学校。等我上了高中，很快发现，我对汽车、摩托车的内燃机及其实际应用没有一点感觉，对收音机、留声机、录音机或电视机等电子设备更是毫无兴趣。不过，我肯定有一些语言天赋，因为我喜欢学习外语。在选择学校时，我决定上六年制的高中（文科中学），那里教授的课程除英语外，还包括法语和德语、拉丁语和希腊语（最后两年还提供希伯来语选修课）。我一直非常喜欢这些语言类课程，而我自己阅读的内容，均远远超出课程要求的范围。

我大学时选择汉语语言与文化作为专业，或许与遗传有着某种关系，因为我的父亲高中毕业时曾想当一个飞行员，希望能随着工作周游世界。当对这个梦想的追求被我的祖父母阻止时，他就许下诺言，将来允许自己的孩子选择想学习的课程和想从事的职业。虽然他从未想到过有一个孩子会学习汉语，但是，当我宣布了自己的选择时，他没有提出任何反对意见。现在，在欧洲，每年有数千名大学生学习汉语，许多高中也教授汉语，但是在二十世纪六十年代初，很少有学生被这门课吸引。在第二次世界大战之前，荷兰汉语专业毕业学生可以指望被委派到远东事务办公室设在巴达维亚（现在的雅加达）的荷兰东印度群岛殖民管理当局工作，这个职位在1949年印度尼西亚独立后就被取消了。当时荷兰与中国的联系非常有限，1963年初，我来到莱顿大学询问学习汉语的可能性，我后来的老师告诉我，毕业后的工作机会，就算不是完全没有，也是极其有限。但是，当作为新生进入大学时，毕业的日子还藏在遥远的未来，我根本不在乎这个。二十世纪六十年代，荷兰到处都是就业机会，我从未担心过自己毕业后找不到工作，我的同学们也是如此。

既然我的背景中没有任何东西促使我作出这样的选择，我为什么下定决心要学习汉语？我对拉丁语和希腊语很是着迷，于是，我想学一种不仅历史悠久，而且现在依然活跃的语言和文化，最好这种文化尽可能远离欧洲传统。我曾考虑过梵文，但最终决定不学它，因为它和我熟悉的多数语言一样，属于印欧语系。我曾一度有过学习阿拉伯语的想法，但是，尽管《一千零一夜》很吸引人，我还是决定放弃，因为中东文化深受伊斯兰教的影响，不过是另一种与犹太教和基督教一样的一神教。这样，就剩下汉语这个选项了。汉文化既古老又鲜活，它的语言不属于我知道的任何语系，它的非字母文字也增添了吸引力。后来我才认识到，很明显，我的选择是基于极大的无知，但在十八岁这个年纪，不可动摇的自信弥补了这种无知。

当我离开家乡的小村庄来到莱顿，入学成为一名汉语语言文化专业的学生时，对中国了解多少？我不得不承认，少之又少。我读过的第一本英文原版小说，是赛珍珠（1892—1973）写的《牡丹》（*Peony*），它是在我

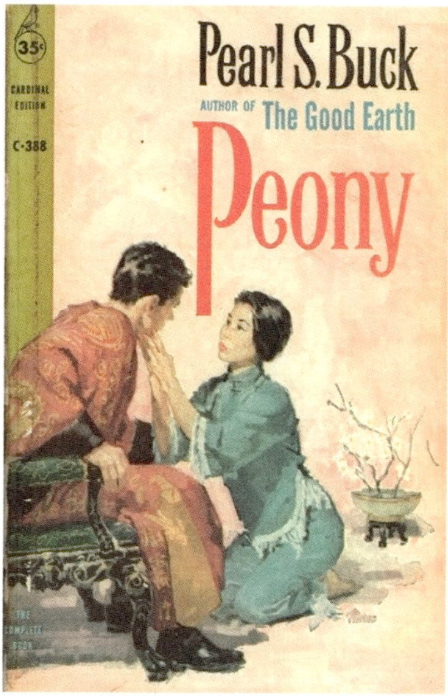

英语版 赛珍珠作品《牡丹》

荷兰语版 高罗佩作品《大唐狄公案》

上高中的小镇书店里买的简装书。《牡丹》并不是赛珍珠最著名的作品，但内容很有趣。书中的故事发生在二十世纪二三十年代开封最后的犹太家庭。这家人的儿子从外表看完全是一个地道的中国人，在日本人持续蚕食中国领土时，充满爱国热情，最后加入新成立的中国空军。这时，他爱上了家里的女仆牡丹。对这桩门不当户不对的婚姻，思想传统的父母大为恼火。但是，当儿子在对日作战中牺牲，牡丹怀孕，特别是在牡丹生下能延续香火的男孩之后，他们最终接纳了她。很久以后，我才意识到，赛珍珠在《牡丹》中描写的私情，源自巴金（1904—2005）的《家》（*Family*）。

我读过的关于中国的另一本书，是当时能找到的罗伯特·H. 高罗佩（Robert H. van Gulik，1910—1967）写的小说《大唐狄公案》（*Judge Dee*）的荷兰语译本。高罗佩是荷兰汉学家和外交官，但他的小说《大唐狄公案》是用英语写的，在荷兰以外的国度畅销后才开始出现荷兰语译本。我的父亲也是《大唐狄公案》的忠实读者，我周五晚上从村里的公共图书馆借来这些书，必须保证在周六下午父亲的周末开始之前读完。父亲最终收集到一整套荷兰语的《大唐狄公案》，后来被我继承下来。从上述情况应该很清楚地看到，我上大学前对中国的了解是非常有限的。但进入大学后，我发现，这种知识的欠缺也有好处。我的一些同学直言不讳地表示，因为对中国文化的某个方面兴趣浓厚而学习汉语，却难以接受学习语言需要花费的时间（以至于他们几乎全部转到其他专业），但我可以全心投入语言学习，没有这样的困惑。我一直喜欢学习语言，并且非常高兴地了解到，在莱顿，鉴于日本汉学奖学金的数量和质量，我们还将熟悉日语。

在莱顿大学学习汉语

1963 年 9 月，我开始在莱顿学习，直到 1968 年 3 月获得 doctoraal examen 文凭（大概相当于文学硕士学位）。在此期间，我最重要的老师是何四维（Anthony Hulsewé，1910—1993）、许理和（Erik Zürcher，1928—2008）和迪尔克·约恩克（Dirk Jonker，1925—1973）。何四维在第二次世界大战前曾接受过荷属东印度群岛事务的培训，在他到达巴达维亚加入远东事务办公室后不久，荷属东印度群岛即被日本占领，他在一个日本集中营里被扣押了三年。二战后，他很快来到莱顿大学，担任现代汉语讲师。不过，他的研究重点是两千多年前汉代的法律和制度。我上大学一年级那年，他教现代汉语语法课，后来，我又跟他上了《汉书》阅读和汉代史的相关课程。那些年，他在翻译关于西域的章节，我们阅读的就是那一章——不仅阅读正文，还包括清代考据大家写的大量注释。这些课程的内容经常是很枯燥的，但我还是非常感激这种汉语注释阅读对我的磨练。何四维是我们了解战前为殖民管理服务的传统汉学最后的联结者，而第二次世界大战前开始研究工作的许理和，在许多方面代表着二十世纪下半叶荷兰汉学研究的面貌。许理和的声望是从他的博士论文《佛教征服中国》（*The Buddhist Conquest of China*）开始确立的，论文讨论的是公元一世纪到四世纪中国知识分子如何接受并转化了印度佛教。他被任命为东亚史教授，特别关注东方与西方文化碰撞方面的研究，早期还投入多年时间，研究中国对马克思主义的接受与转化（关于这一课题，他发表的论文很少），之后，他将越来越多的时间投入明代后期进入中国的耶稣会布道团，以及十七世纪中国人对基督教的接受与转化（关于这一课题，他发表了大量论文，并在该领域培养了多位博士生）。迪尔克·约恩克在我入学时是汉学院中国资料中心的图书管理员，同时担任我们的文言文入门课程的教师。他还是唯一一位对中国诗歌感兴趣的人。他选择一生写过万余首诗词的宋代词人陆游（1125—1210）的作品作为（未完成的论文的）主题。给我们上日语课的是日韩语言与文化教授弗里茨·福斯（Frits Vos，1918—2000）。在那些年，日语专业的学生比汉语专业还少。1963 年我到莱顿时，只有一位新生在学习日语。

在学生时代，我对社会学和文学同样感兴趣。选择选修课时，我选的第一门课就是文化人类学与发展社会学。我对社会学的兴趣，是被有关中国农业表现的积极报道激发起来的（相比之下，世界其他地区饥荒和灾害的新闻经常令人沮丧），我的兴趣尤其集中在农村的发展。我认为，要理解农村的发展，还需要了解农业，就选热带农业作为第二门选修课。为了上这门课，我得去瓦赫宁根，因为那里有荷兰唯一一所农业大学。莱顿和瓦赫宁根之间的交通非常不方便，为了听一两节课，我要在路上花几个小时。并且，我必须承认，那些课程极其枯燥。冬季的一天，我出门晚了，冲下楼梯，指望着还能赶上火车，然而街上都是冰，我出门的时候滑倒了，摔了个四脚朝天。我仰面朝天躺在那里，不知道自己到底在做什么，当即决定放弃这门课。社会学课程和戈特弗里德·洛克（Gottfried Locher，1908—1997）留的阅读作业则让我获益良多。洛克在二战前曾与约翰·赫伊津哈（Johan Huizinga，1872—1945）一起从事研究工作，后来到帝汶岛进行人类学的实地考察工作。他有广泛的学术好奇心，让我订阅《泰晤士报文学副刊》（*Times Literary Supplement*），保持对荷兰以外学术发展的接触，我一直非常珍视这条建议。在 1967 年，想去中国进行社会学实地考察，显然是不可能的。那些年，社会人类学与发展社会学系的学生会被带到我家乡所在的德伦特省进行实习，所以，为了感受文化冲击，我被打发回家乡的小村，待在父母身边。

对于中国文学，我学生时代的兴趣集中在明清白话小说。十九世纪汉学家对中国的小说和短篇小说表现出浓厚的兴趣，因为这是了解中国社会生活的窗口。到二十世纪初，欧洲的汉学研究离开了这一课题，在清代伟大学者的引领下，主要对古典文学和哲学家进行研究，而此时，恰逢中国学者将传统白话文纳入中国文学的研究范畴。二十世纪五六十年代，在这一领域，美洲和欧洲学者只是在一味追赶日本和中国学者的研究。至于现代和当代小说，除了东欧学者外，我老师的那一代人几乎没有任何研究。因此，在像我这样的青年学生眼里，传统白话小说是中国研究一个全新而令人兴奋的领域。我的硕士论文研究的是话本，不仅包括冯梦龙（1574—1645）整理的大量著作，还有这些作品的一些早期版本，探究冯梦龙是如何对这些早期材料进行改写，使之符合自己的写作目标。

我接受的训练，一部分是正规课程，但我还从学生助理的工作中学到了许多。我的第一份工作是在汉学院的中国资料中心担任图书馆助理。我开始在中文图书馆工作时，迪尔克·约恩克还是图书管理员，但他的工作很快被威廉·阿克（William Acker，1907—1974）接替，阿克是一位身材高大，走路迟缓，性格极其温和的人。我的工作是将新收到的图书拆开包装，进行编目。那个时候，莱顿使用的是哈佛燕京图书馆的中文图书分类法。我知识有限，又缺乏经验，一定编错过许多书名。此后的日子里，部分卡片目录还在使用，我总会偶尔遇到自己早年书写的图书卡片。我的工作不太忙，这让我有大量机会，爬到书架上层，浏览藏书。后来我放弃了这份在书的海洋里畅游的轻松工作，成为社会人类学与发展社会学系的教师助理，有时会被要求上一节通识课程中有关中国的课。我的另一段重要的成长经历是一年一度的青年汉学大会。这项为期一周的活动，是从二十世纪四十年代剑桥大学和莱顿大学国际硕士课程演变而来，每年由欧洲不同的中国研究中心组织。虽然有越来越多的资深教师参加，但活动仍向各年级的学生开放。在莱顿，校方鼓励我们参加这项活动，提供旅行补助，这些费用最终由庚子赔款支付。我还是大一新生时参加的第一次青年汉学大会，在波尔多举办，后来参加的两次在利兹和哥本哈根郊区举办。活动非常精彩，展现了汉学研究的国际性质，让充满敬畏的学生能够看到这一领域资深学者的思想碰撞。

海外学习与事业起步

1968 年，我拿到 doctoraal examen 文凭时，已能阅读相当多的中文，但几乎不会说一句汉语，我想是时候去中国了。1950 年初，虽然荷兰承认中华人民共和国政府，但当时两国的外交关系处于低谷，即使有交换生协议也没有什么用，因为那时中国所有大学都是对外封闭的。我当然可以选择去台湾地区，但荷兰大学和台湾大学也没有交换关系，我的老师也不鼓励我去那里——相反，他们（私下里）笑话那些愚蠢的美国人，去前日本殖民地去学习汉语和中国文化。但荷兰与日本的确有一个交换协议：每年可以有一名荷兰学生去日本，享受为期两年的奖学金。1968 年，有一名日语学生获得这个奖学金的资格，但他的女朋友告诉他，如果他离开这么久，他们的关系就结束，所以他拒绝了申请。我是单身，不能失去这个好机会：于是我申请并通过测试，在当年 3 月底飞到日本，以便赶上 4 月 1 日开始的新学年。因为我想去一所位于讲标准日语的地区，而且外国学生较少的好学校，这样才能被迫说日语，于是我选择了札幌的北海道大学，选修了农村社会学专业。我的日语口语显然被认为是够用的，到东京几天后，就被送上开往北海道的火车。

在适应札幌生活的同时，我决定每天读几章中国传统小说，读我能拿到的任何小说，以免失去阅读能力。我在札幌的一年里，读了大量各类作品，许多都属于中国文学史的范畴，因为那段时间学校在教那些课，但不管怎么说，都非常有趣。后来的若干年，我都保持着每天阅读几章中国传统小说的习惯。这些关于战争与宫廷斗争、忠诚与谋反、爱情与背叛的故事，展示了与古典哲学读本或正史非常不一样的中国社会图景。阅读过程中，我经常（当然并不总是）一章一章整理简单的摘要，并记下我喜欢的方面。虽然我在札幌的学术导师对我非常好，带我和他们一起开展实地工作，但并没有激发出我对社会调查的强烈热情，而且因为阅读，我对文学的热爱有增无减，于是申请转学，并于 1969 年 4 月转学到京都大学。然而，我在日本那两年，日本青年一方面受到有关中国“文化大革命”的片面信息的鼓动，一方面被强烈的反对美日安保条约延期的情绪点燃，爆发了激烈的反抗行为，日本大学也受到学生暴乱的冲击。1969 年 1 月我前往京都大学拜访时，那里的教师似乎非常高兴，虽然他们学校和东京大学一样有自己的学生运动。到 4 月报到时，他们就不那么高兴了。校园的学术生活完全停顿，因为学生各派互相争斗，并与防暴警察发生冲突，整个 1969—1970 学年均无法上课，图书馆也关闭了。

“有其利必有其弊”，这是荷兰足球传奇约翰·克鲁伊夫（Johan Cruyff）说过的至理名言。由于大学关门，我流落到人文科学研究所（Jimbun kagaku kenkyujo）。那里的常规研究和阅读小组也取消了活动，但至少藏书丰富的图书馆还开放。似乎我是图书馆为数不多的读者之一，工作人员总是非常热情地帮我找到需要的资料。现在，各大学都极力精简本科和研究生课程，迫使学生尽快完成课业。多年来，我已积累了足够的行政经验，理解其背后的理由，但仍会愉快地回想起在日本的那两年：没有明确的研究计划，只是广泛地阅读。只要对某个课题感兴趣，我就会追随这种兴趣，连续一周或一个月，然后转到下一个课题，就像一个贪婪又浮躁的杂食动物。在研究所，我遇到了田中谦二（Tanaka Kenji，1912—2002），早期中国白话文领域的杰出学者。作为青木正儿（Aoki Masaru，1887—1964）的学生，他曾与吉川幸次郎（Yoshikawa Kojiro，1904—1980）和入谷义高（Iriya Yoshitaka，1910—1998）合作研究元代戏曲。后来田中曾发表过关于诸宫调和散曲的论文。他心地善良，非常同情我和几位外国同学的处境，在那一学年的第二学期，决定组织一个元代戏曲阅读小组。这是我第一次接触中文原文的杂剧。我们在这个小组中慢慢啃下的剧本是《杀狗劝夫》，这并不是此类大师的主要作品，但它是一部非常生动的喜剧，舞台表演一定非常成功，因此，特别适合向初学者介绍。对我来说，它至少激发了我对元代戏曲的热爱，并使我适时地将兴趣扩大到传统戏曲和表演文学的其他门类。在小组会上，我们使用吉川、入谷和田中他们研究整理的元代戏曲资料的注释版本。在课上，田中痛惜的是，虽然注释都是用中文写就的，但这些版本在中国找不到读者。

我在日本的学业即将结束时，收到来自荷兰的两份工作邀请。一份来自社会人类学与发展社会学系，暗示我在适当的时候能发表关于苏里南中国人社区的社会志。另一份来自汉学院，1969 年，由许理和发起成立了当代中国资料中心。我决定接受第二份邀请，因为这份工作能让我集中精力研究中国本身，他还保证，我能够拿到奖学金。那个夏天我待在香港，在联合研究所进行研究。我不在荷兰的时候，汉学院为努力提高现代汉语的

青年时期的伊维德先生

教学质量，聘用了一位来自香港的年轻人，他在讲普通话的家庭长大。我在香港时，住在他父母家，不过，我必须承认，尽管他的母亲努力用汉语与我交谈，我的会话技巧没有提高多少。在联合研究所，我收集中华人民共和国建国初期曲艺改革的资料。我在联合研究所的研究，是基于对中国大陆出版物的分类剪报进行的。我的同学（多数是来自美国的博士生）对我每周订的资料数量印象深刻，他们以为我是从头读到尾的，并没有发现我只是找到每份资料中与我的课题相关的小栏目。直到今天，我还精心保存着那几个月记下的笔记，却从未写下这项工作的结果。不过，我很高兴地看到，最近几年，出现了许多关于这个课题的中文和英文专著。我还尝试过购买经由中国和苏联返回荷兰的火车票，但最终还是坐飞机回到了荷兰。

在中国研究资料中心，我的工作是跟踪社会发展，重点关注教育改革。在我回到欧洲时，欧洲对当代中国的兴趣倍增。受到美国当代中国研究蓬勃发展的影响，德国大众汽车基金会提供资金，鼓励欧洲对当代中国社会进行学术研究。在一次以这种方式资助的国际会议上，我对格拉斯哥大学的杰克·格雷（Jack Gray，1926 年出生）对毛泽东思想发展模式的强力辩护印象深刻。那些日子，我经常在面向荷兰听众的演讲中，歌颂中国政府在“文化大革命”时期的政策，尽管我并不是不知道这其中的代价，因为我在香港待过。我们在资料中心对中国发展的研究，几乎完全依据由英国广播公司制作的中文广播的详细英文摘要，以及由中央情报局编制的同样详细的中文报纸英文摘要。那些年的中国很像月球的背面：你知道它在那里，但不能去，除非你是“朋友”，因此我越来越感到困惑。当然，在适当的时候，我们会了解到自己在多大程度上被当时不正确的关于中国的宣传所误导，并且造成我们这一代的许多人，对中国当局所有说法均持怀疑态度，即使我们欣赏中国 1978 年以来所取得的伟大进步。

虽然我第一份工作的重点是当代社会发展，但我的博士论文仍关注传统白话小说。我一直在阅读能拿到手的所有传统小说，并精心设计了一个方案，根据预期读者区分中国传统小说，并根据小说结构的变化，将其发展阶段化，试图与中国明代和清代精英阶层的社会发展相关联。我采用法国马克思主义文学史学家吕西安·戈德曼（Lucien Goldmann，1913—1970）的“生成结构主义（genetic structuralism）”方法，理解他的作品。和许多论文一样，我的项目也过于野心勃勃。最终，我以两个超大的脚注，对我设想的贯穿中国小说全部历史的中国小说虚幻历史进行介绍。我先写了一篇 50 页的尖锐的评论文章，综合评述捷克学者 Jaroslav Průček（1906—1980）的文章，对通常认为明代白话短篇小说是源自宋代说话（说书）艺人写的故事提纲提出质疑；然后，我又写了一篇同样长的文章，提出元代的平话也不一定是源自艺人的提纲，而且作为中国历史事件面向军人在内的广大听众进行讲解，这种形式会更好被理解。这时，许理和介入了。因为莱顿大学新的论文规则，允许论文包含已出版的文章，他向我的指导教授何四维建议，我应该将这两篇文章合并，加上引言和结论，这就足够拿到学位了。何四维同意后，我接受这个建议，于 1974 年 10 月 30 日完成了论文答辩。拿到博士学位后，我很愉快地放弃了对贯穿整个历史的传统白话小说历史的研究。在后来的岁月里，我仍会偶尔翻阅当时做的大量阅读笔记。

获得博士学位时，我已离开了资料中心。1973 年 1 月，迪尔克·约恩克在春季学期开始前的周末突然去世。那是一个周一的早晨，我来到汉学院，被问到是否愿意接手他的古典汉语与中国文学课程。我当场就同意了——1973 年的中国对接待来访者异常挑剔，但这个国家的历史对所有人是一视同仁的。我从未对自己这个突然的决定后悔过，而当中华人民共和国改变政策，对外开放后，我更加欢欣鼓舞。中国文学足够丰富多彩，让我在后来的研究生涯中感到愉快而充实。何四维退休后，我作为他的继承人，被任命为汉语语言文学学会主席，继施古德（Gustaaf Schlegel，1840—1903）、高延（J.J.M. de Groot，1854—1921）、戴闻达（J.J.L Duyvendak，1889—1954）和何四维（A.F.P. Hulsewé）之后，我成为该职位上的第五人，但是第一个没有在中国待过很长时间的人。我曾于 1974 年短暂访问中国台湾地区，1977 年夏天再次前往，这一次待的时间较长。中国对外开放后，我于 1978 年和 1979 年作为导游来到中国，1980 年代表莱

伊维德（左二）与友人合影

顿大学访问中国，1983 年作为交换学者在北京大学待过三个月。虽然在这些访问及后来的多次访问中，与资深学者、同事和学生的接触令我受益匪浅，但是，这些经历与作为交换留学生在中国多年的荷兰和其他国家的学生所获得的教益无法相比，当“文化大革命”的创伤慢慢愈合，这种留学生的交换项目越来越普遍。与留学生们相比，我的汉语口语实在是太差了，时至今日仍令我羞愧。

我在莱顿任教直到 1999 年。在这些年里，我还以客座教授身份在马诺阿的夏威夷大学（1977 年春）、伯克利的加利福尼亚大学（1992 年秋）和哈佛大学（1998 年春）授课（每个地方一个学期）。1987 年，我得到富布莱特奖学金的慷慨支持，作为访问学者，在美国哈佛和伯克利逗留八个月。因此，当我受邀到哈佛继续我的职业生涯时，对美国的大学体系也并非完全不熟悉。在荷兰，我的工作总能得到全力支持，但哈佛提供了新的机会和挑战，我还是很高兴到那里去教书，直到 2013 年退休，我重新回到荷兰。

中国文学作品的荷兰语翻译

1970年夏天，当我回到荷兰时，向迪尔克·约恩克建议，我们或许可以试着将一些元代戏曲译为荷兰语。现在，荷兰或许已有很长的汉学传统，但在那时，几乎没有中译荷的传统。在荷兰，学习汉语的人数一直很少，早期荷兰汉学家更愿意以法语或英语发表他们的研究成果。中国文学的荷兰语翻译凤毛麟角，而且大多为二手翻译。一些转译作品，例如林语堂（1895—1976）作品的荷兰语译本，以及弗兰茨·库恩（1884—1961）用德语改写的中国传统小说的荷兰语版本，应该说，一经出版就大受欢迎。因此，荷兰汉学家直接将汉语译为荷兰语，应该是一种创新。但是，当我将自己翻译的元代戏曲的第一稿交给迪尔克·约恩克审校时，换来的是并不愉快的反馈。我是急切地完成翻译，他却是个非常细致的人，花了大量时间把我的译本与原文对比，并以其渊博的中国古典诗歌知识，指出了我犯的许多错误。我不得不羞愧地承认了那些错误，而且他还提醒我荷兰语的不当之处。结果，我们一起重新仔细阅读原文和译文，直到最终的结果让我们都满意。终于，我们编选出五篇元杂剧，命名为 *Vermaning door een dode hond*（《杀狗劝夫》），除了作者不详的《杀狗劝夫》，还收录了关汉卿的《窦娥冤》和《救风尘》，康进之的《李逵负荆》和白朴的《梧桐雨》。我们很幸运，恰好一家希望从那些年的“中国热”获益的荷兰出版社 Arbeiderspers（工人出版社），已开始编辑一系列关于中国的书，正在急切地寻找书稿，不然的话，我们很难找到出版商。但我不得不汇报一下，销售情况令人沮丧，即使打折出售也没好到哪去。尽管这个项目对荷兰公众产生的影响力很低，但它的一个好处是教会了我在从事翻译时，要注意源语言和目标语言的各个方面。

迪尔克·约恩克去世前，我们就已开始选择话本进行荷兰语翻译，在他去世后，最终以 *De aap van begeerte*（《美猴王》）的名称出版。众所周知，传统白话小说，在散文式的叙述中点缀大量各种形式的诗歌。为了强调叙事的松散性与诗歌严格对仗之间的对比，我尝试将诗歌也翻译成押韵诗。如今，我已经相当了解写荷兰语押韵诗的诀窍（这在当年并不流行）。我也开始大量阅读十九世纪荷兰语押韵诗，以加强我的韵律技能。但是，尽管我成功地将某些中文诗歌译为通顺的押韵诗，最后，还是承认自己失败了。为了押韵，我要么得重新排列诗的内容，接受非常不自然的荷兰语，增加没用的废话，要么接受蹩脚的韵律。只有数量非常有限的诗歌，碰巧能译成可以接受的荷兰语诗歌。当然，这是因为汉语比印欧语言，如荷兰语和英语，更容易押韵。即使汉语中的“窄韵类”，也提供了大量的词汇选择，相比之下，在英语和荷兰语中，只有一两个押韵词是相当常见的情况。但当我放弃将中国诗歌翻译成押韵版本时发现，实际上，将中国诗歌变成荷兰语的抑扬格，还是相当容易的。对于将中国诗歌翻译成盎格鲁—撒克逊语，亚瑟·威利（Arthur Waley，1889—1966）在二十世纪初期引入一种革命性的方法，放弃尝试押韵，不再使用任何固定格律，而是采用“跳跃韵”（用包含五个重音，以一个或多个非重音隔开的英文诗，翻译中文的五言诗；用包含七个重音的英文诗，翻译七言诗）。这种方法非常适合五言诗，但他翻译的七言诗，至少以我浅薄的观点看，经常变得更像散文。或许是由于英语和荷兰语的区别（或者因为我读了太多十九世纪的诗歌），我发现，我译为荷兰语的中文诗中，有许多句子都能自然地形成抑扬格，我不得不在许多诗句中有意避免这种情况，或者调整某些句子的翻译，使之不自发地表现为这种形式，避免阅读译文时产生不和谐的感觉。为了强调中国诗人和西方诗人一样，更多拘泥于受约束的跳跃，我决定选择第一种方式，在翻译诗歌时，统一采用抑扬格，将汉语的五言诗变为五个音步的荷兰语诗歌，将七言诗变成七个音步的荷兰语诗歌（后来，在翻译《诗经》时，我还会偶尔使用扬抑格音步）。我使用谐内韵和行内韵，在一定程度上弥补尾韵的缺失。较长作品的转韵通常表示主题的转变，我则使用空行表示。我知道，许多中国读者阅读中国诗歌，将押韵作为基本元素，但在翻译中放弃押韵，可以使诗歌的再创作更接近中文的语序和排比等修辞方法。我个人的观点是，牺牲押韵的好处，远远大于坚持押韵的负面结果。在近几十年发表律诗翻译以来，我一直没有改变对这一问题的看法。

我第一次在翻译中国诗歌时系统化地应用这种方法，是翻译唐代禅僧寒山的一本诗集。他的诗在日本一直很受欢迎，二十世纪五十年代加里·斯奈德（1930 年出生）首次发表一小部分他的诗，从此流行起来，之后又被译为法语和德语。我也对寒山很感兴趣，因为他被称为唐代的白话诗人之一，最终我翻译了一本诗集，包含他的二百首诗。对中国古典诗歌翻译为荷兰语产生兴趣之后，我一鼓作气，翻译了一小部分盛唐时期的诗歌，白居易（772—846）的 100 首诗歌选集及杜甫（712—770）的 144 首诗集。应荷兰一家主要出版社 Meulenhoff 的邀请，我整理并翻译了从《诗经》一直到清代初期的中国古典诗歌大型选集，1991 年问世，名为 *Spiegel van de klassieke Chinese poeëzie*（《中国古典诗歌之镜》），不仅包含了从《诗经》《楚辞》选取的大量诗歌，还选取了一定数量的赋。广泛选取著名诗歌的同时，我也收录了一些词和散曲。说起来很伤心，这是我唯一销售情况很好的荷兰语中国诗歌作品，多次再版。许多荷兰读者读惯了模仿汉斯·贝特格（1876—1946）和克拉邦德（Klabund，1890—1928）的德式中国情调的作品，或者威利的更清醒一些的荷兰浪漫式改编作品，读了我的作品后对中国诗歌的质朴风格和现实性感到非常惊讶。这本诗集虽然容量很大，却没有试图收录所有中国名诗。中国的诗集选编者采用的尺度与外国读者的品味不同，例如，白居易诗歌的中文选集关注他抗议社会的政治性诗歌，而西方读者最受感动的，是描写他失去小女儿的诗，这首诗我在他作品的中文诗集中从未见过。我个人也同意杜甫或许是中国最伟大的诗人，但同时发现，他也是作品最难翻译的诗人之一，倒不是因为他的语言，而是因为他直言不讳的儒家思想——对仕途失意的抱怨，并不是荷兰读者阅读诗歌时期望看到的。不过，我没有翻译一些非常著名的诗歌，最重要的原因，很简单，并非所有诗歌都能翻译好。许多著名的中国诗歌，诗句短小，甚至极短，依靠发音和内容的微妙组合形成效果，又经常不是直抒胸臆，而是情感表达隐晦。不增加大量令人眼花缭乱的注释，就无法在译文中再现诗歌的生动。长诗则经常包含足够的材料，以创造属于它们自己的思想氛围和感情冲突，因此，我的诗集比通常的诗集多了一些长诗。当然，我也会利用编选者的特权，收入一些自己偶然发现而且又偏爱的作品。

从那之后，我仍继续将中国诗歌翻译为荷兰语。我翻译了盛唐诗人崔颢（695—758?）的全部诗作，以及第二本白居易诗歌（散文）集，它选材更广泛，还有一本女性诗人作品大型选集。我发表在各类杂志中的翻译作品，最终结集为 *Transparante tranen*（《晶莹的泪珠》，2008 年）。在翻译中国古典诗歌的同时，我还发表了另一本白话短篇小说集和一本唐代传奇集，并与两位同事——伯查德・曼斯维特・贝克（Burchard Mansvelt Beck）和休伯特・范斯特拉顿（Hubert van Straten）共同翻译选自蒲松龄（1640—1715）《聊斋志异》的故事集。这些作品与二十世纪八十年代开始出现的现代和当代诗歌散文的荷兰语译作一起，通过直接翻译，使荷兰读者越来越了解古往今来丰富多彩的中国文学。

也许是因为我在高中时代就接触到了古代的伟大史诗，我对叙事诗一直很痴迷。中国通俗文学中这种诗歌类型非常丰富，通常以说唱文学的形式出现，欧洲极少有对这类资料的收集，反映出传统文人对这种白话资料的不屑。很显然，只有岁月的沉淀，才会给这些文字带来体面。提供现代注释版本，是我第一次翻译与董解元（公元 1200 年）的《西厢记诸宫调》有关的此类文学作品的主要原因。后来，我还翻译了较早的、作者不详且仅有片断保留下来的《刘志远诸宫调》。来到美国的第一年，我还完成了两卷敦煌变文的翻译，一卷是关于各种体裁的佛教文本，另一卷是非佛教文本。江永出土的（用标准文字转录的）“女书”资料的发表，使我能够将原载于女书的自传体文字连同一组在妇女间流传、讲述她们生活中遇到的问题的叙事诗歌编译成集。通过我的一个学生梅林宝（Mark Meulenbeld）的论文，我注意到《香山宝卷》，于是又忍不住将妙善公主的感人故事译为荷兰语。

英文翻译

英语不是我的母语，我从小使用荷兰语（方言）。虽然我一生需要处理的学术文献都是英文，也在美国居住多年，但我还是很清楚，英语对我来说是外语。有许多词语和表达方式，我在书面文字中遇到时能够认识，但从来不会自然地使用。在哈佛大学教书时，我经常开始讲一句话，却不能以正确的语法结束。使用某些词汇时，我经常不能完全了解它的语域，以及确定其正确用法的微妙之处。作为外国人，我经常被恭维对这种语言的熟练使用，但和在中国一样，你很清楚这种恭维虽出于好意，却远非事实。翻译研究所涉及文章中的一段文字用以支持自己的论点是一回事，翻译一整篇文学作品，并致力于至少将其一些文学特质——即使不是全部推荐给目标语言读者，完全是另一回事。在翻译界有一条不成文的规矩，就是文学作品，无论是散文还是诗歌，最好让以母语为目标语言的人来翻译。因此，在许多年里，我虽用英文发表研究成果，我的翻译活动却仅限于母语。

如果没有愉快的巧合，往往故事就讲不下去了。二十世纪七十年代中期，《通报》（*T'oung Pao*）的一位编辑让我看看一位叫奚如谷（Stephen H. West）投给他们杂志的一篇文章，因为文章是关于元代戏曲的。就这样，我开始与奚如谷接触。我在火奴鲁鲁那个学年，曾飞到图森去见他。在谈论我们共同感兴趣的元代戏曲时，我们发现，两人都对这些戏曲如何表演感到好奇，因此决定合作编写一本关于1100年到1450年间中国表演艺术的资料性书籍，这就成了我们在之后几年做的事情。在写这本书的过程中，我们发现，自己需要的一部分重要资料，是以特定的职业表演为背景的剧目，因此，在书中收入五部这样的剧目（也意外地展示了十四世纪到十七世纪初不同版本杂剧的区别）。坐在一起进行翻译，或者通过越洋信件寄送我们对彼此作品的修改意见，或许非常耗时，但同时也很令人

伊维德译作荷兰语版的中国古代经典文学名著《西厢记》

兴奋。很显然，完成《中国戏剧资料 1100—1450》时，我们十分愉快，于是决定继续合作，重新翻译中国最著名的爱情喜剧作品，（十三世纪末）王实甫的《西厢记》。我们这次不像熊式一（S. I. Hsiung，1902—1991）译本那样使用金圣叹（1610?—1661）改编的版本，而是使用最早的版本，1498 年的精美绘图版。这个项目，我们也是花费了若干年才完成。最初以《月与琴》的名称发表，后经修订，使用了更为人熟知的名称《西厢记故事》，以平装书形式重印。

有了这些成就，我们的野心无限膨胀，计划编译一本早期戏剧的大型单卷选集，所选内容包括三十个剧本之多，每个剧本都使用其最早的版本。二十世纪九十年代，虽然离完成这个项目还有很长的路要走，却根本没有像我们设想的那样看到曙光。等到奚如谷从伯克利搬到了坦佩，我从莱顿搬到了马萨诸塞的坎布里奇，才有一位出版商找到我们，要求编写一本小型的元代戏曲选集，作为教材使用，我们才重新捡起这些材料。不仅编选了一本元代戏曲通用教材，还编选了一卷包含七个三国故事的剧目，一卷包含四个杨家将出征故事的剧目，一卷包含七部十四世纪流传下来的元代和明代早期杂剧。为了整合这些卷的内容，我们不能仅使用二十世纪九十年代的翻译资料，还要对那些译本进行修改，并翻译一些新剧，完善这几卷的内容。在三国剧目的空白处，我们还提供了《三国志平话》的全部翻译。还有更多的事情要做，因为我们希望再编选一卷关于传奇、一卷关于神的工作（也就是战争）的作品。

来到美国后，一些同事鼓励我将中国女性作品的荷兰语选集译为英文，我很犹豫。在这种情况下，我非常幸运地遇到了管佩达（Beata Grant）。她同意与我在这个项目上合作，将这本书译为英文，但当她把佛教和女性宗教的专业知识带进这个项目，最终成果《彤管：中华帝国时代的女性书写》（*The Red Brush: Writing Women of Imperial China*，2004 年），在很大程度上变成了一个与早期的荷兰语原型差异很大的合作项目。同我与奚如谷合作时习惯的方式一样，我们会并肩坐下通读全部文本，尤其是讨论英文翻译，为此，不仅讨论原文的含义，还会讨论怎样把这个含义最好地转化为英文。后来，管佩达和我还合作完成了《逃离血池地狱：目连及黄氏女的传说》（*Escape from Blood Pond Hell: The Tales of Mulian and Woman Huang*，2015 年）。

我不知道我的合作者如何评价我这个英文学生，至少到最后，我还是凭着自己的努力完成了英文翻译。我最初完成的项目之一是《香山宝卷》的英文版。受到这项工作的鼓舞，我继续翻译 1967 年发现的词话资料（1250—1450 年间的民谣故事）中关于包公断案的唱词。我为《剑桥中国文学史》（*The Cambridge History of Chinese Literature*，2010 年）撰写了一章关于明清丰富的通俗文学的内容后，开始自己进行更多的英文翻译工作。在讨论这部作品的范围和格式时，我强调应该包括一章通俗文学的内容，我的同事让我来撰写。接手这项工作后，我对这类文学作品几乎没有可用的英文翻译感到震惊。回到荷兰后，我就不时考虑多翻译一些这类文本，不过，动力仅限于我个人的热情，出版商认为这类作品不会有销路。由此，我很清楚地看到了美国和荷兰大学的差异，以及由此带来的美国和荷兰出版业的差异。在荷兰，只有一家大学开设中文课，课程主要是中文原版资料的阅读（非常细致，非常缓慢）。即使莱顿大学开设中国文学翻译课，学生人数也永远不会多到促使出版商出版一本面向大学本科生的中文译作。而在美国，大约有数百家大学开设中国文学翻译课程，出版商急于印刷有可能被大学本科课堂采用的资料，并强推给本科生，即使是关于中国文学领域的资料。在这里，我发现了机会，“宁做鸡头，不做凤尾”。从开始翻译有代表性的传统通俗文学作品起，我就很幸运，到目前为止，每个项目都找到了出版商。其中一些卷介绍同一个传说的不同版本(孟姜女、白蛇传、梁山伯祝英台、董永遇仙、庄子叹骷髅的故事），展示了由于时代、地域、体裁的不同，故事改编是如何改变故事的内容的。另一些卷则收录了某个地方体裁的文本（女书中的江永叙事诗歌、台湾歌仔册、客家山歌和民谣以及陇西地区珍贵的经卷）。有些译作发表在 *Renditions and Chinoperl Papers* 等期刊上，更多的收进《哥伦比亚中国民歌和通俗文学选集》（*The Columbia Anthology of Chinese Folk and Popular Literature*，2011 年）。

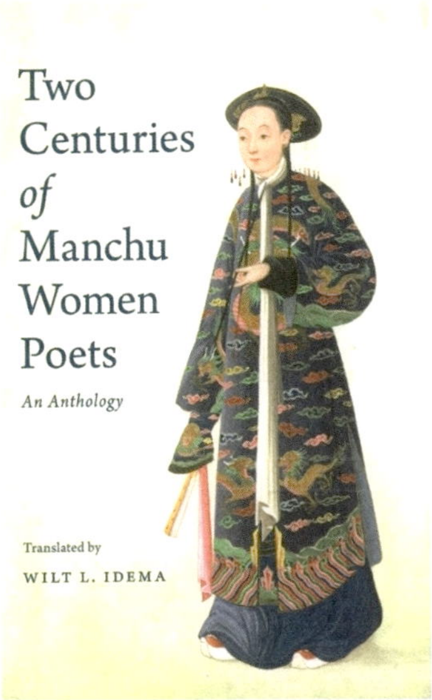

伊维德译作《满族女性诗歌二百年》（英文版）

结果可能不像期望的那样有代表性，但或许这是一个开始。目前，我正在研究阎罗王地下公堂猫鼠案传说的诸多版本，以及关于虫子的婚丧嫁娶、公案及战争的各类文字。到目前为止，对已经出版的各卷的评论文章，读者对我的英文的评判还算温和，所以我希望继续下去。

在对通俗文学的英文翻译中，我尝试区分文中使用的不同诗体（五言诗、七言诗、十言诗、诗词），但我并没有选择翻译为押韵诗。诗句部分与散文部分以不同排版的方式区分，不同诗体也以不同排版方式区分。我避开押韵翻译，是因为非母语语言中的重音是非常微妙的，很容易让人出错。不过，回到我最近发表的《满族女性诗歌二百年》（*Two Centuries of Manchu Women Poetry*，2017 年）中的女性诗歌，我还是无法抗拒诱惑，经常译为押韵诗。现在，只有等待评论家的反应，看他们是否会注意到，如果注意到了，又会作出如何反应。

在我的整个职业生涯中，很少涉猎现代和当代文学领域。我没有效仿与我同时代的许多汉学家，早期从事前现代课题的研究工作，从二十世纪八十年代中国对外开放、中国台湾地区结束军事管制后，就转向了当代课题。中国的这种变化不仅带来二十世纪八十年代的“文化热”，还带来中国台湾地区更加活跃的文化氛围。海峡两岸的文学均繁荣起来，文学必须比以往更加努力地与电影和新媒体争夺学生和学者的注意。我很享受对学生的论文进行指导的过程，他们赶上了中国文化的新繁荣时期，对新诗和小说充满热情，并选择以当代作家为主题撰写论文，还经常会翻译一两篇他们的作品。中国的这些新情况也意味着人文学科的复兴，与二十世纪中叶的几十年相比，我现在会以广泛的视角看待中国的前现代和现代文化。

关闭多年的图书馆和档案馆重新开放，学术著作开始出版，各种研究方法都受到欢迎。各国与中国的学术联系突然增多，中国学者和学生到海外学习，外国学生和学者在中国也受到欢迎，越来越多的中国大学与各国大学建立了交换关系。在前现代和现代研究的几乎所有领域，新的资料大量出现。从二十一世纪初开始，互联网的数字化技术进一步扩大了全球范围内研究中国第一手和第二手资料的可获取性。在传统通俗文学领域，自二十世纪八十年代以来，记录中国民间故事、民歌、戏剧和评书的大型项目开始启动，而中国对联合国教科文组织“非物质文化遗产”政策的接纳，进一步刺激了许多地方传统资料的出版。不仅中国的当代文化繁荣活跃，过去几千年的传统文化也被珍惜，对传统文化方方面面的研究，比以往任何时候都多。

最近几年，现代和当代文学的一个方面引起了我的兴趣，那就是，中国现代和当代文化如何接纳和改造传统的通俗文学。我在哈佛任教的最后一年，我和同事王德威（David Wang）共同上一门课，我们称之为“故事新编”。在这门课中，我们将中国四大民间故事的前现代版本，与这些故事的小说、舞台剧和银幕改编的版本进行对比。我们的课程从木兰从军的改编，然后讨论孟姜女、董永与七仙女，最后以梁山伯与祝英台和白蛇传结束。在讲述董永与七仙女的故事时，我被对这个主题重写的现代黄梅戏，也就是著名的《天仙配》迷住了。这部新版黄梅戏是二十世纪五十年代中国最流行的电影，1978 年重新放映时又吸引了大量观众。电影中的歌曲直到今天在中国都很流行。我在 2015 年写的《天仙配的衍变：地方戏曲革命（1949—1956）》（*The Metamorphosis of Tianxian pei: Local Opera under the Revolution (1949—1956)*）中，不仅收录了前现代版黄梅戏——1955 年在上海出版的改编版的全本翻译，还介绍了大量参与改编和表演改编版及电影版的人员所写的文章。

在作为一个译者的职业生涯中，我总是因为从中获得的快乐而不断向前——从选择文本，到反复阅读，到为每个中文句子或短语找到适合荷兰语或英语词汇。同时，我一直相信，提供完整的、不删减的翻译，是将中国文学的各个方面介绍给外国读者的最直接的手段。

1993年至2005年，我几乎走遍了中国所有省份（其中很多地方曾多次到访），五个自治区，香港、澳门特别行政区和中国台湾地区。每到一地，我都会发现好的方面和不好的方面。随后，我出版了几本书——英中或法中版本。我还曾为很多家（中国）媒体撰文，包括《人民日报》《北京青年报》《今日中国》法语版、《北京周报》法语版、《对外大传播》和《中国日报》等。我在文中表达了自己的观点，经常有一些批评意见，但从未被要求"删减"。不过，对我来说，最重要且最令我感动的奖励要数2001年获得的中国政府友谊奖和在2005年获得的中国永久居留权。有那么几年的时间，我一直担心有一天年龄会成为我受聘的障碍，然后我就不得不离开中国。但从此之后，我只需做一位好公民，就可以在中国一直走到生命的终点。这个国家对我的爱和我对她的热爱一样深厚。中国的开放程度远大于其他国家的想象。

——李莎·卡尔杜齐（加拿大）

我生命的三分之一在翻译中国

李莎·卡尔杜齐（加拿大）

加拿大旅华作家。1991 年起，李莎女士一直在中国工作和生活，长期致力于文化交流事业，把中国介绍给世界，将世界介绍给中国。主要译著：《狼图腾》（法文版）。

1991 年，谁会想到，我将在中国度过超过 25 年的光阴？我曾在 1985 年和 1989 年两次在中国短暂停留，仅对这个国家有一些浮光掠影的了解。随后，在蒙特利尔休假期间，我决定前往中国，去探究真正的中国：在那里，教与学完全不同于我 28 年来习惯的方式；在那里，礼貌的定义与我们的完全不同，有时候甚至会让人手忙脚乱；在那里，每天睡觉前学到的新中文词汇，都会出现在我的梦里。1991 年，我收到了一份在北京做法语和意大利语教师的工作邀请，我毫不犹豫地接受了。

按理说，在开始这份工作之前，我应该通过阅读做一些准备。但当时并没有关于中国日常生活的书籍，也没有告诉西方人在中国“什么该做，什么不该做”的课本。最重要的是，没有任何介绍外国人在中国经历的故事供我参考。毕竟，无论是马可·波罗的探险、利玛窦的经历或是翻译版的毛泽东诗词，都不能告诉我如何愉快地在中国生活。尽管如此，我还是设法将自己融入了中国的大环境。

不过，在当时，我的文学事业所涉及的只有诗词和小说。到了北京，我开始每天将自己在中国的经历记录下来，希望为加拿大和欧洲的外国人提供一个方向。我所遇到的问题很可能也是他们的问题，现在，我就可以现场为他们寻找答案了。

但是，六年后，我发给两家加拿大出版商的文稿均被退了回来，原因是“太亲中”。所以……我也许应该向中国的出版商投稿。但我不太确定，因为我在文章中的一些地方有对中国的批评之词。但我还是这样做了，实话说，我没有修改任何内容。出版商认可了我的稿件，于是在 1998 年，我的第一本关于中国的书《我所看到的中国》（*La Chine telle que je la vis*）得以出版。

在那段时间，中央电视台组建了一个法语频道，聘请我担任语言顾问。之前我做了 30 多年的老师，不确定该不该转换职业。不过，现在回头看，我从未对自己的选择感到后悔。

我继续以法语和意大利语写诗、小故事和小说，这些作品都带有强烈的中国色彩。与此同时，我也会撰写一些新闻稿件。

1993 年至 1999 年，我在中央电视台（中国报道）工作，这使我有机会去探索那些非常值得造访的地方。只要有空闲，我就会一个人出发，坐着火车到中国各地旅行。我前往农村地区，那里的人们非常热情好客。通过这种方式，我可以为我真正的问题找到真正的答案。由于我发现口译人员翻译给我听的只是他们自己想说的内容，而不是交谈对象所讲述的，所以，与对方直接交谈很重要，尽管我的中文很蹩脚。

1993 年至 2005 年，我几乎走遍了中国所有省份（其中很多地方曾多次到访），五个自治区，香港、澳门特别行政区和台湾地区。每到一地，我都会发现好的方面和不好的方面。随后，我出版了几本书——英中或法中版本，外文出版社出版了我的意大利语版《谈谈中国》（*E se parlassimo della Cina*），随后又出版了该书的法语版。

此外，我还曾为很多家媒体撰文，包括《人民日报》、《北京青年报》、《今日中国》法语版、《北京周报》法语版、《对外大传播》和《中国日报》

等。我在文中表达了自己的观点，经常有一些批评意见，但从未被要求“删减”，中国的开放程度远大于其他国家的想象。

我曾为《中国日报》撰写了 200 多篇文章，其中一篇是发表于 1999 年 5 月 13 日的《没人相信克林顿的诚意》（*Few Believe Clinton's Sincerity*），激起了很多驻北京的国外媒体的强烈不满。我认为，因科索沃问题导致中国驻南斯拉夫使馆被炸并不是一次“意外”。一个美国记者给我打电话说：“他们给了你多少钱来写这种愚蠢的东西？”还有一个德国记者想和我见面，想看看我是否真的是“一个愚蠢的西方人或一个伪装的中国人”。

在月刊《今日中国》法语版中，我有一个名为“若无其事”（Mine de rien）的专栏，共刊登了 72 篇我对各行业普通人的访问。当我请对方接受采访时，他们通常的回应是：“但是……我从未做过任何特别的事情！”所以，我们只是聊天，很随意地聊天。我从未当着他们的面做笔记。我准备了足够的素材后，就会向他们解释为什么我觉得他们的生活“很精彩”。

这会让他们的眼睛一亮，因为他们从未觉得自己是与众不同的！2006 年，我将这些访问汇集成书，名为《千面中国》（*Mille facettes de Chine*），这也是我“翻译中国”的一种方式。

在那几年中，大约有 50 位欧洲人和美国人因为读了我的文章而来中国造访。我在蒙特利尔的意大利语周刊《加拿大公民》（*Il Cittadino canadese*）中还有一个名为“北京来信”（Corrispondenza da Pechino）的专栏，时间长达 14 年。这个专栏也激发一些读者来“李莎的中国”看一看。没有什么比这更让我感动的了，因为中国已经成为我的国家！我回加拿大看望家人期间会特别想念中国。在回中国的飞机上，我会在飞机经过北京上空（当时的北京尚没有璀璨的夜景）时热泪盈眶。

以下内容节选自《一个西方人眼中的中国》(2002) (*Talking About China*)，介绍了我与这个东道国之间的关系。

祖国

我曾和朋友说：“我不喜欢寒冷的天气。”他们的回答是：“什么？你出生在加拿大，却不喜欢冬天？”

在某个国家出生，并不见得你的身体会适应那里的气候。但这与你对祖国的感情并没有关系。的确，我非常感谢加拿大给予我的一切。地球上很少有国家像加拿大这样未曾经历过战争，这一点非常令人珍视。

但在我的生命中，我始终有这样一种感觉：我的身体属于加拿大，但我的心属于故国意大利。加拿大的文化仍然很年轻，没有自己的独特性。加拿大身份对我而言是比较模糊的概念，但作为意大利人，我清楚地知道自己是谁。

祖国乃根之所在

我 1991 年来到中国后，发生了一件很奇怪的事情：我的身体和精神终于结合为一体。在我心中，加拿大是我的亲戚朋友所在的地方，是我长大和读书的地方，而意大利是一个有着独特古老文化的魅力国家，一个艺术之邦，可能也是我写作和绘画的品位之源。这两个国家均让我感到非常骄傲。但现在我意识到：

祖国乃心之所系

我在国外与人们讲述在中国的生活时，总会本能地用“我们”。他们就会笑着说：“你现在好像已经变成了一个中国人！”

甚至在与从小熟识的伙伴在一起时，我还是会思念着什么。我思念的是一个国家，我渴望回到中国。我增添了一种新的情感：思乡。我在中国的时候，可能会思念某些远方的人，但从未思念过哪个国家。

多年前，当飞机在夜晚从北京上空飞过时，你几乎什么都看不到，没有街灯，没有色彩斑斓的广告牌。酒店和餐厅都黑着灯，汽车寥寥，而且，几乎从不打开车灯。

从机场回到北京市内的路上（机场高速修建之前），周边的一切也都是黑乎乎的。但当我终于看到一辆自行车，或认出第一个公交车站牌时，我的心跳就会加快。我到家了！那一刻我明白了：

祖国就是家的感觉

1993 年初，我女儿和她的家人首次来中国旅行。如今他们已造访中国

五六次了。

这张照片拍摄于 1995 年，曾在“外国人眼中的中国”摄影展中获奖。照片拍摄的是我母亲和我当时只有 4 岁的双胞胎孙女，两个女孩儿正在分享酸奶，她们的曾祖母正微笑地看着这个情景。一个外国人的家庭四代同堂，齐聚北京，这难道不是令人难忘的瞬间吗？

有一天，一个年轻小伙子来到我在《北京周报》的办公室中找我。他认识我，但我对他没印象了。他说，五洲传播出版社计划出版外国人撰写的系列图书，问我是否有兴趣参与。我当然愿意！以此为契机，我撰写了《大若天下》（*Grand comme le monde*）和《像世界一样大》（*As Great as the World*）两本书，后被翻译成六种语言。

翻译是一种科学，仅将一些词语转变成其他语言中对应的说法是不够的。翻译必须能够“提供”想法，应该具有灵魂。它必须要进行解读。说实话，我对那些随意的译者非常小心。我的一个译者曾使用在线自动翻译功能，发现这一点后，我不得不自掏腰包请更有职业素养的译者对其“译文”全部审校一遍。日语译者向我询问了很多问题，我对此由衷赞赏。但

德语译者却从未问过任何问题……这不是一个好的信号。中文版本在我不知情的情况下，改动了一些事实和词语，比如“xuan paper”（宣纸），译者可能认为我存在误解。我后来发现了，但为时已晚，一些错误已经“添加”到我的文章之中。

与此同时，我也经常被邀请担任翻译工作，我曾为五洲传播出版社翻译了关于中国民间艺术、中国画和昆剧等主题的系列出版物。中国文化部还曾请我翻译关于医学、音乐、视频、建筑和瓷器等内容的书籍。这些出版物被译为八种语言，但并不进行商业出售，而是作为国家礼物赠送给来访的高级外国使节。我喜欢追求完美所带来的挑战，也喜欢与追求高标准的人共事。

我学习的越多，给予的就越多。其他人能够通过我了解中国，对此我深感欣慰。

我撰写了第一本名为《在华十一年》（*Eleven Years in China - and Counting*）的英文书籍。由于我对自己的英文水平不是十分有把握，就找了一位英语母语人士进行审校。在那本书中，我讲述了一件对我产生毕生影响的事情。

一个难忘的故事

我在日喀则的市场中遇到一位30多岁的女性，她轻轻地将她的女儿向我这边推过来，做手势示意让我带走这个女孩儿。我冲孩子笑了笑，然后以同样的方式将她交还给她的母亲。但她用很蹩脚的中文说：“不要钱，送给你。”当我以为这个玩笑已经结束时，我就打算离开。但她坚持让我带走这个小女孩。我简直不敢相信自己的眼睛！

“How old is she?” I asked.

“她几岁了？”我问道。

“Ten. Is that too old? I have another one, younger. And even a boy if you prefer.”

“十岁，年纪太大了吗？我还有一个孩子，更小。还有个男孩，如果你想要的话。”

我努力让她明白，她女儿很快就能长大，帮助她在这个市场中干活，回报她这么多年对女儿的养育之恩。而且，我作为一个外国人，法律也不允许我带走一个藏族孩子。但她总是有解释，比如，我可以签文件，说我是自愿把她送给你的，免费的。

我这是在做梦吗？这位女士说她和经过此地的三个男人生了三个孩子，但都没有结婚。在过去的四个月中，她的收入非常低。我边听着她讲述，边给自己点儿时间思考该怎么做。这个小女孩很漂亮，很可爱，似乎也很健康聪明。但就算我给这位妈妈一万块钱，她妈妈能否送她去上学呢？

我倒是愿意把这孩子带到北京，让她在自己的国家上学，然后学中文，学成后再送她回西藏，为当地人做贡献。但是我怎么可能在十分钟内作出这样的重大决定？而且我的司机还在那边按车喇叭催我！我只好向那位母亲和小女孩告别。虽然我没有拍照，但永远都忘不了那个孩子的模样。

李莎和葛玛央措（Gemar Yumtso），云南德钦，2006 年

仁青卓玛（Rinchen Drolma），青海同仁，2011 年

辛戴措（Xindaicuo），北京，2015 年春节

六个月后我已经回到北京，可她的样子还在我脑海里萦绕。我将第一次画展的收入捐给希望工程，并请工作人员把钱用于帮助一名 10 岁的西藏女孩。如果老天能够安排，希望她能再次出现在我的生活中。

但希望工程的人告诉我，希望工程的资助范围覆盖全国，但不包括西藏，因为西藏的教育是完全免费的，包括学费、书本、住宿和饮食都由中央政府出资（当时在中国其他地方，九年制义务教育尚未全面实施）。

很多年过去了，我还是无法忘记那个小女孩儿。现在，她应该有 21 岁了。于是，我又找到希望工程，请他们帮我资助一个有潜质上大学但缺少学费的“21 岁的藏族女孩儿”。他们与拉萨的西藏藏医学院取得了联系，三天后，将“我的第一位藏族女儿”的资料传真给我。

从 2005 年起，我资助了三个藏族女孩的大学学费，她们如今均已毕业，我现在开始资助第四位藏族姑娘。

1995 年 1 月，我在中国举办了首次画展“画中国”（Painting China）。这也是“翻译中国”的一种方式。

有几位中国的艺术家来看我的画展，他们对我自由的绘画方式流露出羡慕之情。如果说我有什么比较有个性的风格，那就是因为我是一位自学成才的画家。也是出于这个原因，当我出售自己的作品时，我会感觉自己得到了本不属于自己的酬劳。所以，我总是将我的卖画收入用于中国的继续教育。

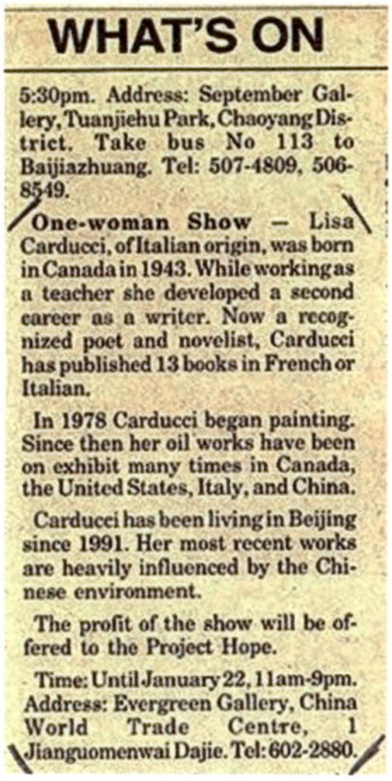

WHAT'S ON

5:30pm. Address: September Gallery, Tuanjiehu Park, Chaoyang District. Take bus No 113 to Baijiazhuang. Tel: 507-4809, 506-8549.

One-woman Show — Lisa Carducci, of Italian origin, was born in Canada in 1943. While working as a teacher she developed a second career as a writer. Now a recognized poet and novelist, Carducci has published 13 books in French or Italian.

In 1978 Carducci began painting. Since then her oil works have been on exhibit many times in Canada, the United States, Italy, and China.

Carducci has been living in Beijing since 1991. Her most recent works are heavily influenced by the Chinese environment.

The profit of the show will be offered to the Project Hope.

Time: Until January 22, 11am-9pm. Address: Evergreen Gallery, China World Trade Centre, 1 Jianguomenwai Dajie. Tel: 602-2880.

李莎的画展海报

2007 年，因为我的年龄问题，加之 5 年合同期已满（我实际工作的时间已经超过合同 2 年），《北京周报》无法继续聘用我，他们派我到新疆，用 5—6 个星期的时间采访各个行业、各民族的人民，然后撰写一本关于新疆维吾尔自治区的书籍。这对我简直就是天赐良机。此行结束后，我写了《这些新疆人》（*Ces gens merveilleux du Xinjiang*）的法语版和英语版。这本书很快被翻译成俄语，后来有一家土耳其出版社购买了土耳其语的翻译出版版权。

这套双语系列书籍还包括宁夏、内蒙古和广西的内容，一直延续到2010年。

我曾在赤峰参加过植树活动，11年后，我在那里看到了一片葱郁的柳树林。

新疆 与“狼”在一起

与餐厅老板茂强（Mao Qiang）共饮八宝茶

在内蒙古的一个半月中，我通过与鄂温克族、达斡尔族和鄂伦春族人民的交往，了解了几个民族的文化。与各行业人士的接触也加强了我的语言学知识，包括学者（比如，Yisong、Aisin Nielma、Manda 和 Hugiltu）、热爱自己事业的教育界人士（比如，富有创新精神的 Ulantuoya）和音乐家（比如，Anda 团体）。

2010 年正当我准备前往西藏的时候，当地的骚乱让我未能成行。虽然中国第五个自治区之行未能实现，我还是出版了与它相关的书籍：《我的藏族女儿》（*My Tibetan Daughter, followed by Qinghai Children Are My Children*）。这本书记录了我多次到西藏看望第一位和第二位“藏族女儿”家庭的经历，读者通过我的描述，可以感受到西藏人的生活、

广西 与养蜂人杨传全（Yang Chuanquan）在一起

环境和发展。

有些外国人看过这些书籍后会来中国旅行，有时候他们还希望我能够担任向导。这也是翻译中国的一种方式……

关注中国发展的最佳方式就是将其付诸笔端，否则一切都会匆匆而过，然后被我们忘记。

2007 年退休后，我成为一位翻译、自由职业者、专栏撰稿人和作家，继续写小说和诗歌，而且，我所有的作品都带着中国色彩。我的第 90 部作品《我要给你一个惊喜》（*J'ai une surprise pour toi*）由巴黎友丰出版社出版，即将与中国读者见面。

《心的语言》（*Language of Heart*）(法语版和意大利语) 中包含了我的 16 组诗歌，《中心与四周》（*Au cœur et alentour*）中则包含了我的 12 篇诗歌，由舒才（Shu Cai）翻译为中文。

Yuanmingyuan	**圆明园**
Je suis allée aux fleurs	我走向花丛
comme on va aux fraises ou à la pêche	就像人们走向草莓或去钓鱼
la mi-automne est traversée	中秋已过
c'est le jiu jiu	这是九九重阳
un million de chrysanthèmes	一百万朵菊花
presque autant d'admirateurs	差不多也有一百万个赏菊者
et pourtant...	但是……
cette beauté alentour	周围的这种美
par tes yeux je la caresse	凭你的眼睛我抚摸它
poésie qui coule dans mes veines	诗在我的血脉里流着
à toi je lève ma coupe	为你我举起酒杯
toujours présent sans être là	你始终在
invisible	却不可见
mais pas pour moi	但不是对我
sur mes épaules	我的肩上
un châle-sans-symbole	一条无象征的披巾
ce soir	今夜
je rangerai mes vêtements légers	我收起夏日衣衫
(1993, le 9 du IXe mois lunaire)	（1993，九九）

汉语和拉丁语系有着完全不同的语言结构。因此，如果能将汉语诗歌译为拉丁语系的语言（有时候是反过来），将是一件了不起的壮举。因为在一种语言中的诗句之美在另一种语言中可能恰被认为是诗句的弱点。只有诗人才能翻译诗歌。我有时会将自己的诗歌译为西班牙语、意大利语、法语和英语。

翻译中国，不止意味着翻译文字和电视节目。首先，你一定要融入中国人的生活，了解中国古老和现代的文化，体会你所学到的东西。换言之，你要先听一遍音乐，才能邀请其他人共舞。

很多关于中国的书和文章是作者在中国旅行两周后写下的。有些游客看到一个中国人的所作所为，然后将这种情况乘以 13 亿……这种以偏概全的想法是有失偏颇（片面）的，与中国的实情大相径庭。

2007 年，我与一位中国女子一起造访意大利，让我们称她为 M，她比我小 25 岁，出生在中国农村，在北京读了四年大学，在二十世纪九十年代是我的学生。我们来到了我祖先的村庄，M 和我与其他人一起，坐在一个可容纳 20 人的长桌两侧。我向在座的各位介绍中国菜的制作，包括五味、食材和色泽。这时，M 身边的一位女士对她说："原来中国菜有这么多细致的规矩，太令人惊讶了。" M 回答："我都不知道李莎是从哪里知道的，根本就没有这种事情。"就这样，这位除了北京和她的大学以外，对中国一无所知的中国女性当着所有人的面让我感到难堪，而且她的看法实际上是错误的。

后来我在瑞士进行过一次关于中国的演讲，我以几张照片为证据，介绍中国的电梯不会显示带有 4、14、24 的楼层（有时候，甚至为外国人考虑，不显示 13 层），原因是中国数字 4 的发音类似"死"。但听众中一位年轻人否定了我的这个说法，因为他们从来没有见过或注意到这个现象。我举的例子与中国人的实际情况并不完全相符。正是因为这个原因，此后当我听到有人说"一位中国朋友告诉我……"我会非常小心。

一个负责任的译者一定会从源头深入挖掘，不会人云亦云。译者必须根据个人的生活经验进行判断，避免误译。

有一次，一个中国出版商想让我写一本关于西藏唐卡的书籍。“三个月够吗？”他问。“我至少要到西藏的拉萨、青海的同仁、甘肃的夏河和四川的甘孜去采访，三个月怎么够？”我反问。他回答：“你不用去那些地方，在网上能找到所有你想要的资料。”这样的建议无助于了解西藏唐卡的真实情况……

大家都知道一句行话“翻译即背叛”。但至少我们可以将对原文的破坏降至最低。几年前，下面这个巨大的宣传海报出现在北京的大街小巷，但我看到它时觉得特别别扭，不知道是我的英语有问题，还是翻译有问题。

于是，我问了九位以英语为母语或研究语言的外国人，他们年龄各异，有的曾在中国居住过。其中八个人认为对 Inclusiveness 和 Virtue 这两个词的翻译有问题。

我向主管部门发了一封挂号信，解释了英语人群对这种译法的意见。但没有下文。

在北京举办奥运会之前，北京政府曾开通了 www.bjenglish.com.cn 网站，从百姓中征集城市中的各种“公开错误”。我列举了 20 条。10 年过去了，仍有一半仍显示在原处。这有悖于政府当初征集错误的初衷……

我非常热爱文学翻译。因此，当一家法国出版社请我翻译姜戎的《狼图腾》时，我兴奋不已。我自儿童时期就非常喜欢狼这种动物，曾读过不少关于狼的书籍。但当我看到那本厚厚的书时，我感到非常惶恐。因为我在汉语文字方面只是基础水平（现在也是）。但是，由于对这个任务的兴趣，我请已退休的著名翻译家燕汉生帮忙，由他先将这本书译为最简单的法语版，然后我再想办法在此基础上进行翻译。燕先生不用对译文进行任何修改和润色，这是我的工作。但他以前从未接过这样的任务，而且，如他所说，作为翻译也有自己的骄傲。这令我的工作非常艰难。这是我的错，我没有把事情说清楚。

在签合同之前，我想见一见作者，而作者也想了解自己的译者。这次会面的地点是我家，在交流的过程中，我简要讲述了目前对他的小说存在一些很有争议的阐释，告诉他这些阐释让我很无语。他说："您说话的感觉很像我妻子。"但我当时并不知道他的妻子是著名作家张抗抗，而且，我们几年前曾经见过面，甚至还都参加过某一年"三八节"举办的座谈会："一位中国女作家和一位意大利女作家的生活"。我向姜戎展示了一些照片，竟然发现在 1998 年，这对夫妻曾经开车接我到山区远足，而且当时这位"未来的作家"还亲自给我们拍了照片！

以下是在2010年4月《狼图腾》翻译完成后，中央电视台的一次采访。

问题：由外国人翻译中国的小说极具挑战性。您的任务是什么？

想要获得好的译文，最重要的是要精通目标语言，而且，译者的母语应该是法语。我接受这个任务基于两个条件：

1. 没有时间限制。我有18个月的时间，这是合理的，但事实上，我的翻译工作最终进行了26个月。

2. 中国译者（由出版商付费）只提供单词的直译，这是**第1步**。

第2步：我阅读原文，将法语版本放在一旁对照，然后记下所有看起来（由作者或第一译者造成的）不确定或意思模糊的地方，这些就是“文化陷阱”。一个译者必须绝对了解源语言和目标语言的文化。而在这部书中，实际存在了三种文化。

文化1　藏族文化——天葬：对于蒙古人和西藏人而言，人死后应该将尸体送去喂vultures，即“鹰”，但这个“鹰”应该是一个广义概念的词语，第一翻译将其翻译成更狭义的eagle。

文化2　蒙古文化——大尾羊：如果你不熟悉内蒙古，就无法判断这个“大尾”应该是long tail、large tail还是flat tail。

文化3　中国文化——作者和他笔下的主人公陈阵都是汉族人。在翻译主人公分到了一些马肉馅的小包子时，第一翻译用词为baozi。但我想使用这种食品的蒙古词表达方式。而对“套马杆”这个词，蒙语为uurga，法语则是perche à lasso。编辑倾向于使用三字法语翻译，这个词在书中出现了28次！但最终的决定权属于出版商，译者可以建议，但不能做决定。（在2015年FLP出版社的版本中，出版社允许我对译文进行若干修改和润色。）

而目标语言文化则是整个法语世界，不只是说法语的法国。中文版的谚语和俗语没有直接翻译，如果目标语有相同含义的句子，会以之代替。译者必须注意俗语的本土语言的表达形式。

第3步：篇幅问题。编辑让我将译文长度缩短。由于法语的句子比中文长，所以，如果不缩短篇幅，这本小说就会变成两本厚书。我精简了大约15%，编辑又精简了剩余文本的20%。编辑的处理不是“删除内容”，而是重新组织、整合和总结。但当时的编辑还是存在一些问题的，我在 2015 年为外文出版社修改润色译文时才意识到这些问题。

这部小说对狼、马、羊、狗、羚羊和天鹅进行了准确的观察和详细的讲述，不仅在中国，在世界上也是首屈一指的。将这一切展示给世界是值得的。

“文革”期间的知青生活与动物主题同步展开。

这本书的第三个主题则是对中国基层政治的观点，但大多数外国读者对这方面的内容都不熟悉。我感觉，小说中这方面的观点并不充分有力，所以，在作者同意的前提下，我们删掉了共 35 页的尾声部分，其他 30 个译文版本也采取了同样的处理方式。

第 4 步：这一步就要见识译者的功底了：改写或创意写作。翻译不是将一种语言的单词变成另外一种语言，而是要完全了解你在阅读的内容，然后通过语言将其传递出去。

1. 译者必须思考一个问题：如果我这样或那样写，读者会怎样理解？所以，从一个角度来说，译者要留意双重含义的表达方式，从另外一个角度来看，有些情况需要进行解释。我更倾向于尽可能减少脚注，而将解释插在行文中。

2. 写作风格：译者必须为作者“服务”，在必要的情况下改善作者的写作风格，比如，删掉重复的内容，改用同义词（法语中可以选择很多同义词）；进行直接表述，而非从第三者的角度表达。姜戎似乎只喜欢一种直接表达形式，比如，在 248 页，出现了六次“张继原说”，四次“陈阵说”。

第 5 步：出版商选择一位读者进行阅读。这位读者可能会提出一些译者并不喜欢的修改建议。比如，用 Pékin 替换 Beijing。此外，由于没有蒙语人名和地名的拉丁字母字典（藏语也存在这个问题），每位译者都会按照自己的方式拼写这些名称。因此，在不同语言版本中，你会看到一个词语的不同表达形式，比如，Bilige、Bilig、et Bileg；Gasimai、Galssanma、Gasma e Javzmai；或者 Batu、Bator、Bat。

我曾为此咨询过几位蒙古语言学家、教授和作家，然后作出一种选择。

结论：文学翻译不是流水线作业，它是一门科学，也是一种艺术。

问题：电影

因为我们翻译的《狼图腾》，燕先生和我获得了“法语区文字奖”(Mot d’or de la Francophonie)。评审团主席的评语是“完美”，“感性的展示，精彩，达到清晰的平衡而非‘数量至上’”。

这部作品后来被搬上了大银幕，法语名为 *Le Dernier Loup*（《最后一只狼》），其剧本创作就是根据法语版原作进行。对我而言，这是一个双重奖励。后来，这部电影的导演让 - 雅克·阿诺（Jean-Jacques Annaud）在其拍摄该影片的第四年，在上海电影节中，用带有浓重法语口音的英语说：我读到了一本用精美法语写成的书。然后，他用大拇指和食指画了个表示完美的环形。此举让我非常感动……

我在一次非公开的场合观看了这部影片，当时有大约五十位观众。一位媒体记者问我是否满意让 - 雅克·阿诺的作品。对此，我不做任何评判。翻译只是在“解释”作品。在翻译过程中，我会将重点放在“我认为值得的地方”，而阿诺同样也会以他的方式进行“解释”。比如，他更多地展示了主人公和寄宿家庭中一位年轻女性之间微妙的爱情故事。我在小说中意识到了这种情感，但作出了和作者一样的选择：忽视。

翻译图书也是“翻译中国”。这样做，是向没有在中国生活过的人阐释这个伟大的国家。

世界上任何地方的人都要谋生。有时候，一本书的内容（翻译之前感觉）比较无趣，或需要进行大量研究印证一些模糊的情况。但是，如果将翻译

作为谋生手段，这些是必须面对的，换个角度说，我也很喜欢这样的挑战。就像是一个游戏，我一定要赢。

在用法语翻译《唐宋文选》(*Textes choisis des dynasties Tang et Song*) 时，古文原文先被转化为白话文，然后再译为英文。通过英文版本，我了解了中文原文的内容…… 很多译者都曾做过这项工作，有的是英语母语人士，有的则来自其他国家，包括中国。最终的译文并不具有一致性，唯一的真实情况被不同人作出了不同的阐释。遗憾的是，我还是注意到了一些理解上的错误。

下面这段译文的原文来自《唐宋文选》，以一个动物故事警示世人。

L'âne du Guizhou （柳宗元《黔之驴》 The Donkey of Kweichow）

Il n'y avait pas d'âne au Guizhou jusqu'au moment où un excentrique en apporta un en bateau. Ne lui trouvant aucune utilité, il le laissa libre dans les montagnes. Un tigre, apercevant le monstrueux animal, pensa qu'il devait être divin. Au début, il surveilla l'âne en cachette, puis s'aventura un peu plus près, tout en conservant une respectable distance.

Un jour, l'âne fit entendre un braiment ; le tigre, effrayé, s'enfuit de peur d'être mordu, tout à fait terrifié. Mais il revint sur place pour jeter un second regard, et se dit qu'après tout la bête n'était pas si terrible. Puis, il s'habitua au braiment. Il se rapprocha de plus en plus, sans oser attaquer. Il commença même à prendre des libertés : il poussa l'âne, le bouscula, et même chargea rudement, jusqu'à ce que l'âne perdît son calme et le chassât à coup de sabot. « Ah, c'est tout ce qu'il sait faire ! », pensa le tigre avec plaisir. Alors, il sauta sur l'âne et lui enfonça les dents dans la gorge, puis le dévora avant de reprendre son chemin.

Pauvre âne ! Sa taille en imposait, son braiment le rendait redoutable. S'il n'avait pas montré le peu qu'il savait faire, même le tigre féroce n'aurait osé l'attaquer, mais l'âne s'était trahi lui-même.

就像这个不在乎行为后果的驴子一样，我最近在润色一篇 17000 字的英文译成法文的文稿时，就感到自己掉进了一个陷阱。我在接下这份工作后才发现，这份译文是对一个英文网站有关文章的自动翻译结果。为了设法了解一些段落的内容，我不得不找到英文原文，事实上，由我自己来翻译会更节省时间。

进行文学翻译或者“个性化”文本翻译时，最大的挑战是不只译出作者的想法，还要译出作者的“风格”。如果作者在世，最好能与作者直接见面，或至少通过电子方式联系。

有一次，我打算将达尼埃莱·皮罗尼 (Daniele Pieroni) 的意大利语诗歌译为法语，发表在蒙特利尔的评论刊物《出口》（*Exit*）的“翻译诗歌 / 诗歌翻译”栏目里。为此，我不得不向诗人询问了几个问题（见红色部分），有几个地方会向他提供另外一个选择。如下所示：

Lo spasimo dell’oggi	**Le spasme de l’aujourd’hui**
Nei tuoi occhi ho scorto il varco	Dans tes yeux j’ai saisi une percée
per esser uomo del domani	pour devenir l’homme du demain
e non cimelio polveroso	et non une relique poussiéreuse
dei bei tempi andati.	des beaux jours en allés.
Concedimi il passaggio	Accorde-moi ce passage
ché di ieri non ricordo	car d’ hier j’ai oublié
né il fervore né lo spasimo.	tant la ferveur que les affres.
Credo infatti che primizia	Je crois même
è ogni nuovo sodalizio	que tout nouveau lien est primeur
e seppure ripromettersi	et même si se réengager
pare già un gioco fatto	semble déjà fait accompli
non stupiamoci dell'oggi	ne nous étonnons point de l’aujourd’hui
fuoco vivo e sete	flamme vive et soif
sfinimento nel donarci.	de nous donner jusqu’à l’épuisement.

如果译者本人并非诗人或对诗歌不感兴趣，那么，我们就要小心对待译文。他们可能会像那些自称“五分钟内就能在桌角上写成一首诗”的诗人一样不靠谱。

现在，让我们来看看一个译者与作者合作翻译（散文）的例子。当时，给我做翻译的于岚（Yu Lan）正在加州，他经常和我（作者）沟通，讨论某些内容和文字的含义。有些问题阅读时可能看不出来，但到了翻译的时候就会产生疑问。

主题：修改翻译后的文稿

背景：

下面这些段落的译者于岚是一位中国学者，他原是北京一家外语高等院校的副教授，目前在美国教授汉语。

这些文稿都是我之前在中国报纸中发表过的文章，出版社打算出一本文集。于岚在翻译的过程中，会在可以选择的情况下尽可能保留我的风格。编辑后来对译文进行了修改。编辑认为，翻译的中文并不地道，也许是因为译者长期居住在海外的原因。

In the following sample, editor's revision is in red. What is replaced is in italics.

The comments, highlighted in blue, are from the translator. In yellow, mine.

在下面的例子中，编辑的修改为红色，被替换的部分为斜体。

译者的注释为蓝色高亮，我的注释为黄色高亮。

Public transportation as a textbook (p. 64)

From *China, its People and Life,* China Intercontinental Press, 2013.

ISBN: 9787508526058

我的公交大课堂（第 64 页）

摘自《外国人，中国情》，五洲传播出版社，2013 年

ISBN: 9787508526058

One of my three secrets for *Living Happily in China* (my newly published book) is taking the bus. What I've learned through public transportation in 20 years is incredible. Combining the Chinese wisdom to my Western daring," I've become a sly passenger.

在我新近出版的《在中国幸福生活》一书中，我谈到了我的三个秘密，其中之一是乘坐公交车。20 年里，我在乘坐公交车时学到的东西令人难以置信。我将中国人的智慧和西方人的“胆量”结合在一起，让自己成为了一个乘车老手。

Sly means having or showing a cunning and deceitful nature, but in this context, it cannot be translated literally into “狡猾的”, which has a negative meaning. Using 老手 exactly conveys the meaning of “well experienced”.

Sly 的意思为：拥有或显示出狡猾和欺骗的本性。但在这个上下文中，不能将其直译为“狡猾的”，因为这是一个具有负面含义的词语。用“老手”准确地表达了“很有经验”的意思。

Last week, I took a bus that was shorter than the queue. The conductor – a young woman who cared for her passengers – was giving advices: “Please, don't push. Give a hand to the man with the baby.” She was standing in front of the first seat which she kept for a *lao tou* (elderly), or for a pregnant woman.

上个星期，我乘坐一辆巴士。乘客排的队比*巴士*［车］还长。售票员是一个女青年，很关心自己的乘客。她劝告乘客们：“别挤别挤。请帮一下抱孩子的那个人［请为抱孩子的让一下坐］。”她站在第一排位子前［面］，要把它留给一个老头或者孕妇。

Editor's revision is good here. First, the word 巴士 is already mentioned and repeating it so soon is not good. Also, 车 is more widely used than 巴士, in Beijing. The second correction is what is actually often heard on the busses in

China, so it is a better translation contextually.

编辑的修改很好。首先，“巴士”这个词之前已提到过，很快对其进行重复使用不太恰当。此外，在北京，“车”的说法比“巴士”更普遍。第二个修改从语境上来讲是更为恰当，因为在中国的公交车中，经常能听到这句话。

I sneaked behind her, and occupied the seat in all honesty. Then came a man, who might be in his late 50s. The conductor turned around telling the *lao tou* to sit “here”, and she saw me. Question marks surged into her eyes. My ancestors in Italy must have gifted me with younger looks than my age... I clarified the situation, saying: “I’m also an elderly.”

我绕过她，心安理得地坐下来。然后上来一个男的，*大约五六十岁的样子*［将近六十岁的样子］。售票员转过身来，对老头说您坐在“这里”，可是她发现我已经坐在那儿了。她的两个眼睛变成了两个问号。*我的意大利祖先的基因一定给了我比较年轻的容貌*［肯定是因为我的意大利祖先的基因让我的容貌显得年轻］。我不得不澄清一下说：“我也是老人。”

“in all honesty” here means the author thought there was nothing wrong to take the seat even though the conductor was trying to reserve it. Since the author is senior person, using 心安理得, is appropriate, and good use of Chinese four-character idiom is always advocated.

“in all honesty”在这里的含义是：尽管售票员试图将座位留给其他人，但作者感觉自己坐在这里没有什么不对，因为作者本人也是一位长者。因此“心安理得”是恰当的翻译，而且翻译成中文时，一直都很提倡恰当地运用中国四字成语。

The revised sentence shows that the translator and the editor have different approach towards sentence level structures. The translator is more literal, or using Chinese sentences that sounds more foreign. The editor, by adding words like "because", "make", aims at making clear the cause-effect relation in the sentence. The editor's version may not sound typical Chinese either, but the meaning might be more transparent.

修改后的句子显示出，译者和编辑对句子层次结构的看法不同。译者的行文更直译一些，或者说，他所写出的中文听起来更像是外语。而编辑添加“因为”“让”等文字的目的，是为了让句子的因果关系更加清楚。编辑的修改虽然听起来也不像是很地道的中文，但至少意思更清楚。

In such a crowded country, taking a bus requires technique and tricks. It's a daily adventure, unlike in Canada or the United States.

在中国这个*人满为患*［不少地方都拥挤不堪］的国家，乘公交车得需要点技巧和诡计。每天的乘车都是一次［如同］探险。这跟在加拿大或者美国不同。

For "crowded", the translator used a Chinese 4-character idiom 人满为患 (so many people that it is disastrous). The editor's version says "unbearably crowded". It seems the two versions are equally emphatic, so why not use an idiom?

对于“crowded”这个词，翻译使用了中国的四字成语“人满为患”（人太多以至于成了灾难）。编辑的修改的意思则有“让人无法忍受的拥挤”之意。这两个说法的语气相同，为什么不用成语呢?

I live at Yinghuayuan, a community near the Capital Airport. Bus 935, which runs to downtown Dongzhimen subway station, is the only bus that caters to the thousands Yinghuayuan households.

我住在樱花园，［是］一个首都机场附近的小区。这个小区几千户人家都依靠开往东直门地铁站的 935 路*通勤*［公交车］。

The editor deleted " 通 勤 " (commuting for work); in fact the author didn't mention why the passengers were taking the bus. (Here, the translator's assumption was wrong; he took the commuting reason as obvious, but it was not my intention.)

编辑删掉了"通勤"一词（去上班的交通）。事实上，作者并没有说明乘客们坐公交车的目的（译者在这里所做的假设是错误的；他想当然地认定了乘车的原因，但这并非我的意思。）

Recently, to shorten the commutation time for those who go directly to the downtown area, an express route was added, which has fewer stops than the original route. People wait in two parallel queues. For some, it makes no difference to take one or the other bus. When a fast bus becomes visible, some people waiting in the ordinary bus line would switch to the fast bus line, and vice versa. This is not a big offence, as they have been queuing anyway.

最近为了缩短人们直接去市区的*通勤* ［editor deleted 通勤］ 时间，加了一趟*只停几站的快车* ［加了一趟快车，只停几个站］。乘客排两队等车。对于有的人来说，乘坐慢车和快车没什么区别，所以快车来的时候，有些慢车队的人就换到快车队来。反过来也是一样。这样做并不*得罪* ［冒犯］ 别人，因为大家都排队了。

The yellow highlighted sentence has a non-restrictive clause. The translator somehow translated it into a restrictive clause. The editor' s revision is better.

黄色高亮的句子是一个非限制性从句。但被翻译成了一个限制性从句。编辑的修改更佳。

For "offend", the translator used " 得 罪 "。The editor changed it into 冒犯。Both words means to make someone unhappy, but 得罪 often implies there might be revenge for the offence, while 冒犯 does not imply this consequence. In this article, the consequence of revenge does not exist, so the editor's version is better. It is the same in the following paragraph.

对于“offend”一词，译者译为“得罪”，编辑将其改为“冒犯”。这两个词都有让对方不高兴的意思，但“得罪”通常有可能导致对方对这一行为（offence）报复的意思，而“冒犯”则没有暗示这样的后果。这段话中，对方并没有报复，所以编辑的修改更佳。下面这段话中也存在同样的问题。

To secure a precious seat, some passengers would take the trouble of walking to the precedent stop to take the bus, which is not at all an offence.

What I find really hard to get used to is that there are always so many people who never queue up.

为了得到一个座位，有的乘客往回走一站乘车。*这也不是得罪人的事*［这同样也并不冒犯别人］。

我不能习惯的［我习惯不了的］是总有很多人根本不排队。

For the yellow highlighted part, the translation followed the English closely, but the editor used the typical Chinese grammar pattern Verb+complement, which is more idiomatic.

在黄色高亮部分中，译文紧随英语的行文结构。但编辑使用了更典型的中国文法结构：动词 + 补语，更符合中文的表达习惯。

My neighbors have become civilized recently: They have learned the world *paidui* (queue). Well… except 70 percent of them. Some peoplc probably carry iron in their bags, as the approaching bus seams to draw them like a magnet. They may be in the queue or they may have just arrived, but the sight of a bus would immediately propels them to move forward, little by little or all at once, to be closer to the door.

我的邻居最近变文明了：他们学会了“排队”这个词。*呃，除了 70% 的人以外吧*［哦，但这可并不包括另外的百分之七十］。有些人也许书包里背着铁块。*公共汽车来到的时候就像磁铁一样吸引着他们*［有些人的包里似乎背着铁块，因为公共汽车一到来，他们就像被磁铁吸引着涌过去。]。他们也许在排队，也许刚刚到，但是一看到巴士［公交车］他们就开始向前蠕动，一点一点地或者跟大家一起，向车门靠近。

The translator used 除了……以外, an idiomatic Chinese grammar structure. The editor's version however, sounds more foreign. In the "magnet" part, the editor approached the original from a different perspective. The original says the bus draws the crowds like a magnet. The translator's version keeps this. The editor's version says the crowd was drawn by the magnet-like bus and swarmed to it. This version may be more vidid.

译者用了"除了……以外"这种中文语法结构中的句型。但编辑的版本听起来似乎更接近外语。在"magnet"（磁铁）这部分中，编辑从另外一个角度讲述了原文。原文的角度是：公交车就像磁铁一样吸引人群。译文保留了这种角度。但编辑的角度则是：人群被像磁铁一样的公交车吸引并向其蠕动。这种说法可能更活泼一些。

The others who still follow the queue would grumble, or criticize those doing wrong. Amazingly, half of the offenders would go back to their place.

其他还在排队的人就会抱怨，或者批评那些做错事的人。令人惊讶的是，一半的人会回到原来的位置上 □editor deleted 上 □。

No comment

无意见

Yesterday, two women in their 40s arrived as the bus drew nearer and they ran in front of the 30-or-so people queuing in order. Several discontent people reproached them. But, in China , people usually don't want to openly offend a total stranger. The tough nuts continued to chat and joke between them, turning a deaf ear to the protests. The two women were the first to get on the bus, though people continued to mutter that "their *suzhi* (moral quality) was very low" Neither did the conductor, who witnessed their wrongdoing, intervene.

昨天，正当汽车进站的时候，两个40来岁的妇女来到车站。她们跑起来，*跑在了* □ 跑到 □ 排队等车的三十来人前头。一些*对她们不满的人开始斥责她们* □ 有些人表示不满，开始斥责她们 □。可是在中国，人们一般不会想要冒犯一个陌生人。那两个厚脸皮的人自顾自说说笑笑，*对批评她们的话* □ 对人们的批评 □ 充耳不闻。她们抢在前头上了车。后边的人嘟嘟囔囔地指责她们"素质太低。"售票员目睹了一切，却没有干预。

For the yellow highlighted part, the translator's version mean these women ran before the crowd who were also running. The editor's version means they ran to the front of the crowd. The crowd may not be running. The original may mean the former.

在黄色高亮部分，译文的意思为：这两位妇女正跑在奔跑的人群前面。编辑修改后的意思则为：她们跑到了人群的前面，也就是说，人群可能并没有在跑动。原文的意思则可能接近于前者。

The translator used very idiomatic way to translate to chat and joke between them, and turning a deaf ear. Again, for the latter, a 4-character idiom was used appropriately, keeping the original metaphor of "ear".

在翻译"to chat and joke between them"和"turning a deaf ear"时，译文使用了中文惯用的说法和成语。后一个成语的使用非常恰当，而且保留了原文中对"耳朵"的比喻。

Editor's revision at two places are more idiomatic than the original draft.

编辑对这两个地方的修改更符合中文的表达形式。

I was among the three of four people who didn't have a seat. I felt cheated.

Although it's not polite in our culture neither to make observations on someone's behavior, I gathered all my courage and went directly to the two women. In a trembling but sweet voice I said: "You have not queued up, have you? So, please let me sit, and this old man, too." The whole bus looked at this drama. The two said nothing and got up.

最后有三四个人没有占到座位。我是其中一个。我觉得亏了 □ 冤 □。虽然在我自己的文化中，对别人的行为品头论足是不礼貌的，我还是鼓起勇气 □，□ 直接走到了那两个女人前面。我用颤抖但是和气的声音说：“你们没有排队，对吧？那么请让我坐下，还有这位老人。”全车的人都看着这场戏怎么收场。那两个女人一句话也没说 □ 无言以对 □ 就站了起来。

The translator used "polite" to translate "sweet" here, describing the tone. Sweet cannot be translated literally for this situation.

翻译用“和气”一词来翻译这里的”sweet”，描述了说话的口气。Sweet 在这种情况中不能直译。

"feeling cheated", the translator used 亏了, the editor changed it into 冤。The former means the author has a loss, here standing in line for a long time, and the seat is taken by late comers. The editor's choice means feeling being wronged.

对”feeling cheated”的译文为“亏了”，编辑将其改为“冤”。前种用法的意思为：作者排了很长时间队，但座位被后来人占去，作者有损失。编辑的修改则有“心中委屈”的感觉。

"said nothing". The translator wrote 一句话也没说, without saying a word. The editor changed it into: 无言以对, had no words to counter the author. In that situation, the two passengers simply took the chance to occupy two seats. They knew they were wrong to do so, but they just hoped not to be caught. On the other hand, if they were caught, they would rather not argue because their action was not justifiable. They simply treated grabbing seats as a matter of fact thing every day. So "without saying a word" indicates the fact that they felt no shame or nothing about it at all. The editor's version implies that they wanted to argue but were short of words. This may not be the fact. In the following paragraph, the author clearly says they did not even blush.

在翻译"said nothing"时，译文为"一句话也没说"。编辑修改为"无言以对"，即对作者没有说什么。在这种情况下，两个乘客只是找机会占了两个座位，她们知道这么做不对，只是希望不要被抓现行。从另外一个角度而言，即使她们被逮到，她们也不会争辩，因为她们的行为是不正当的。她们只是把抢座位看成日常生活中的理所应当的事情。所以"一句话也没说"表达出她们对自己的行为完全没有羞愧感。编辑的修改则在暗示，她们想要反驳，但不知道该怎么说而已。这并非原文的意思。在下面这段话中，作者明确地表示她们甚至都没感到脸红。

If you think they blushed, you're too generous. As the Chinese saying goes, their face was thicker than the corner of the city wall.

如果你以为她们脸红了［觉得脸红］，那你就太宽厚了。就像中国俗语说的，她们的脸比城墙还厚。

For the yellow highlighted part, the translator dropped "corner" according the customary way of saying the same meaning.

对于黄色高亮部分，翻译根据相似意思的惯用说法，未翻译"corner"这个词的意思。

2010 年 11 月

对"外国专家"来说，尽管家人会来中国看望，他们仍会感到孤独。不过，从另一个角度，我不知道还有哪个国家像中国一样，会对你付出的努力给予肯定。我在中国获得的荣誉对我非常重要。尽管我想没有人会以获得奖牌为目的，但如果他人对你的努力、技术和优点给予肯定，没有人会无动于衷。

我在中国坚持义务献血 22 年。1994 年，就在我刚刚开始义务献血时，我就因“杰出贡献”成为北京红十字会的荣誉会员。由于红十字会需要在宣传中使用我的照片，他们电话联系我，希望得到我的许可。随后，这张海报（我出现在右上角位置）就遍布北京的大街小巷。当时，我并没有意识到这一点。这张海报位于外文局（我工作的地点）门前的一个公交车站处，我是在别人告诉我时才发现了自己的照片。

在中央电视台工作的第二年，因为我在 55 岁献血年龄上限之前有过 22 次、每次 200 毫升的义务献血，被党组织提名为“精神文明建设先进个人”。在加拿大，我也曾做过 80 次每次 400 毫升的义务献血，但被认为是很平常的事情。

2015 年，我获得了一个重大的荣誉：第九届中华图书特殊贡献奖。这项奖励旨在表彰为推广中国文化作出杰出贡献的外国作家、翻译家、汉学家和出版商。同时，我还受邀参加青海湖诗歌节。

不过，对我来说，最重要且最令我感动的奖励要数 2001 年的中国政府

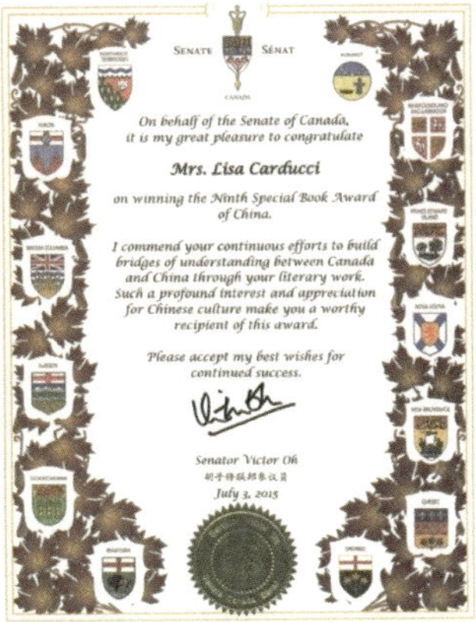
SENATE SÉNAT

On behalf of the Senate of Canada,
it is my great pleasure to congratulate

Mrs. Lisa Carducci

on winning the Ninth Special Book Award
of China.

I commend your continuous efforts to build
bridges of understanding between Canada
and China through your literary work.
Such a profound interest and appreciation
for Chinese culture make you a worthy
recipient of this award.

Please accept my best wishes for
continued success.

Senator Victor Oh

July 3, 2015

友谊奖和在 2005 年获得的中国永久居留权。有那么几年的时间，我一直担心有一天年龄会成为我受聘的障碍，然后我就不得不离开中国了。但从此之后，我只需做一位好公民，就可以在中国一直走到生命的终点。这个国家对我的爱和我对她的热爱一样深厚。

我为中国所做的工作也获得了中国外文局的表彰。我在外文局成立 60 周年之际获得了表彰。

在这份自我介绍即将接近尾声之时，我想总结一下我的翻译理论。之前，我只在 2014 年对这个问题给出过明确的观点。当时，杭州市一所新成立的大学邀请我为客座讲师。那里所有的教师都会接翻译任务挣外快，但没有人需要我提供更深入的帮助。如果他们向我咨询一些问题，都是为了让我马上给出一个答案。“这个用英语怎么说？”不会考虑语境、作者或是风格问题。

翻译系的学生们英语水平都比较好，但从未学习过任何翻译方法和原则。

1972 年，在加拿大的一个语言研讨会上首次出现了“翻译研究”（traductology）这个词。翻译不是一个简单的行为，而是一门科学和艺术。翻译是以另一种语言产出对等文本；所产出的文本既具有形式上的语言学涵义（词汇、构词和词义），也具有实质上的社会和文化涵义。

翻译是一种人类行为和主观行为，其责任是理解、阐释和传播。

翻译对“统一性”有要求。因此，将一本 500 页的图书分给 10 位译者完成，根本不在意每位译者分得的 50 页中最后一页是否以完整句子结束，这样的情况简直让人无法想象。此外，有多少译者在动笔前曾经阅读过整篇文章，以此判断作品的精神和风格？很多人甚至可能连分配给自己的那部分内容都不甚了了。

文学翻译的统一性需要经过几个阶段：“转换”（直译、借译、对应和改编），然后是“重写”阶段（包括目标语言的社会、文化和语言特征）。

翻译必须考虑时代（新词）、政治和宗教思想、目标语言的丰富性（谚语和俗语表达）及文化（文化符号、禁忌语、幸运数字或禁忌数字等）。

结果可能是直接对应关系，相对应的词会在源语言和目标语言之间形成线性对应关系。也可能是非直接对应关系，这部分文本无法简单直译，需要一个相对复杂的转化过程。

在非文学翻译中也会存在强烈的社会和文化含义。在中国生活了 10 年后，我曾与一位中国艺术家一起回到加拿大。这位艺术家懂一点英语，完全不懂法语。然而，在蒙特利尔这个以法语为日常用语的城市，他惊讶地发现，广告、海报的内容非常丰富。如果他能“阅读图像”，他就会让我给他翻译海报上的文字。我于是意识到，一个人的理解力是怎样深植于其对一个城市的文化活动和社会生活的了解之中。对法语的深刻了解也存在于当地人的意识中，并非在字典里。而意译、创意、色彩组合这些让公众感兴趣且意味深长的特色是无法翻译出来的，它体现的是图形设计师的艺术和语言创意。

此外，如果一个译者没有经验，或只是将翻译视为挣钱手段而非个人事业，那么，就很容易依赖双语字典。比如，在法语中，如果一个人 présente 他的身份证或护照，或 fournit 他的数据，那么，在英语中就变成了“hands, provides, shows”他的文件。在中文里有个动词“受”就有多个法语对应含义：比如，receive（接受）教育，accept（接受）尊重或礼物，undergo（接受）外科手术、攻击或羞辱，endure（忍受）炎热或 bear（忍受）疲劳。

爱护花草（Love the grass，Love the flowers）。这里的“love”并没有“爱”的含义，而是尊重绿地、不要踩踏的意思。

在度量衡方面，中国译者需要明白，1 kilometer（公里）不是 1 mile（英里），而“寸”也不是 pouce 或 inch。我们还要考虑使用该度量衡的国家在欧洲、美国、还是加拿大（加拿大在 1981 年正式使用公制度量衡）。

将汉语“喝汤”翻译为 drink soup 是不正确的，而在法语、意大利语和英语国家中，如果将“吃药”写为 eat drugs 也会显得很可笑。在翻译中不考虑社会和文化背景，只会让译文显得非常混乱，让人无法理解。翻译并不是将一种语言的文字“移动”到另一种语言，而是将现实转换为另一种语言 / 文化中的等价物。

莫言《红高粱》中的绿狗（green dog）和蓝狗（blue dog）应该怎么翻译？这样写也许不会吓到中国人，但外国读者肯定会吓一跳，对此，至少应加脚注予以解释。

有些词语（或客观现实）是无法翻译的，比如，功夫、太极、佛教、珠穆朗玛、麒麟、单位、胡同、四合院和饺子。翻译这样的词会扭曲其实际的意思。我觉得，在再创造方面做得比较成功的例子之一，就是 Coca-Cola，即可口可乐，这四个字完美体现了原文的精髓！非文学翻译也有它的要求。

著名翻译家葛浩文（Howard Goldblatt）对翻译所承担的重要角色的定义是：文化的桥梁、工匠，创意作家。

翻译首先要将信息从一种语言传输到另一种语言。然后，在进行再阅读的过程中，翻译要为创意语言留出空间，以便让阅读更加有趣、更令人愉悦。将文章从一种语言转化成另一种语言必须以和谐的方式进行，不能让人“感到有缝隙”。只要翻译的文本有“翻译腔”，翻译的工作就没有真正完成。太多翻译在这个阶段之前就止步了。

理解目标语言的相关文化是必不可少的。译者必须预见到读者对你的译本的接受程度。《狼图腾》有三个英文版本，是因为出版商考虑到了美国读者、英国读者和中文读者（包括中国台湾地区）的文化和社会状况。

翻译不是一项生产活动，而是一门艺术。文本不能在翻译中“迷失”，而要在翻译中“建立”。

在中国，走过的地方越多，我就越发觉得有许多事物需要发掘、有许多“秘密”尚未解开，整个国家的飞速发展就是其中一项重要内容。每次旅行都是新一轮的好奇和赞叹：“这个”中国并非我二十年前获得奖学金来留学时熟悉的“那个”中国。

——克拉拉·宗博莉（匈牙利）

一位匈牙利文学译者的中国故事

克拉拉·宗博莉（匈牙利）

克拉拉·宗博莉，匈牙利青年翻译家。现任匈中友好协会会长。翻译出版了莫言、余华、苏童、刘震云、韩少功等中国当代著名作家的二十多种代表作。

我还记得，那是在 1988 年，在布达佩斯国家博物馆，我花了很长时间才排队进入博物馆，那里正在展示来自中国的十一尊兵马俑及与之相应的工具和武器。在此之前我从未见过类似展品，完全被它们吸引住了，这次观展更加坚定了我的决心——我早已在学习中文了，那是当时国内唯一教授中文的场所——克勒什·乔马协会（Kőrösi Csoma Association）——我希望了解这一遥远国度的文化。

我坚信，想要了解一个国家、一片土地和一个民族，以及那里人们的想法、心态和生活，文化、哲学、文学作品与艺术是其中一个“途径”。在我们如今这个忙忙碌碌、快速多变、追求利润的全球化世界中，这是了解中国的一种比较可行的途径，而中国是一个经济飞速发展、地大物博、历史悠久的国度。对我而言，尽管身处欧洲中部的小国，想这样做有时也并不容易，甚至面临巨大的挑战。

尽管匈牙利的人口不足一千万，要少于中国任意一个较大的城市，但它较早承认了中国的国际地位，还向世界贡献了多位国际知名的汉学家和探索了解中国的人士。我认为很有必要提及并强调这一事实，因为匈牙利汉学的高度发展植根于两国悠久的历史往来之中，正因如此，匈牙利才能够积极投身于中国文化的全球化行动中。

当然，除了上述因素，还有其他一些原因让匈牙利对东方、特别是对中国的思维和文化持开放态度，如今，对"东方"的兴趣仍在逐步恢复。个中原因有：一、中国人在中东欧的最大聚居地之一位于匈牙利，匈牙利人普遍与中国人有着日常接触和联系；二、由于认为匈牙利民族与东方有着某种渊源，东方学在匈牙利过去的上百年里都是一门重要的学科；三、两国之间有着非常积极活跃的外交关系——近年来，两国进行了多次级别极高，甚至是总理级的国事互访。同时，文化在这些会议和磋商中起到了非常重要的作用，因此，我国"向东方开放"政策针对的不仅是商务、政治和经济领域，同时涵盖了文化和教育方面的往来与交流（例如，在中国设立了北京匈牙利文化中心并新建了几处匈牙利语教育机构；越来越多的中国学生获得奖学金前往匈牙利学习，反之亦然；两国组织了多个大型艺术展、电影节和其他文艺活动；两国人民还可在各自国家欣赏到对方的戏剧、歌剧和音乐演出，等等）。

匈中关系起源和匈牙利汉学复兴概述

1949 年 10 月 4 日，中国和匈牙利正式建交，迄今为止已近七十年，但两国之间在更早以前便已开始了初次交流。

据史料记载，早在十四世纪，便有一些匈牙利传教士来到中国，但在随后的几十年里，土耳其（奥斯曼）帝国控制了前往远东的所有路线，使中国和匈牙利在很长的一段时间里中断了联系，直到十七世纪，才有几位匈牙利传教士再次抵达"中央帝国"（Middle Kingdom）。十八至十九世纪，多位探险家和科学家到访中国，其中最知名的几位是：克勒什·乔马·山多尔（Sándor Kőrösi Csoma 或 Sándor Csoma de Kőrös，1784—1842），语言学家、图书馆学专家，十九世纪二十年代在西藏多家寺院中度过了相当长的一段时间，尽管他未能找到匈牙利人起源的痕迹，但凭借他编撰的藏文—英文词典和语法书籍，以及其他科学著作，他成为全世界尊崇的藏学“奠基人”；塞切尼·贝拉伯爵（Earl Béla Széchenyi，1837—1908），他是“最伟大的匈牙利人”塞切尼·伊什特万（István Széchenyi）的儿子，1877—1881 年间率领探险队走过了中国多个地方；洛克济·拉约什（Lajos Lóczy，1849—1920），世界闻名的地质地理学家，是塞切尼探险队的一名成员；齐奇·简诺伯爵（Earl Jenő Zichy，1837—1906），他穿越欧洲大陆于 1898 年抵达北京；斯坦因·奥莱尔（Aurél Stein，1862—1943），匈牙利裔的英国考古学家、探险家，1907 年考察敦煌，他发掘千佛洞的举动受到了中国人民的谴责——这几位是其中最著名的人物。

如想详细探讨中国与奥匈帝国之间的关系，以及两国在两次世界大战时期的关系，则需要单独撰文研究，我的老师尤山度（Sándor Józsa）曾对此加以研究并发表。因此，本文我将只介绍两国在二十世纪的“重新联系”，这也被视作匈牙利汉学建立的里程碑。匈牙利是在中华人民共和国宣布成立之后几天便与新中国建立外交关系的首批国家之一。这不仅是两国之间政治和经济合作的起点，也促进了文化、教育和科学领域的交流。

首批获得奖学金赴中国留学的匈牙利学生——匈牙利汉学的复兴

首批获奖学金的匈牙利学生于 1950 年抵达北京，在 1950 年至 1966 年间，有将近三十名匈牙利学生在华学习，其中包括高恩德（Endre Galla），他是文史学家、鲁迅作品的杰出研究员和翻译家，他还探寻了匈牙利文学在中国的足迹；文史学家梅维佳（Vilma Mészáros）；前文曾提及的历史学家尤山度，他研究的领域是中国近现代史，并翻译了末代皇帝溥仪的自传；艺术史学家、文学翻译家米白（Pál Miklós），出版了几部有关中国艺术和文化史的研究著作，他的主要著作之一以敦煌千佛洞为研究对象；经济学家、政治学学者、匈牙利科学院院士戴伯纳（Barna Tálas）；著名文学翻译家，同时也是政治学学者鲍洛尼·彼得（Péter Polonyi）；著名文学翻译家姑兰·埃娃（Éva Kalmár），在欧洲出版社（Európa Publishing）担任主编超过15年；文史学家、匈牙利前驻华大使叶桐（Ottó Juhász），以及后来的艺术和文化历史学家范凌思（Mária Ferenczy）等。尽管东亚学院早已成立，但基本上是以上诸位人士与其他一些语言学家、哲学家和文学翻译家［杜克义（Ferenc Tőkei）、陈国（Barnabás Csongor）和艾之迪（Ildikó Ecsedy）］一道创立了匈牙利的汉学。杜克义是国际公认的文学和哲学历史学家、匈牙利科学院院士、最杰出且成果最丰硕的文学翻译家之一，他的主要著作是《中国古代哲学著作选1—3卷》（*Chinese Philosophy: Antiquity Vol. 1-3*）；陈国也是一位出色的文学翻译家，是我的教授与“导师”，也是仍然健在的“匈牙利汉学家伟大的一代”中的一位，他翻译了中文经典小说《西游记》和《水浒传》；艾之迪是历史学家和语言学家。他们将多部中国古典、现代文学和哲学著作翻译成了匈牙利文，展现了极强的能力、广博的知识和敏锐的文体意识。他们还发表了不同汉学领域的论文。罗兰大学（Eötvös Loránd University，简称ELTE）中文系已成为随后几代培育汉学家的摇篮和中文—匈牙利文文学翻译基地。他们传授给我有关汉学的深厚知识和研究方法，还在职业生涯的最初给予我巨大的支持和无私的帮助，直到今天依然如此，我对他们无比感激。我将在随后更详细地介绍中文系的成立及我的恩师。

匈牙利中国文学翻译概况

简要回顾

在两次世界大战之间，匈牙利已将一些中国文学作品译为匈牙利文，例如，1931年，由诗人、杰出的文学翻译家科斯托拉尼·德兹索（Dezső Kosztolányi）翻译了一本中文和日文诗歌选集（曾多次再版），尽管他由中间语言翻译而来，但由于他对原诗的出色诠释，这些文学作品在匈牙利影响广泛；此外，阿格纳·拉约什（Lajos Ágner）在1937年对另一本中国经典诗歌选集《中国诗词100首》（*100 Chinese Poems*）中文原文进行了翻译。

对中文原文文学作品的大规模翻译始于二十世纪五十年代，这要归功于前文提到的留学生及罗兰大学师生的共同努力。二十世纪五十至七十年代，汉学家们与萨博·洛林克（Lőrinc Szabó）、维勒斯·山多尔（Sándor Weöres）、伊叶什·久拉（Gyula Illyés）、瓦斯·伊什特万（István Vas）、纳吉·拉斯洛（László Nagy）等当时最优秀的诗人们合作翻译了屈原、杜甫、白居易和李白的诗文以及《诗经》和《乐府》；其他翻译作品还包括蒲松龄小说集、《水浒传》《孽海花》《老残游记》《儒林外史》《西游记》等；二十世纪八十年代，匈牙利还出版了大量中国著作，例如鲁迅、郭沫若、茅盾、巴金、老舍和溥仪等人的作品。在那个时期，匈牙利几乎每一位知识分子家庭的书架上都收藏着“中国经典巨著”，例如，《唐诗选集》（李白、白居易、杜甫作品），著名的传奇小说《红楼梦》（译自德文）、《水浒传》《金瓶梅》（译自德文）、《西游记》，还有《道德经》和《论语》等。一些中国经典巨著还在随后的几十年间再版发行。

受本文的篇幅、时间和主题所限，我不能详细地介绍每一位知名的匈牙利汉学家及他们的文学译作，但我仍希望至少可以提及他们的名字及最重要的文学译作(其中一些人是我的老师，我会在随后补充一些个人评论)：陈国（《水浒传》《西游记》中国经典诗歌和其他文体），杜克义（中国哲学著作《中国古代哲学著作选 1—3 卷》及戏剧、诗歌等其他几种文体的中国古代典籍），高恩德（鲁迅、老舍作品），米白（老舍、郭沫若、曹禺作品），姑兰·埃娃（元曲、莫言的《酒国》以及多位现当代作家的短篇和中篇小说），鲍洛尼·彼得（《儒林外史》《老残游记》，古华、王蒙作品），尤山度（溥仪、艾芜作品）和艾之迪（《三国演义》第 1—6 章），等等。他们都出色地诠释了中国文学和哲学著作，也为中国古典和现当代文学以及文化作品在匈牙利的推广与传播作出了巨大贡献。

现状

在二十世纪八十年代，尚有一些古典和现代文学作品（如王蒙、古华、谌容等人作品）出版，但从九十年代开始，在匈牙利出版的“纯中国文学”

越来越少，特别是现当代作品，因此中国文学在匈牙利的翻译出版现状要逊于五十至八十年代。其中原因只有一个：在知名出版社的主编中没有一位是汉学家，而此前的杜克义或姑兰・埃娃，他们不仅熟知中国文学作品和发展趋势，还曾经推动出版了多部中国小说、戏剧和其他体裁的作品。

在2008年的第15届布达佩斯国际图书节上，中国作为“主宾国”出席，相较于过去几十年取得的“突破性进展”，几乎所有重量级出版商都奉献了自己的“中国书籍”，还为这一活动出版了多部中国文学、艺术教育作品和其他与中国有关的书籍，其中最为重要的几部作品包括鲁迅的杂文集、姜戎的《狼图腾》、吴帆的《二月花》——其中，《狼图腾》《二月花》由我翻译——以及姑兰・埃娃主编的一部二十世纪中国短篇小说集。

当然，莫言在2012年获得诺贝尔文学奖引起了世界对中国的关注，也进一步促进了匈牙利对中国现代文学的认可。媒体希望了解他的作品、

翻译姜戎作品《狼图腾》

翻译吴帆作品《二月花》

与作家莫言合影

生活以及中国现代文学和文学翻译的总体情况，因此，当时我也接受了一些采访。几个月之后，文学期刊 *Worldiwide*（*Nagyvilág*，2012/12 和 2013/02）刊登了他的几篇短篇小说，久负盛名的出版社诺兰出版公司（Noran Libro Publishing）购买了莫言的《酒国》（2013）和《蛙》（2014）这两部小说的版权。诺兰出版社隶属于规模最大、历史最悠久的出版集团科苏特出版公司（Kossuth Publishing），专门从事纯文学出版工作。这一良好势头有望延续，使他毕生的作品都能出版面世。

目前，中国作品和作家在匈牙利的图书市场上已占有一席之地，尽管数量不多，但均由非常知名的出版社发行［欧洲出版社、麦格韦陀（Magvető）、诺兰、利布里（Libri），等等］。例如，过去几年中，刘慈欣、麦家和颜歌的小说均由非常知名的出版社出版发行，尽管除了颜歌的《我们家》由我直接自中文翻译之外，其余几部均由中间语言二次翻译而来。

与作家刘震云合影

与作家吉狄马加合影

我最近翻译的刘震云作品《我不是潘金莲》和吉狄马加的诗歌选［由巴塔·埃丽卡（Erika Barta）、苏契·盖佐（Géza Szőcs）和拉茨·彼得（Péter Rácz）翻译］将在近期出版，此外，还在与不同出版社洽谈一些中国现代作品的出版事宜。尽管不像其他文化和艺术“产品”那样更易于“消费”（毫无疑问，文学不像武术那样“引人注目”，也不像音乐或观赏艺术那样不需多言即可以理解），中国文学的宣传和促进工作仍展现出了非常积极的势头，我想，这也是我肩负的使命。我对这一积极的势头充满信心，丰富有趣、质量上乘的中国现代文学的引进工作将在近期和未来一直持续下去。

在漫长的开场白过后，接下来开始介绍“我的”中国故事——我是如何邂逅中国语言、文化、翻译、书籍、作家的——总而言之，即我和中国、中国人民的初次接触，以及其后又有怎样的故事和发展。

“我的”中国故事

开端

在学业上，我一直很突出，不断寻求新的挑战，富于冒险精神。尽管如此，当我作出学习中文的决定时，仍可以想象我的父母和朋友是怎样的反应——那个年代，在匈牙利几乎见不到中国人。尽管惊讶不已，我的父母仍然和往常一样全力支持我。我猜测，他们及其他熟悉我的人都认为这不过是我一时的“心血来潮”或“突发奇想”，很快会在现实中“化为乌有”。老实说，尽管动力十足，但即便是我自己，在行动之初也不确定我的兴趣是否足够浓厚和持久、足以支撑我学习这门与匈牙利语差异巨大又有相当难度的语言。当然，我在克勒什·乔马协会报名学习中文入门课程时，自己及周围所有人都不曾想到，从那一天起，我的生活、职业，还有爱好都与中国或多或少地联系起来。

如今说来令人难以置信，但在二十世纪八十年代末期，布达佩斯只有一处学习中文的“官方”机构，就是前文提到的克勒什·乔马协会，那里的中文课程和其他远东语言课程由我的母校罗兰大学的教授和研究生授课。从此我便开始了漫长的学习过程：从掌握音节、四个声调、新的词汇、语法到练习书写汉字，写满了一堆又一堆的 A4 带格的数学习题纸。不过，学习中文也向我展开了一个全新的世界和截然不同的思维方式。开课时大约有十个学生报名，一两个月之后，便只剩下两三个人了。

在收到了高中毕业证书之后，我并没有过多考虑申请哪所大学院系。1992 年，我成功通过了罗兰大学中文系和英文系的入学考试。在那一年之前，中文系每年只录取六名学生（如今的学生数量显著增加，每一学年均有几十名学生开始他们的文学学士课程学习）。我就是从那时起开始了我美好而又难忘的大学生活，这主要归功于我那些高素质、高学历的教授，我的同学中，还有人获得奖学金前往中国留学。这些都是实实在在的生活经历，随后我还将更详细地介绍。

提到大学生活，我禁不住要谈到院系的成立历史及我的教授们——前文我已提到，他们传授给我的不仅仅是语言、学习方法和知识，还有对这一灿烂文化的尊重与敬仰。

罗兰大学，我的母校

在几十年的时间里，罗兰大学的中文系或远东系或东亚系（在这么多年里曾几次更名）一直是汉学中心、唯一的汉学高等学府，也是中国文学翻译的“工场”。能够在大学受教于一代“伟大”的汉学家，我一直倍感幸运与幸福。

罗兰大学东亚系的前身[当时称为帕·马尼·彼得天主教大学(Pázmány Péter Catholic University)，如今已是两个独立的大学]专门从事中文、日文、朝鲜文、蒙古文和藏文的语言和文化研究，在普罗尔·维尔莫斯（Vilmos Pröhle）（1924—1942 年任系主任）领导下于 1924 年成立。普罗尔是东方学教授，据说，他掌握包括中文和日文在内的近 40 种语言，他发表的学术著作主要集中在突厥学领域。在他之后由李盖蒂（Lajos Ligeti）继任，他在任 20 年（1942—1962），是一位语言学家、文献学家，专业研究蒙古文和土耳其文，曾获得奖学金，在巴黎从事为期 3 年的博士后研究员工作，师从马伯乐（Henri Maspero）、雅克·巴科（Jacques Bacot）和保罗·伯希和（Paul Pelliot）。这一职位随后由陈国（1963—1983）和高恩德（1983—1995）继任，现任系主任为郝清新教授（Imre Hamar），他的研究领域是佛教《华严经》。

大学时光与我的恩师

我认为自己十足幸运，能够师从之前提到的几乎所有汉学家，例如，著名科学家艾之迪传授我中国古代史，尤山度讲授中国现代史。尤山度除了教授课程之外还经常给我们讲他在中国的亲身经历。他曾在中国度过了十余年时间，先是作为奖学金学生，之后担任外交官和匈牙利文教师。

米白，应用艺术博物馆馆长，后任费伦茨霍普亚洲艺术博物馆馆长，他给我们做了中国文化和艺术史的讲座，放映“老式的”幻灯片——都是用他自己在中国和世界各地的东方博物馆拍摄的照片制作而成。我还记得，在他每节课结束的时候，黑板上满是中文繁体字：包括艺术家的名字、地名、不同的艺术技巧和流派，等等。他对我所做的决定影响很大：除了其他的重要文化景点之外，我“必须”前往敦煌莫高窟（千佛洞），这一“任务”在我 1995 年访问甘肃和新疆时终于得以完成。他不仅是一位出色的艺术史学家，还是著名的文学翻译家，他翻译的《骆驼祥子》和《茶馆》引领我走入了老舍的世界。他还翻译了郭沫若的小说、曹禺和关汉卿的戏剧、佛教禅宗寓言、现代诗歌，还曾发表有关中国艺术和文学历史的著作和文章。他的学识非常渊博全面，堪称一位良师。

在文学方面，高恩德教授拓宽了我的视野，使我了解到了二十世纪初中国文学的现代化进程及鲁迅、老舍和巴金等伟大作家的作品和生平。当时，我们并没有太多印刷版的教学材料，各类资料都非常有限，不仅匈牙利文如此，连英文或欧洲其他语言也是如此；而我们的中文阅读理解能力还不足以使用中文原文资料。在这种情况下，高恩德教授使用打字机打出后再复印分发的材料便成了我们真正的“财富”，在铅字之间满是他的亲笔注释。我至今还精心保存着有关五四运动，以及中国现代文学“诞生”和发展的那一堆 A4 纸文稿。作为大学作业，我翻译了鲁迅和其他现代作家的一些作品，尽管我仍然处于尝试阶段，但我非常清楚地记得，高恩德教授总是鼓励我继续从事文学翻译。这或许是对我最早的启发和激励吧。

陈国教授向我们讲授的是中国古典小说，他帮助我们了解中国这些非凡的鸿篇巨制的结构与风格；正是他令我对这些小说格外推崇和热爱，例如，《水浒传》就是我一直钟爱的小说之一。他的学识非常深厚和渊博，他有着惊人的记忆力，尽管年事已高，他仍然记得自己所译小说中的所有细节、名字和词句，着实令我们惊叹！他还是我早期尝试文学翻译的“编辑”和“评论人”之一，我有时受到表扬、有时受到批评，但都是中国古典小说最为知名的匈牙利“译者”之一对我的翻译作品作出的非常客观、直接的评价。我无法表达对他的无限感激之情，我想，匈牙利读者也是如此，借助他的出色翻译，大家才熟知了《水浒传》《西游记》及其他多部经典著作！（我仅在括号中注释说明，陈国教授在九十多岁高龄仍在从事《金瓶梅》的翻译，据说已经完成了90%以上。）

我的另一位古典中文老师是科学院院士杜克义教授，他拥有极为广博的学识，是二十世纪最伟大的匈牙利汉学家之一。他的三卷《中国古典哲学选集》几乎涵盖了中国古代哲学的所有或大部分最为经典的著作，此外，他还在其他文学体裁的翻译和理论著作方面作出了巨大的贡献。我们的古诗翻译就得到了他的指导。

我要提到的最后一位是姑兰·埃娃，但绝非最不重要的一位，她是我在现代文学翻译和推广工作中最重要的“同路人”。第一次见到她是在罗兰大学中文系的一节选修课上。她讲授的是元曲，并不仅仅是理论教学，还有翻译技巧介绍。姑兰·埃娃并不是全职教授，她曾是编辑和文学译者。在她的努力下，匈牙利翻译并出版了多部中文小说和其他类型作品。此外，她还撰写过多篇有关中国传统戏曲、现代文学和其他内容的论文。她曾先后在塞格德大学、密什科尔茨人文学院、匈牙利佛教大学和罗兰大学任教。她对我影响巨大，在其后的一些年中，我们从师生关系逐渐转变成了合作关系，并富有成效——有几个学期，我们共同在罗兰大学中文系讲授中文现代文学课程，还曾共同翻译几本图书，例如，莫言的两部小说《酒国》和《蛙》。现在，我们已经结下非常深厚的友谊，我和最初一样，一直称呼她“姑兰阿姨”。尽管年事已高，她仍在积极工作，从不拒绝帮助我和其他人解决有关文学翻译和其他方面的问题。

在现代中文语言方面，我遇到了北京外国语大学的两位优秀讲师，分别是顾宗英和龚坤余，还有高恩德教授的妻子冒寿福女士，她已在匈牙利定居，也是一位出色的匈牙利文—中文文学翻译家。

他们是最重要的几位恩师，在各自领域均大有建树，帮助我在汉学的“无涯深海”中确立了方向，手把手带领我迈出文学翻译的第一步。每每想到他们，我都满怀敬爱之情，我永远也不会忘记快乐且收获颇丰的大学时光。

尽管已经毕业，但有时仍然觉得，由于多种客观原因（例如，时间上的限制），我只听到和学到了非常有限的部分、无限的中国文学中的一小段。因此，直到今天，我仍有太多的东西需要学习。尽管如此，大学生活还是为我之后的事业打下了非常坚实的基础，并教会了我一种态度：我们必须用极大的热忱与专注去开展与中国有关的所有研究和工作。

获得奖学金留学中国

毫无疑问，我大学生活中的“点睛之笔”是获得奖学金后到中国留学。借助中国与匈牙利的政府协议，我获得了两次全额奖学金，每次两个学期。第一次是 1994—1995 年在“北语”—— 北京语言学院，现更名为北京语言大学，第二次是 1997—1998 的北京大学（简称“北大”）。这两年是我人生中最具决定意义的时光，我回到匈牙利时，带回的是不可磨灭的记忆、有趣和有用的经验，它们深深影响了我接下来的人生。第一年主要为我的中文语言知识和技能打下基础；而在北大度过的那个学年，在教授和同学们的帮助和指导下，我熟悉了中国当代文学。在匈牙利，大学期间我们并没有开设有关中国当代文学的讲座；因此，也是在这里，我初次接触到了几位当代作家和他们的主要作品，还有不同的文学潮流与思想。

回想当时，当我得知被北京语言学院录取时，我欣喜万分。当然，欣喜之中也夹杂着焦虑与激动，因为那是我与中国的初次“相遇”，也是对我所学中文知识的第一次真正的实际检验。老实说，我并不敢完全相信我对中国的第一印象，一切与我想象的都是那么不同，我在抵达北京后感觉孤独和茫然。但经过一段短暂的熟悉之后，我渐渐地并深深地“爱上”了中国，也因此不会再错过任何短期和长期再次访问中国的机会。

我在那里学到了很多，如果没有那几年积累的丰富知识和经历，就没有现在的我。当然，在中国留学的那两年里，我并不只是在教室里“课桌后”掌握了语言、加深了对中国的了解，更是主动去认识和发现这片土地和其中的环境、美食、风俗、节日及中国人的日常生活，其中的主要内容是人与人的关系、与中国人和外国人的交往——如果没有“实地体会”，便不可能获得这些经历。

离开“北语”回国后，我只有一个“真正”的目标——尽快返回中国。

去中国的第二次时我变得对中国更加熟悉，当然，中国有着太多的惊喜和奇遇在等着我。我在北大学习时更加难忘的是，学习期间恰逢建校 100 周年庆祝活动，因此我目睹了整个校园的翻新及一系列的项目和活动，我还现场欣赏了王菲与那英的合唱，王菲是我最喜欢的歌手之一。

在两次学习期间，我与朋友一起或独自一人在中国多次旅行，我抓住每一个机会探索新的地方，欣赏远近风景，走遍乡村和城市。除了东部沿海省份，我还去了一些“内陆”地区：从云南到内蒙古，从海南到甘肃。这些旅途当中，从二十一世纪的繁华都市到偏远的小村落，从沙漠到雨林，从文化古迹到宗教圣地，我努力“吸纳”一切。我从这些经历中不断“汲取养分”。在中国，走过的地方越多，我就越发觉得有许多事物需要发掘、有许多“秘密”尚未解开，整个国家的飞速发展就是其中一项重要内容。每次旅行都是新一轮的好奇和赞叹：“这个”中国并非我20年前熟悉的“那个”中国。相隔 10 年，我在 2008 年奥运会期间重返北京。经过了这么久、加之这一极为特殊的时机，中国的发展愈加令人瞩目。

中国文学翻译——我找到了人生的真谛

借助电影与中国现代文学相遇

二十世纪九十年代末的一段时间，一家名为多瑙的电视台定期播放中国艺术片，这家电视台不仅在匈牙利播出，还面向身在国外的匈牙利人。在米白教授的推荐下，我被委派协助字幕制作工作——将译好的文字放到片中的合适位置，随后，我也参与了翻译。我参与了《红高粱》《黄土地》等影片的字幕制作，翻译了《大红灯笼高高挂》《二嫫》《天国逆子》等作品。这是一次非常有趣的经历，因此我了解到了一些知名作家（如莫言和苏童）的作品，这对于我从事长篇文学的翻译打下良好的基础。

我的第一本译作出版

我的毕业论文研究的是余华的生平和作品。作为论文的组成部分，我翻译了他的一部中篇小说《世事如烟》。我对他作品的兴趣始于北大，即使到了今天，他也是我最喜欢的中国作家之一。毕业几年之后，我将这篇中篇小说发给了欧洲出版社，这是匈牙利最负盛名的出版社之一，主要关注外国文学。对我来说，这只是一次“犹豫中的尝试”，但出人意料，他们非常喜欢余华的作品，不久之后便委托我汇编一部中国当代中篇小说选集。这是一次难得的机遇，令我痴迷其中！出版社并没有非常具体的要求，只是注重作品的选择和翻译质量，当然，对篇幅有所限定。由于早已被“文革”之后在八十年代文坛涌现的作家群所吸引，我尽我所能选取了当时“有代表性”的作品，具有不同的风格、代表了不同的潮流、涵盖不同的主题。入选这一小说集的五位著名作家群包括余华、刘震云、苏童、韩少功和马原，小说集以苏童的《妻妾成群》命名，名为《妻妾成群——中国当代中篇小说选》（欧洲出版社，2003 年）。当然，这五篇中篇小说只是沧海一粟，非常遗憾，很多优秀作家的作品未能入选。在选取过程中，除了客观标准之外，一些主观因素也影响到了我的决定。时至今日我依然觉得，选出“适合”匈牙利读者和与我自身符合的作品的这一过程往往要难于翻译作品本身。幸运的是，随后读者和评论家们的反应给了我信心，他们给予了这本书很高的评价，这一选集也收到了非常积极的反馈。老实说，这本书仍是我最喜欢的翻译作品之一。

其他文学翻译和“中华图书特殊贡献奖青年成就奖”

在这次“首秀”之后，我收到了越来越多的中文图书翻译和编辑邀约。近几年，我翻译了两本中文畅销书——姜戎的《狼图腾》（麦格韦陀出版社，2008 年）和于丹的《论语心得》［海特出版社（Háttér Publishing House），2009 年］，其他翻译作品还包括几部中文中短篇小说及一些英文版的中文小说、与中国有关的小说和其他材料。2014 年出版了莫言的《蛙》（*Noran Libro*）、2015 年出版了颜歌的《我们家》（欧洲出版社），刘震云的《我不是潘金莲》（Geopen）正在编辑中，将于今年出版。除了翻译工作之外，我还在匈牙利的一些出版社做编辑和咨询工作。

翻译颜歌作品《我的家》

翻译于丹作品《论语心得》

由于谋生的需要，我担任过与中国有关的文化和公关经理、讲师、活动策划人等工作；很长时间，文学翻译仅仅作为我的业余活动，尽管我始终认为这才是我的“真正”事业。幸运的是，在中国政府给予的多方面的大力支持下，以匈牙利文出版的中文书籍越来越多，例如，多个国家机构经常邀请我参加各类会议，匈牙利出版机构也给予了相应支持；当然，还有 2015 年获得中华人民共和国国家新闻出版广电总局颁发的“中华图书特殊贡献奖青年成就奖”。我最终决定放下其他工作，专注于文学翻译和中国当代文学推广。我从来不是为了获奖而工作，从未梦想得到这一殊荣，但毫无疑问，该奖项赋予了我动力，让我更加坚定地坚持了自己选择的这条道路，我将继续翻译更多的中国文学作品。同时，我也借此机会对此表示由衷的感谢！

与副总理刘延东合影

所参加的会议及与中国作家的难忘相会

我依然记得，在收到中国作家协会（CWA）于2012年8月举办的第二届汉学家文学翻译国际研讨会的嘉宾详细名单时，我兴奋得难以自已。那是我第一次在中国参加为文学翻译举行的专业会议。起初，我不敢相信自己将亲眼见到铁凝、莫言、余华、刘震云、徐则臣、李洱、徐小斌、王刚、徐坤及其他著名作家和评论家，并将与他们共处或长或短的一段时间，与他们一同用餐，最为重要的是，我能与他们直接交流。在很多年中，他们对我而言都“只是”文学作品，只是故事情节与作品风格，是“象牙塔”中无法企及的作家，都是赫赫有名、备受尊敬的大人物，我从未梦想过能与他们直接接触。我在前文中提到，我的毕业论文内容便是余华的作品，我在匈牙利出版的第一本译作包括五位著名作家的五部中篇小说，所以能够想象，当我得知，在中国参加的第一次会议上能够见到五位作家中的两位——余华和刘震云时，我是怎样的心情！事实上，这些作家们并没有让我的幻想破灭，与之相反，我惊讶地发现，他们是那么的友善、直率、幽默，

与中国作家协会主席铁凝合影

有着深刻的思想。尽管他们都是“文字大师”，但他们都耐心地倾听我远不够出色的中文口语。经过这次会面和讨论，我在未来事业发展方面深受启发，当然，我也接触到了大量新近涌现的优秀作品。

在接下来的几年中，感谢中华人民共和国文化部、中国作家协会（CWA）、国际儒学联合会（ICA）、中国出版集团公司（CPG）和其他机构的邀请，我出席了多个会议和研讨会，在这些平台中我不断汲取新的知识，与中国的作家、评论家、出版界专业人士及全世界的文学译者交流，一些与会者成为了我非常好的朋友。对我而言，“会面”与“人”是其中最重要的，他们对我意味着“真正的中国”，因此，令我倍感幸运和幸福的是，除了之前提到的作家，我还有机会见到了贾平凹、阿来、陈希我、麦家、迟子建、熊育群、邱华栋、刘醒龙、东西、毕飞宇、张炜及不同年代的其他几位重要作家，请原谅我无法一一列出他们的名字。

我无法详细介绍我在过去几年中参加过的会议，但我希望借此机会记述贾平凹先生的热情好客，他的关怀让我深受感动。2015 年秋季，中国作家协会邀请了三位文学译者参加“中国作家协会文学翻译研讨会”，其中包括瑞典的陈安娜（Anna Gustafsson Chen）、俄罗斯的叶果夫（Igor Yegorov）及我本人。期间，我们在北京拜会了莫言、刘震云及《路灯》的编辑们，在西安见到了贾平凹。贾平凹亲自在机场接机等候我们，尽管他的日程非常密集，还是在三天的时间里与他热心的助理玛丽一起陪同我们，做我们在西安的老师与向导。我们感动于置身他的工作室欣赏他的书法和绘画作品，也饶有兴致地参观了古代和现代的街道、他生活并创作出杰作的地方，更被他极具魅力的无尽故事深深吸引。我永远不会忘记，我们一同参观兵马俑时西安人民对他的爱戴：人们站在一级级台阶上，向他致以问候或请他签名留念。和贾平凹共处时，我们能够感受到人们对他和他的作品的热爱和尊敬——在西安与贾平凹共同度过的这几天及与莫言和刘震云共同用餐的经历是我一生中最难忘的记忆！

与作家贾平凹合影

我不会忘记，自2012年以来，我受邀参加的每一次会议中，中国作家协会和其他机构同仁的热情接待、忘我工作和深情厚谊：吉林省作家协会在长春会议中的出色组织（2016），天津作家协会赵玫和其他代表的善意友好（2012），从古北水镇餐厅遥望长城的宏伟夜景（2014），承德的壮观僧院与庙宇（2014），曹禺故居及乘坐游船欣赏到的天津夜空，青岛殖民地时期的建筑，精彩绝伦的京剧和其他表演，当我应邀做一个主题演讲并与余华、贾平凹、阿来和李敬泽等同台时的兴奋之情（2016），参观过的博物馆、教育或科研机构，所有的美味佳肴及丰富多彩的文化和文学活动。如果一一列举，真是数不胜数——所有这一切都是由中国主办方提供的。在中国停留期间，我始终感觉享受到了“女王”般的接待，中国人民的热情好客和活动组织无人能及。我真心感激所有这些专业领域和休闲娱乐方面的美妙体验。对于我这样的翻译工作者而言，所从事的是非常孤独、

与作家余华合影

与作家马原合影

有时颇显单调的工作，当然其中又充满智力挑战，这一切经历都使人对这一工作更有动力、灵感和自信！

除了这些会议，我还在 2015 年和 2016 年两次参加了 BIBF（北京国际图书博览会）。2016 年，匈牙利与其他中东欧国家一道出席，匈牙利为主宾国，而我是匈牙利官方代表团的成员之一。这也是一个非常有益的平台，可以会见很多出版商和优秀的作家，集中获取与新发行图书有关的信息，还可以听到不同的讲座并参加新书发布会。

每当有中国作家或文学代表团到访匈牙利时，我都会非常高兴。我能够在布达佩斯与余华碰面，在罗兰大学孔子学院组建过程中见到马原、龙东和赵兰振（文学期刊《十月》的编辑）。我在匈牙利见到的其他作家朋友还有：出席"布达佩斯穿越边界国际文学节"的颜歌、吴义勤（评论家）、熊育群、张楚、刘文艳和吴欣蔚（中国作家协会）。他们是参加"第一届中东欧国家—中国文学论坛"的官方代表团成员。该论坛由匈牙利人力资源部、The House of Nations 和匈中友好协会共同举办，参加论坛的有同样来自著名文学期刊《十月》的陈东捷和赵雪勤，以及多家中国出版社（包括中国出版集团、凤凰出版传媒集团、译林出版社、山东出版集团等）的代表团。如果我能为一本新书出版或合作作出一点点贡献，我会十分开心。

匈中友好协会

目前，我担任匈中友好协会会长一职，它是匈牙利为加强两国友好往来而设立的，是历史最为悠久的非营利、非政府组织。协会于 1959 年成立，由匈牙利科学院院士莫尔纳·埃里克（Erik Molnár）出任会长，前文提到的罗兰大学中文系教授高恩德担任秘书长。1988 年，协会在时任会长戴博纳领导下重组，前文曾介绍，他是著名的科学家，目前担任协会的名誉会长。协会会员和支持者包括专家、科学家、外交官、记者、艺术家、对中国感兴趣的其他人士及中国居民。匈中友好协会由民间发起，不隶属于任何政党或国家机构，仅接受会费和支持者、捐赠者的非经常性自发捐赠。协会的主要目标是向匈牙利和中国人民分别宣传中国和匈牙利的历史、文化、文明和现代化成果。为了实现这些目标，我们安排友好会见，宣传和组织相互访问，主办或协办展览、音乐会等文化活动，出版图书并举办新书发布会，出席并协办专业会议和科学大会，推广与中国有关的多种文化活动。除了之前提到的几位，协会的历任会长还包括两位前大使——美莎洛什·克拉拉（Klára Mészáros）和叶桐（Ottó Juhász），以及外交官——拉茨·拉约什（Lajos Rácz）。现任副会长包括著名高级翻译伊博伊·埃娃（Éva Ipolyi）和高宝石（Adrienn Simon）及生于中国并从事旅游业务的舒思凯·卡塔林（Katalin Szuszky）。

在担任匈中友好协会会长的过去两年里，我非常自豪地参与组织了以下活动：第一届中国—中东欧国家文学论坛，2016 年 5 月在巴拉顿菲赖德和布达佩斯举行（主办单位：匈牙利人力资源部、The House of Nations；协办单位：巴拉顿菲赖德市政府、匈中友好协会、匈牙利作家协会、裴多

中国—中东欧国家文学论坛
所展示的中国文学作品

菲文学博物馆和匈牙利译馆基金会）；汉学家会议，于 2016 年 5 月应中华人民共和国驻匈牙利大使馆邀请举办，接待由中国文化部对外联络局副局长朱琦率领的中国代表团（匈牙利方代表包括前大使库绍伊·山多尔先生（Sándor Kusai），匈牙利多所大学的中文系或中国相关院系的负责人也出席了会议）；获奖儿童动画展，2016 年 2 月在中匈双语小学举办（得到了浙江省人民政府外事办公室、浙江友好协会和中国青少年宫协会的支持）。协会的最新一项活动在不久前成功举办，即在赛切尼国家图书馆举行的匈牙利文《山东汉代画像石选》出版发行会，与该图书馆和中国出版方（山东画报出版社和山东出版集团）合作举办，旅居匈牙利的著名作家、文学翻译家余泽民是这本精美选集的匈牙利版本的发起人。

从我颇为详尽的叙述中可以看出，中国对于我有着太多的意义：友人、会议、作家、知识、语言、景观，以及无法用语言描述的各种情感，而我也在中国“收获”了很多。我的人生早已与这一地大物博、山河壮美、蕴藏无限知识宝藏的国家联系在了一起，这令我非常开心和满足。如果能通过文学翻译，使匈牙利人民愈加了解中国，那将令我更加开心和满足！

我既不是大学老师，也不是研究人员，更不是学者。我只是一个渺小的普及历史知识的作家，是谦逊的中国人口中所说的“小人物”。对此，我很开心，也很自豪。因为我觉得自己是一个历史知识的传播者，我的使命是为许许多多非专业的读者服务。

正如法国前驻华大使白林曾经说过的，“就像在伏尔泰和孟德斯鸠时期一样，中国从未冷漠视人。它激发了一种强烈的情感，或是爱与怜悯，或是这个国家的拒绝……这种‘中国病毒’常见于许多生活在这个国家的人，不论年龄，总会让你想要回来。”我爱中国，也爱中国人。我会继续传播这种温暖的情谊，就像在宣告我真正的信仰。如果你问那些在中国生活或非常了解中国的法国人为什么喜欢这个国家，他们会不约而同地回答：因为中国人。

——贝尔纳·布里赛（法国）

爱中国，也爱中国人

贝尔纳·布里赛（法国）

贝尔纳·布里赛，法国作家。以一个外国人的视角，友好全面地介绍了中国近代历史和文化，对加深中法两国之间的相互了解作出了积极的贡献。代表作品：《1860：圆明园大劫难》《北京》《上海》《宋氏三姐妹》。

1979 年，也就是在大约 40 年前，我第一次在中国感受到了文化的冲击。那时候，我还是一名记者，更确切地说是一名新闻记者，在法国费加罗日报社工作。在此之前，除了从埃尔热（Hergé）的漫画《丁丁历险记：蓝莲花》和赛珍珠（Pearl Buck）的《大地》等系列小说中读到过与中国有关的内容，我对中国几乎一无所知。

我是在一次旅行中经历了这场文化冲击的。那次旅行由法国政府组织，巴黎吉美博物馆旗下的一家旅行社 Amis de l’Orient 赞助，这是我平生第一次前往中国，并且不是以任何官方或半官方身份。作为一个偏爱艺术史的历史学家，我所学到的历史和艺术知识莫过于位于地中海沿岸的几个国家：埃及、希腊和罗马。然而，我希望能用毕生所学教书育人，传授艺术史，特别是向世人介绍意大利文艺复兴时期的绘画作品。

二十世纪七十年代初，我开始成为巴黎吉美亚洲艺术博物馆的常客。1977 年，我接受费城艾森豪威尔基金会的邀请，以学者身份前往美国，进行了为期6个月的文化交流。我利用这次机会参观了众多拥有亚洲艺术藏品的美国博物馆（它们位于纽约、波士顿、圣路易斯、丹佛、旧金山和洛杉矶）。

在美国各地旅行的几个月里，我遇到了许多人。正是在美国的那段时间，我对远东艺术的认识才真正开蒙，特别是关于中国和日本的艺术。所以，有关远东艺术的启蒙，对我来说，很大一部分来源于这段时期的自学。

1979年，了解中国的机会出现了。我和妻子是第一批报名参加中国之旅的人。在出发前的六个月里，我做了大量研究，读了很多关于中国的书，其中当然包括阿兰·佩雷菲特（Alain Peyrefitte）的代表作《当中国觉醒之时》（*Quand la Chine s'éveillera*）（1973年出版，销量高达100万册）。1979年8月，我们随大约三十人组成的“旅行团”一起出发前往中国开始为期一个月的中国之旅，所有人都觉得此次名额非常难得，机会极为宝贵。我们一行人中有著名的汉学家，他们会在讨论中国陶瓷时侃侃而谈，这让我羞愧地认识到自己在中国知识上的不足……现在，我还会偶尔和他们中的一些人小聚。

这是我在中国，或者说通过中国之行所学到的关于谦虚的第一课，因为你总能遇到比你更了解中国的人。每天，你或多或少都会发现关于中国和中国人还有一些你不了解的东西。没有人能够自称了解中国和中国人（比了解美国更多）。有人问法国著名作家和外交家保罗·克洛岱尔（Paul Claudel）对中国人有何看法，他开玩笑地回答：“我根本不了解他们！”每次从中国回来，我都告诉自己必须摒除某些外来的观点、陈腐的谬论和凭空的妄想。每次去中国都会有新的发现，让之前那些看似已经成型、确定无疑的观点变得不合时宜。

以下是我对那次不同寻常的旅行的一些记忆。

我们没有住在“神秘”的北京饭店，那里是留给达官贵人的。我们住的是北京中心城区西北方向的友谊宾馆，它于二十世纪五十年代初建成，当时住在这里的大多是帮助中国开展现代化建设的苏联专家，直到1960年他们才离开中国。虽然谓之“宾馆”，其实条件极差，但我们并没有受到困扰，而是对此一笑置之。在整个旅程中，我们的住宿条件都很恶劣，但这对我们来说并不重要，因为探索中国的乐趣胜于一切。

负责陪同接待我们的中国人意识到了这个问题。可能为了补偿我们，特意为我们精心准备了美味佳肴，菜品多得惊人。宴会一直持续到傍晚，用餐地点在工厂、学校或医院的食堂。之后在中国，我们再也没有享受过如此的款待。

在看过了北京、感受到紫禁城的文化冲击之后，我们又参观大同的云冈佛教石窟。1973 年 9 月，法国总统乔治·蓬皮杜（Georges Pompidou）在去世前的几个月，曾在正式访问中国期间参观过这一著名的旅游胜地。我一直记得当时在电视上看到的景象，从未想过有朝一日有机会来到这里。但是，我的梦想终于在 1979 年实现了。当时，大同市被源自山西省北部煤矿的黑色煤炭粉尘所笼罩。不久前我又去了那里，惊讶地发现整座城市竟变得一尘不染，四周环绕着最近新建的城墙和瞭望塔。

随后，我们又去了西安。导游告诉我们接下来要去参观秦始皇兵马俑。在他宣布这一消息时，我们并没有很在意。我们当中没有人听说过这一巨大的考古发现——世纪性的考古发现（与发现埃及法老图坦卡蒙国王墓葬齐名），是 1974 年当地农民在挖井时发现的。1 号坑中埋藏的兵马俑在巨大的棚木搭盖遮掩下，至今仍保存完好。

在意识到我所看到的景象有多么重大的意义后，我眼含热泪走到一边，心中百感交集。

之后，我们参观了洛阳的龙门石窟，而旅行的最后一站是石家庄（河北省的省会城市，靠近北京），如今，大部分游客已不会将石家庄列入自己的旅行计划。在那之后，我和妻子对云冈石窟和龙门石窟念念不忘，又多次故地重游。不过，现在的参观条件已经非常现代化，和之前相比改善了许多。

我记得我们的中国导游很年轻，穿着蓝灰色的上衣，中山装式的领子，眉形也没有女性的魅力，不过法语说得很好。如果她还活着的话，我很想再见见她。在那次旅行过去 40 年后，我还记得只供外国人购物的“友谊商店”，中国人不能进。还有一种仅向外国人提供的货币，叫外汇券（全称是“外汇兑换券”）。

1979 年的那次旅行对我具有重要意义，为我在中国的探险和开启在中国的故事奠定了基础。事实上，我对中国和中国人的热爱就是在那次中国之旅中受到激发的。当然，我写的五本（第六本即将面世）关于中国历史的书也由此而来。

我常常想起那次旅行，我的第一次发现中国之旅。因为我知道能有机会在所有人或几乎所有法国人之前看到这个国家的精髓部分是多么难得。因为有了那次旅行，如今我可以不断将大约 40 年前看到的景象（古老的、落后的中国）和当下的中国及其翻天覆地的变化（现代的中国）作一番比较，当今中国已成为世界第二大经济体，很快将成为第一。

有一必有二，因为有了第一次中国之旅，才有了后面多次的来华旅行。特别是 1985 年那次以中国园林为主题的旅行，就是我又一次不断追求的激情释放。到了 1985 年，海外游客已经可以自由前往中国，无需跟团旅行。所以，我和妻子布丽奇特（Brigitte）独自参观了上海（豫园）、苏州及当

贝尔纳先生与妻子布丽奇特在上海书展

地著名的古典园林、太湖岸边的无锡，还有杭州。我们非常喜欢苏州的网师园、拙政园、狮子林等园林，还有杭州的西湖。后来，我曾多次重游苏州和杭州，我们在当地的导游都是很好的中国人，我们一见如故。当然，也有不太愉快的回忆：在上海时，我们的司机驾车飞驰在前法租界的一条大街上，路的两边是梧桐树，车子撞到了一个漫不经心过马路的小姑娘。小姑娘被撞得腾空而起，随即被送到了医院，后来，我们听说小姑娘的脾脏破裂。我们非常震惊，感到很内疚，我们是应该对这场事故负间接责任的外国人。

我记得我们参观了上海博物馆，当时，该博物馆位于一家前日本银行里，窗户上满是灰尘，只对外国人开放。现今的上海博物馆坐落在人民广场，用于展出青铜器和陶瓷器，和从前的上海博物馆形成了鲜明对比。

几年后再次回到上海，我已无法认出这座城市。我当时打电话给留在巴黎的妻子，告诉她当看到这么多新建筑时我有多么震惊。

还有第三个对我来说是格外重要时间。2000 年，我一个人在北京旅行。10 月份某个风清气爽的日子，我决定再次前往颐和园，那是所有中国和外国游客心驰神往的地方。之后，我决定去看看仅数公里之遥的圆明园。从那里出来时，我心中十分悲痛和愧疚，我羞愧地了解到 1860 年 10 月，我的“祖先”在一次殖民远征中和他们的英国盟军洗劫了这一人类奇迹。我试图安慰自己说，火烧“中国的凡尔赛宫”（圆明园）全是英国人干的，法国人对此是反对的。

回到巴黎，我去了两家中国书店——友丰书店和凤凰书店，想找一找有没有关于那次文化罪行的书。友丰书店的潘立辉先生（Kim Hun）和凤凰书店的克莱尔·朱利安（Claire Jullien）、菲利普·梅耶尔（Philippe Meyer）告诉我没有这方面的书。我告诉自己，既然我是一位历史学家，为什么不自己写一本呢。

于是，我才幸运地有了这个想法，要写一本长篇纪实类的书——《1860：圆明园大劫难》（*Le Sac du palais d’Été, deuxième guerre de l’Opium*），这也是“我的中国故事”中奠定基调的一篇。

北京国际图书博览会签售活动现场

不知为什么，《欧洲时报》（在巴黎出版的一份华文日报）的编辑在听说我的计划后，主动提出在其报纸的头版位置发表我的文章，他们采访我并刊登了照片。这件事情发生后，驻巴黎的某中国文化团体的几位代理人也很快找到我，希望获得我著作的翻译权。我最终决定将翻译权卖给《欧洲时报》，也就是《欧洲时报》社长杨咏菊女士。我从未后悔这样做。后来，杨女士和我成了朋友，我亏欠她很多。她作为出版代理人，又将这本书的翻译和出版权转卖给中国杭州的一家出版商徐忠良先生，目前他担任上海远东出版社社长。

《1860：圆明园大劫难》在法国的销售情况非常好，在此之前，历史学家尤其是普通民众对 1860 年的那场事件几乎一无所知。因为那场罪行没有任何值得骄傲的！今天，可能法国所有受过教育的人都听过那个悲伤而遗憾的故事。

《1860：圆明园大劫难》（Éditions du Rocher 出版社，2003 年 11 月）由高发明先生翻译（他和他的妻子和我已成为好朋友），2005 年，在中法文化交流年的背景下，由浙江古籍出版社在中国出版，得到了傅雷翻译项目和法国外交部的支持。2007 年，这本书从 1.2 亿网民选出的 40 本书中脱颖而出，获得了中国国家图书馆颁发的文津奖。

经多次再版后，新版的法语版在 2011 年 9 月面世。2015 年 10 月，上海远东出版社出版了新的中文版，内容也有所扩展（600 页）。

说一句题外话：每一位作家都有一个梦想 —— 一个孩子气的幻想，幻想自己偶然在公交车上、地铁里或者火车上碰到有人手中正拿着自己的书在阅读。当然，这种事几乎永远不会发生！幸运的是，2010 年，我在圆明园罹难 150 周年之际去遗址参观时，的确发生了这样一幕，一位年轻女性用我的书的中文版作为指南……那一刻，我特别感动。

还有一次噩梦似的经历，尽管也很有趣：

2014 年 10 月，我受邀参加在圆明园遗址举办的圆明园遭欧洲洗劫 150 周年和火烧圆明园（英军所为）纪念活动。纪念仪式上的大人物莫过于著

贝尔纳先生在圆明园接受采访

名演员和导演成龙先生。那天晚上下着瓢泼大雨。一场声光盛宴就像这场大雨一样洗涤着露天看台上的 2000 位观众，一切似乎是注定的。我坐在第一排等待发表一个简短的演讲，当时又湿又冷。有人给了我一件厚厚的带衬里的卡其布军用斗篷披在身上。在临时演员、舞蹈演员和歌唱家们的共同努力下，演出按照预期的计划进行得很顺利。

之后，我受邀上台发表演讲。我脱掉斗篷的那一刻真是一场灾难！斗篷中用于保暖的羽毛已经穿透了衬里，让我帅气的深蓝色西装变成了白色！三个年轻女孩惊慌地跑过来，帮我清理衣服上的鹅毛。当时的情况很滑稽，但观众很有礼貌、也很守纪律，没有不好的反应。雨下得更大了。最后，我站上了舞台开始读法语的演讲稿，但纸上的墨水已经花了，我几乎认不出上面写的字。我决定现场发挥，但翻译跟不上我说话的节奏。真是彻底的惨败。主持人是一位著名的电视明星，她穿着明艳的礼服，在这种情况下表现出的勇气和忍耐令人钦佩。她径自缩短了我的演讲，对此我非常感激。我回到座位上，听着稀疏的掌声，感到十分惭愧。现在，我想起那段经历仍然会笑出声……

能够想到写这样一本书，让我每天都感到自豪，它确实改变了我的生活。我用 18 个月的时间进行主题研究：寻找那时的出版物和文献资料，有法语的，也有英语的；我拜访了法国、英国、瑞士、美国甚至还有澳大利亚和新西兰的许多书店。那是一次令人格外兴奋的寻宝行动……

对于一个记者而言，选题研究是最喜欢的活动之一，对于历史学家也是如此。所以，我收集了大约 40 本由军旅作家（陆军和海军）、外交官、翻译和其他参与过第二次鸦片战争的年代记录者创作的、在 1860 年之后出版的法语书。我几乎研究了一切相关资料。

英语方面，我找到了大约 30 份一手资料。对历史学家而言，发现基本上没人知道、没人开发过的原始资料并成为第一个获得它们的人是一件大喜事。我必须说，我享受了这个时代的一项新技术——互联网。比如，我用到了销售珍本或旧书的电子零售网站 Abebooks。没有这家网上书店（1996 年创建，后被亚马逊收购），我可能无法获得在我的研究中不可或缺的那些古老的、珍贵的绝版书。这在几年前是根本不可能实现的。

我为这个主题着迷，我知道它的创新性和重要性，所以不知疲倦地工作，仅用了6个月的时间就写出了这本大部头的书。虽然那段时间工作很紧张，但留下了许多愉快的回忆。

我很自豪，有幸成为第一批成员参与了2014年中国国家图书馆以复制品形式出版《圆明园四十景图》的活动。这套宏伟的图集由40幅壮丽的风景图组成，附有乾隆皇帝的诗，创作于十八世纪中期，由两位中国画师在意大利教士郎世宁的指导下绘制而成。这套图集是法国国家图书馆（BnF）的珍宝之一，1860年洗劫圆明园期间，被一位对它毫无概念的法国陆军少校盗窃。

不管怎样，我对法国在这一事件中的扮演的角色还是很失望的。伟大的法国作家维克多·雨果（Victor Hugo）写了一封言辞激烈的信，谴责洗劫圆明园的“两个强盗”——英军和法军。这封信后来闻名于世，如今被刻在圆明园废墟中的大理石上。维克多·雨果的愤慨之情从他立场鲜明的文字中得到释放：“这个奇迹已经消失了。有一天两个强盗闯进了圆明园。一个强盗洗劫，另一个强盗放火。两个胜利者，一个塞满了腰包，这是看得见的，另一个装满了箱箧。他们手挽手，笑嘻嘻地回到了欧洲。这就是这两个强盗的故事。我们欧洲人是文明人，中国人在我们眼里是野蛮人。

贝尔纳先生作品的中文版

贝尔纳先生的法文作品

这就是文明对野蛮所干的事情。将受到历史制裁的这两个强盗，一个叫法兰西，另一个叫英吉利。”这是所有中国人都记得的一段话。

所以，我想将杰出的雕塑家奥古斯特·罗丹（August Rodin）创作的一座维克多·雨果的原尺寸青铜半身像，赠送给圆明园。后来，我在位于巴黎梵陆街上的中国大使馆文化处和中方官员见了面。文化处主任蒲通先生热情地接待了我和翻译高发明先生。虽然，此后我再也没有从蒲先生那里听到任何消息，但这的确是个好主意，体现了一种姿态，中国人本应接受的。如今，我们可以在圆明园中看到维克多·雨果的半身像，尽管不是罗丹的作品。

之后，我又写了几本书。包括 2007 年的《宋氏三姐妹：二十世纪的中国王朝》（*Les Trois soeurs Soong. Une dynastie chinoise du XXe siècle*）。我

被这个不同寻常的家庭的故事所吸引，这个故事在中国很有名，三姐妹分别是宋霭龄（孔祥熙的夫人）、宋庆龄（孙中山的夫人）和宋美龄（蒋介石的夫人）。宋氏三姐妹的命运都很不一般，通过她们各自丈夫的命运转折，影响了中国政治。这种影响持续了半个多世纪（从1915年宋庆龄嫁给孙中山开始，到1975年蒋介石去世结束）。

然后是2008年的《北京的故事》（*Le Roman de Pékin*），恰好是在北京奥运会之前出版的。此外还有《上海：东方的巴黎》（*Shanghai, le Paris de l' Orient*），也恰逢2010年上海世博会。这本书获得了法国海外省科学院（Académie des Sciences d'outre-mer）颁发的奥古斯特·帕维奖（Prix Auguste Pavie）。刘志远先生将其译为中文，2014年8月在上海出版。

《法兰西在中国300年：从路易十四到戴高乐》（*La France en Chine, du XVIIe siècle à nos jours*）（2013年由普隆·佩兰出版社出版）是在戴高乐将军承认中华人民共和国（1964年）50周年背景下译为中文的。2014年8月，这本书的中文版在上海书展面世。

同在2014年，《光明日报》社社长肖连兵先生（刘志远的朋友）邀请10位法国文学界人士列举他们最喜欢的中国作家，同时邀请10位中国文学界人士列举他们最喜欢的法国作家。

此举意在整理一份“前十”榜单。以下前10位大部分由我提出：

1. *Dream in the Red Pavilion*, by Cao Xueqin, the most famous of all Chinese novels, from the middle of the Eighteenth Century

《红楼梦》作者：曹雪芹，《红楼梦》为中国最著名的小说，创作于十八世纪中期

2. *Analects*, by Confucius

《论语》作者：孔子

3. *Tao Te Ching* or *Dao de Jing*, by Lao Tseu

《道德经》作者：老子

4. *Yijing*, The Book of the Mutation

《易经》作者，《易经》为探讨变化之书

5. *Jin P'ing Mei*, The Plum in the Golden Vase of the Golden Lotus, an erotic novel from the Ming dynasty, around 1610

《金瓶梅》作者，《金瓶梅》为明朝时期的一部世情小说，创作于 1610 年左右

6. *The Art of War*, by Sun Tzu, Sixth Century BCE

《孙子兵法》作者：孙子，生活在公元前六世纪

7. *Rickshaw Boy*, a modern novel by Lao She (1936)

《骆驼祥子》作者：老舍，《骆驼祥子》为一部现代小说（1936 年）

8. Shitao, a seventeenth-century painter, author of a famous treatise on painting.

石涛，十七世纪画家，他的画论很有名

9. *Shiji*, Historical Records, by Sima Qian, the first and most famous Chinese historian, Second Century BCE

《史记》作者：司马迁，中国伟大的历史学家，生活在公元前二世纪

10. *The Works of Mengzi (Mencius)*, the Confucian philosopher from the Fourth and Third Centuries BCE

《孟子》作者：孟子，公元前四世纪到公元前三世纪的儒家学派思想家

（那时候，我忘了说我最喜欢的作家之一：陈福，代表作《逃亡者》（*Récits d'une vie fugitive*）

能够想象，当我得知自己是第一个被选中参加此项目的法国作家时有多么惊讶，我甚至被排在了法兰西学院院士、著名的中国文化在法传播人、作家、诗人、书法家、翻译家程抱一之前。和肖先生在北京吃饭时，我笑着跟他说和名人程抱一相比，我只是一只微不足道的小蚂蚁。

他的回答震惊了我："但是，布里赛先生，您在中国比程抱一可有名得多！！！"

在创作了上述所有作品之后，2014 年 8 月 24 日，我在北京人民大会堂接受了中国国务院副总理刘延东女士颁发的中华图书特殊贡献奖。我在

1000 人面前接受了颁奖。这一殊荣令我倍感自豪，正因为如此，才有了今天受邀讲述“我的中国故事”的荣耀……前法国驻华大使（现已派往伦敦）白林（Sylvie Bermann）女士这样描述刘女士：“……红色公主，面带笑容，始终衣着质朴。”

我还有一本书将在 2018 年年初面世，书名是《他们创造了中国》（*Ils ont fait la Chine*）。这本书描写了 30 位最杰出的帝王，或是最著名的，或是最重要的，或是对中国历史影响最大的，其中包括具有神奇色彩的黄帝和公元前三世纪统一了中国的秦始皇，还有大汉朝的开国皇帝汉高祖及“尚武”皇帝汉武帝等。钻研汉朝的历史为我更多地了解中国历史奠定了基础，没有这方面的知识，就无法理解今天的中国。在书中我还介绍了唐朝的“模范皇帝”唐太宗，美丽和残酷兼具（恰如其分）的武则天，她是中国唯一的女皇帝；当然，还有唐玄宗，他之所以在中国历史上拥有一席之地，是因为最宠爱的妃子——著名的杨贵妃，人们认为是她使皇帝沉迷于酒色，最终导致了唐朝的没落。写这本书也让我更加了解古代中国及其艺术与文化成就。

还有一章专门介绍了中国古代蒙古皇帝忽必烈，关于这位生活在十三世纪的皇帝，威尼斯人马可·波罗（Marco Polo）在他著名的《马可·波罗游记》中着墨颇多；明朝的开国皇帝洪武帝（朱元璋）和紫禁城的创建者永乐皇帝；十七世纪和十八世纪清朝的两位杰出统治者：康熙皇帝和乾隆皇帝；争议颇多的慈禧太后。

通过描写这些人物，立体呈现了整个中国封建时期的历史。这本书（即将面世）对我而言意义重大。它让我重新审视了“中央帝国”（即中国）的整个历史，也因此加深了对中国历史的全面了解。

当然，我十分珍惜多次受邀前往中国讲学的机会，作为一个认真的游客，游览了这个面积如同整个欧洲大陆般幅员辽阔的国家。如今，对中国的省份我几乎都有所了解（我最喜欢的是四川和云南）。2016 年 9 月，借敦煌国际文化博览会之机，我来到了甘肃省，并得以参观了附近的佛教石窟——莫高窟。这次旅行的回忆足够再写一本书了。

我既不是大学老师，也不是研究人员，更不是学者。我只是一个渺小的普及历史知识的作家，是谦逊的中国人口中所说的“小人物”。对此，我很开心，也很自豪。因为我觉得自己是一个历史知识的传播者，我的使命是为许许多多非专业的读者服务。不过，当我在研究作品主题时就是一位历史学家，必须秉承历史学家的严谨。别人能够给我的最好褒奖就是说我的书浅显易懂，而且非常有趣。我必须承认，我唯一会做的事情就是写作！而写作是我最主要的乐趣。对我而言，花几个月的时间写作是一段快乐的时光，能够获得个人的成就感。在我用数月时间研究作品主题、收集法语和英语资料时就是这种感受，不过，遗憾的是我不会说、也不懂汉语普通话。

在我的书中，读者一定会发现我爱写一些既有趣又有意义的轶事。这样做的目的在于娱乐读者的同时给读者以警醒，寓教于乐。我将这种偏好归因于两份经历。一份是教师，那是我的第一份职业。每个老师都经历过学生上课神游天外的情况，学生不听课，个个昏昏欲睡，虽然沉默是金，不过老师必须打破沉默，重新掌控局面，而最好的方式就是讲个笑话或故事叫醒学生。

同样，作为一个记者，必须尽可能不让读者感到无聊。为此，也就必须努力吸引读者的注意力。我常常问身边的朋友或熟人，对我的新作有何看法，他们的回答常常令我哭笑不得。他们记住的既不是作品的主题，也不是作品表达的寓意，而是其中讲到的一件轶事、一个笑话、一些琐碎而生动的细节，或是一句逗趣的引语！

在我最新完成的书中，引用了十九世纪法国著名作家普罗斯佩·梅里美（Prosper Mérimée）的一段话：“我对历史轶事情有独钟，而在所有轶事中，我更偏爱那些能够从中看到特定时代真实的风土人情的轶事……”

现在，我就来告诉大家，我的书之所以能在旁征博引的同时保持独特风格的秘密。事实上，我有一个庞大的个人图书馆（包括法语书和英语书），常常让那些前来拜访我的人叹为观止。我也不清楚自己有多少本关于中国的书。但我知道，如果将它们首尾相连排成一排，一定有 150 多米！我还在不断扩充我的“收藏”。这个壮观的图书馆（部分是关于中国的书）是

贝尔纳先生在他的私人图书馆

我的骄傲。我非常愿意将它展示给我的中国朋友。

我有许多珍贵的十八世纪和十七世纪晚期的法语文献，其中包括由约翰·纽霍夫(Johan Nieuhof)创作的《荷兰东印度公司遣使谒见中国皇帝》(*An Embassy from the East-India Company*)的译本，该书于1665年出版。我最感兴趣的是由基督教神父约瑟夫·杜赫德（Joseph Du Halde）创作的四卷大部头《中华帝国全志》（*Description de la Chine*）（1735年在巴黎出版），现在仍然是汉学的奠基之作；还有传教士冯秉正（de Moyriac de Mailla）的十二卷珍本《中国通史》（*Histoire générale de la Chine*）（1777年到1783年间出版）。冯秉正是第一个以欧洲语言讲述了整个中国历史的人。此外，还有修道院长格鲁贤（Jean-Baptiste Grosier）的《中国概述》（*Description générale de la Chine*），其实是冯秉正《中国通史》的第13卷。最后要说的是由驻北京的多位传教士创作的《北京传教士关于中国历史、科学、艺术、风俗、习惯录》（*Mémoires concernant l'Histoire, les Sciences, les Arts, les Moeurs, les Usages des Chinois*），对此书贡献最大的当属传教士钱德明

（Joseph Marie Amiot）和韩国英（Pierre Martial Cibot）（1773 年到 1789 年间出版了 15 卷）。

我并不认为自己是一位藏书家，但我又格外喜欢收藏美好而珍贵的有关中国的书籍。读过我的书的人都会对我的旁征博引大为震惊。而这些引用恰恰来自我的图书馆珍藏。正因为如此，我才没有在国家图书馆或其他公共图书馆里花费太多时间。我也不需要埋头数月在伦敦的大英图书馆里查阅典籍，因为我拥有自己认为重要的书。我不知道在巴黎是否还有像我的个人图书馆一样收藏全面的私人图书馆。

所有人都在问我一个问题：你会讲中文吗？答案是：不会。当然，我对此也很遗憾，但这就是事实。我并不会为了这样一个欠缺或者劣势感到自责。当然，我希望自己会讲普通话，也就是现今大家所说的汉语（汉语言）。但学习汉语必须从小开始掌握语言的诀窍，拥有能够分辨声调的听力，能够区分四“声”，学习数百（数千）个汉字，发挥记忆力，不断吸收所学的内容。我开始将兴趣全力投入中国时已将近 60 岁了。对于需要长时间在国立东方语言文化学院（Institut national des langues et civilisations orientales，简称东语学院）系统学习来说，已经太晚了。我必须承认，我更愿意将用于学习语言的时间花在写书方面。

我很钦佩中国人，经过几年的学习就能将法语说得很好。中国人拥有语言天赋，我认为，他们在学习时一定是倾尽全力的。他们的学习欲望、勤奋刻苦和钻研能力令人印象深刻。

我去过中国大约 30 次。每次踏上这个国家的土地，我都很开心。我无法解释这是为什么，就是觉得在中国很好，就像在家一样！可能是因为中国人的热情好客。还有，我必须要说我爱中国的美食，单纯想到那些美味佳肴就会让我心情大好。

有几次旅行尤其值得一提。2005 年 9 月，在《情陷紫禁城》中文版出版之际，我受法国驻中国大使馆邀请参加北京国际图书博览会，受到了盛情款待。中国中央电视台对我进行了采访、为我拍照，还发出了邀请。我在机场获得了 VIP 一般的接机礼遇，作为贵宾参加了在北京某大酒店举行的大型招待会，会议由杨咏菊女士组织，参会的还有数百位记者及四位部长先生。那是一次令人难忘的经历。

之后，为宣传作品我去过中国的多座城市。在杭州的浙江大学举办的那场活动尤其成功，整个阶梯教室坐满了人。主办方不得不占用走廊和另外一间教室，他们很快装好了音响系统。广州之行同样给我留下了温暖的回忆。当时，我们正在一家餐厅吃晚饭，老板非常兴奋地走过来将我们带到了另一个房间，屋内的电视换到了 CCTV 频道。我看见自己出现在屏幕的左边，说“我们可以原谅，但不能忘记”。当时右边是日本首相小泉纯一郎，站在供奉二战时期日本战犯灵位的东京靖国神社面前默不作声。一边是严谨的法国历史学家，因写书揭示 1860 年洗劫和火烧圆明园的罪行而被奉为榜样，另一边是日本首相，拒绝为其国人在 1937 年到 1945 年期间在中国实施的大屠杀、特别是 1937 年 12 月那次惨绝人寰、臭名昭著的南

刘延东副总理向贝尔纳先生颁发中华图书特殊贡献奖

京大屠杀道歉，而为世人所不齿。

2005 年那次中国之行让我遇到了我在中国的出版商徐忠良先生，从那时起，他便成了我在中国的“保护伞”，不断给予我关心、细致入微的照顾和最大的包容，密切关注着我的健康和兴趣，远远胜过对我作品的关注。我的中国故事便是由他而起，正是因为他，这个工作才能持续十多年。另外，也离不开刘志远在翻译方面的帮助。我可以真诚地说，我在中国的出版之路应全部归功于徐先生。我对他的感激难以言表。

2006 年，我受浙江省代表邀请，作为“世界著名作家”（却之不恭）进行为期两周的访问。我的妻子不知道她的丈夫原来是一位世界著名作家，晚上醒来还在笑……

2010 年，我受中国法语联盟组织邀请，到 13 座大城市的联盟机构和大学开展为期一个月的巡回讲座，上海、杭州、南京、成都、重庆、武汉、

中华图书特殊贡献奖颁奖仪式现场

济南、青岛、烟台、大连、沈阳、北京和西安。虽然疲倦，但有幸见到了很多法国移民和大量中国学生。组织者问我此次中国之行应该以什么作为标志或主题，我的选择令他们既惊又喜，我的回答是美食……

2014 年 8 月，我获得了中华图书特殊贡献奖。这是一项中国政府表彰外国作家、出版商和翻译家的重要奖项。现在，我将大大的奖杯放在了巴黎公寓的架子上，还有一同颁发的证书。

同年，正值中法建交 50 周年，各种交流活动在中国和法国举行。受记者赵翠云的邀请，我再次来到了北京的中央电视台。值此周年纪念之际，中央电视台和法国 TV5Monde 电视台决定共同做一档节目，由 50 位中法关系见证者讲述他们的故事，其中包括 25 位中国人和 25 位法国人。他们当中，除了人民公仆，还有让 - 皮埃尔·拉法兰（Jean-Pierre Raffarin）和吴建民、行业领袖赵国华（Jean-Pascal Tricoire）和埃尔韦·马舍诺（Hervé Machenaud）、居于北京的法国知名人士佳玥（Christine Cayol）、被誉为“法国商界在上海的灵魂”的银行家安妮可·德克曼德科（Annick de Kermadec）、汉学家白乐桑（Joël Bellassen）、记者郑若麟、建筑师保罗·安德鲁（Paul Andreu），以及具有传奇色彩的烟台市荣誉市民法国人米歇尔·贺伯特（Michel Humbert），这位和若干著名舞蹈家生活过的商人，退休时住在山东省北部城市烟台，烟台市政府聘请他为烟台招商引资。因为在宣传烟台方面的卓越贡献，他被授予了诸多荣誉，成为法国社群在中国的核心人物［在纳塔莉·莫奈格尔·迪索尔比耶（Natalie Monegier du Sorbier）的帮助下，他的传记即将问世］。另外，还有法中友好协会（Amitiés franco-chinoises）主席阿兰·拉巴特（Alain Labat）、玛丽 - 皮埃尔·马尔尚（Marie-Pierre Marchand）女士［洛朗·法比尤斯（Laurent Fabius）的夫人］等等。我在这里只列举了那些我认识的人，2014 年 12 月，大家再次在巴黎的 TV5Monde 办公室内欢聚一堂。

现在，我定期会收到中国多所大学（上海复旦大学和沈阳大学，我是那里的访问学者）的邀请。比如，在最近的 2016 年 10 月，我受邀到浙江

贝尔纳先生与周翠云女士在央视四套接受采访

大学（杭州）和中山大学（广州）参加由刘志远组织的讲座。每次去参加讲座，我的心情都无比愉悦，见到教授和同学们并同他们交流对中国和世界的看法，对我而言是极有启发的经历。作为一位曾经的教授，我认为应该为自己能够和年轻人交流感到骄傲，年轻的男孩、女孩们善良热情、求知心切，关于他们、他们的生活条件和未来，我可以了解学习到很多东西。一般来说，我们会避免谈论政治或者其他敏感的话题。

最近，我遇到了一位在北京某军事战略研究所授课的法国军官。相对于喜欢讲英语的男生，他和女生讲话更多一些……他告诉自己的学生，他特别希望作为客人受邀和他们的家人共度几日，从而了解他们的日常生活，融入他们当中。对他而言，那是一种不一样的体验和发现。我很遗憾自己从来没有这样的机会。

在巴黎，我住的地方非常靠近法国中国文化中心（CCC），就在塞纳河左岸的凯多塞，一个神奇的地方。中国文化中心位于一幢极具历史性的建筑内，这里曾是私人宅邸（小型宫殿），可追溯至法兰西第二帝国时期（拿破仑三世统治下），十九世纪六十年代由著名的皇室成员重建而成。当然，从2002年开放时起，我已去过那里多次。我和中心的创始人及第一任主任侯湘华女士、她的助手刘志远先生及他们年轻的同事王梅都成了朋友。刘先生和王女士都是我最亲密、最知心的中国朋友。我一直和刘先生保持着密切的往来，他还在巴黎生活，是我和中国出版商以及那些不会说法语的中国朋友沟通的桥梁。他是我的一位密友，一个非常懂得倾听的人。

法国中国文化中心每个月都会举办关于一位中国艺术家的展览，所有宾客齐聚一堂，有丰盛的自助晚宴及庆祝展览的开幕仪式。

侯女士和刘先生建议我为文化中心创建一本期刊，我可以很自豪地说，我已经为这本月刊想好了名字《塞纳河畔的中国》（*Chine sur Seine*）。展现出卓越新闻才能的王梅为我们提供了巨大的帮助，该期刊已经出版了十几期，读者均认为有品位、非常好！遗憾的是，王梅因为生病必须回北京治疗。所以，我们密切友好的合作不得不结束，而在接替她的人中没人能有她那样的能力。现在，这本期刊已经停办。

在我的记忆中，关于制作那本期刊的回忆全部都是美好的。我们接触并采访了许多法国和中国的知名人士，包括多家巴黎亚洲艺术博物馆（吉美博物馆和赛努奇博物馆）的馆长（吉美博物馆馆长戴浩石（Jean-Paul Desroches）和雅克·吉耶斯（Jacques Giès）以及赛努奇博物馆馆长吉勒·贝甘（Gilles Béghin））；友丰书店（潘先生）和凤凰书店的书商；世界著名画家［赵无极（Zao Wouki）和朱德群（Chu The-chun）］；冉冉升起的新星王衍成；将十八世纪著名小说《红楼梦》翻译成法文的李治华（Li Tche-Houa），我们在他里昂的家中见到了他；成功的摄影家阎雷（Yann Layma）；菲利普·毕吉耶（Philippe Picquier）出版社，等等。

也正是因为《塞纳河畔的中国》，我再一次重操旧业做起了记者，对此我非常开心。几年后，我受邀合作创办一本法文网络杂志 *Chine info*，发起者为《欧洲时报》。

我和妻子布丽奇特都不是社会名流。但是，我们很少错过在巴黎举行的许多中国活动。可以说，我们 80% 的社交生活都来自中国人、职业联系人。其中，最重要的是在来自各阶层的朋友、外交官、记者、文化圈代表及属于不同中国相关文化领域的法国人的陪伴下度过的。也就是说，中国和中国人在我们的生活中占据了约 15 年的重要位置。除了王梅（她也是我妻子的好朋友），我们还有一位亲密的中国朋友黄蓓，她是上海复旦大学比较文学的教授。我很欣赏她关于法国文人、作家的课程及出版作品，特别是拉辛（Racine）、普鲁斯特（Proust）、克洛岱尔（Claudel）、谢阁兰（Segalen）、米修（Michaux）等各类作家的作品。还有值得尊敬的漫画书出版社 Fei 的创始人徐革非，她也是阿歇特（Hachette）出版社在中国的负责人。我不会忘记 Lucy Liu，一位可爱但不失专业的驻巴黎的中国记者。此外还有来自电子媒体 *Chine info* 的记者 Shu Shanshan，以及在法维护侨界权益的雷丹宇（Tamara Lui）。

《宋氏三姐妹》这本书让我见到了优雅的天才艺术家高醇芳（Deanna Gao）女士，她年轻时便与宋庆龄（孙中山的夫人）是好朋友，不过，我见到她时已经是她生命中的最后几年。高女士是巴黎中国电影节的创始者兼主席。

“我的中国故事”还让我交到了新的研究汉学的法国朋友魏明德（Benoît Vermander，也是复旦大学教授）、达妮埃尔·叶利谢耶夫（Danielle Élisseeff）、戴鹤白（Roger Darrobers）和夏汉生（Cyrille Javary）。

当你去过一次或几次中国后，不可能毫无触动。离开中国时，你一定会更加充实、有所变化，有时甚至是颠覆性的改变。在我早期的作品《法兰西在中国 300 年》中，我引用了许多旅行家、外交官、军事家、作家的话［从《正午的分界》（*Break of Noon*）的作者克洛岱尔，到诗集《碑》（*Stèles*）

和小说《勒内·莱斯》（*René Leys*）的作者谢阁兰］，他们爱上了中国这样一个大国，同时也看到了自己所处时代那些本应令人厌恶的东西（臭气熏天、卫生不佳、贫困落后）。

正如法国前驻华大使白林曾经说过的，“就像在伏尔泰和孟德斯鸠时期一样，中国从未冷漠视人。它激发了一种强烈的情感，或是爱与怜悯，或是这个国家的拒绝……这种‘中国病毒’常见于许多生活在这个国家的人，不论年龄，总会让你想要回来。”

我爱中国，也爱中国人。我会继续传播这种温暖的情谊，就像在宣告我真正的信仰。如果你问那些在中国生活或非常了解中国的法国人为什么喜欢这个国家，他们会不约而同地回答：因为中国人。

为什么？因为他们友好、充满善意的好奇心、热情好客、重情重义、宽宏大量、忧他人之忧、乐他人之乐。当然，还因为他们的幽默感。和他们在一起总是很快乐。中国人喜欢被人喜欢的感觉。当他们感受到了别人的亲近，就会选择投桃报李。我真的很喜欢中国的年轻人，诚然，他们总是怀疑世界、惧怕困难，但他们又有很强的求知欲，在具备批判意识的同时，又不失幽默、快乐、活泼和进取心，一步一步向着未来坚定地迈进。

我最强烈的信念之一就是中国人和法国人是类似的。我要写一本关于该主题的书。在美国外交家和历史学家乔治·凯南（George Kennan）看来，中国人就是亚洲的法国人，因为二者具有相似的性格特征。中国人和法国人拥有相同的品质，有时缺点也一样。中国人像法国人一样，都懂得享受生活的乐趣。他们都喜欢吃好喝好、开开心心的生活。

从菜的品质和种类来看，难道世界上最著名的两大美食不是法餐和中餐吗？即便中国美食的种类与花样比法式美食丰富十倍。在法国，不同省份的烹饪方法各有不同，每个省都有自己的特色。中国人正逐渐了解葡萄酒，有些人甚至成为了真正的红酒迷，出资购买波尔多和勃艮第的酒庄。

像法国人一样，中国人似乎也不喜欢遵守规则。你应该看看他们是怎么排队的！过马路时不走人行横道。聪明、反叛且常常讽刺挖苦别人，很难管束。而且，中国人也喜欢抱怨，这也是法国人的特征。他们和法国人一样，对比自己富有的同胞会心存嫉妒。

许多中国和法国作家认为，法国和中国之间以及法国人和中国人之间存在很多极其相似之处。中国人就不会这样说其他西方人，比如英国人、德国人或美国人。同样地，也没有人会说法国人和日本人彼此相像……

1915 年，即一个世纪前，辜鸿铭（二十世纪二十年代作家，曾游历法国和其他多个欧洲国家）已经在他创作的很有意思的小开本书《中国人的精神》（*The Spirit of the Chinese People*）中指出，“世界上似乎只有法国人最能理解中国和中国文明”。为了证明这一点，他引用了欧洲人尤金·西蒙（Eugène Simon）所写的关于中华文明精神的最好的一本书《中国城》（*La Cité chinoise*）。另外，辜先生还表示，法国人没有德国人的深沉，不如美国人心胸博大和英国人心地纯朴，却拥有这三个民族所缺乏的一种优越的特质，“对于了解中国最重要的一种特质——灵敏”。

不过，在我看来，中国人拥有比法国人更优秀的品质，比如，爱劳动、肯吃苦。法国人正在丢失这种美德……中国人知道光靠国家是不行的，自食其力才是最好的选择。

我认为，数百年来，中国人的精神或者说是一种深入骨髓的中国印记已经形成。在研究了中国历史后，我发现，动荡、内乱、贫困、饥饿的时期比和平、安乐、繁荣时期更为频繁。那些苦难的日子产生了累积效应。中国农民吃苦耐劳的精神正是在这些接踵而来的困难时期里形成的。

有一句出自莎士比亚《麦克白》（第五幕，第五场）中的名言：“人生如痴人说梦，充满喧哗与骚动，却没有任何意义。”意思是历史没有任何意义，它只是各种偶然事件的奇怪组合，是由人的冲动、欲望、疯狂和矛盾导致的。某种意义上，只是偶然的结果。换句话说，历史在本质上是非理性的。作为中世纪的一位帝王，麦克白复杂而残暴的生平并不能推翻他的激烈控诉，将其放到数千年的历史长河中来看尤其如此。事实上，那段历史既不疯狂，也不荒唐。从根本上说，符合且能够代表这位中世纪帝王的性格。

如果你不了解中国几千年的历史，就无法了解今天的中国。与其他任何国家或文明相比，历史和人民的内在精神能够更好地诠释当今的中国。这种精神承载了数百年的重量，是历史的积淀，对中国近代和现今的领导人包括毛泽东、邓小平及习近平等都有重要的影响。

我热爱中国和中国人还有一个更深层的原因，那就是，对中国人民发自内心的钦佩。几个世纪以来，他们遭受了许多苦难，数千万农民饱受内忧外患（蛮族入侵）的战争之苦，面临暴徒的抢掠、自然灾害，失去了一切。然后白手起家，毫不气馁，重新投入工作，重建家园。这就是赛珍珠作为一个了解和热爱中国的作家所描写的中国精神，一个以农为本的民族。他们展现出了"尽人事，听天命"的生活态度，以及数代人传承下来的坚持不懈、吃苦耐劳的精神力量。没有什么比中国精神能更好地解释过去 40 年里中国经济腾飞的奇迹了。

说中国人是一个"人种"或"高贵的"民族是不恰当的，是政治不正确的。但我认为，中国人的确是高贵的民族，虽然这样说有冒犯其他民族的风险。

而且，中国人也这样认为……在很小的时候，他们就被告知自己的国家，这个古老的中世纪帝国，确实位于世界的中心。这种信念在培养他们的爱国精神方面发挥了不小的作用，甚至促进了他们的民族主义情怀。

我们都知道拉迪亚德·吉普林（Rudyard Kipling）的名言（1889 年），"东是东，西是西，东西永古不相期。"这句话用浅显的文字揭示了东西方的对立和不可调和，也惹恼了法国伟大的汉学家艾田蒲（René Etiemble），他说："我们必须破除吉普林关于东西方永不相遇的愚蠢言论。"

鸦片战争和 1860 年是中国近代史上的重要转折点，这种说法在今天来看仍然是正确的。中国人到现在还记得那段悲痛的历史，以及侵略者洗劫圆明园的可耻罪行，我们看到，维克多·雨果已经通过他犀利文字对这段历史进行了激烈的抨击。

许多法国外交家、军人、汉学家和探险家都决心要为世人揭开中国神秘的面纱，向大家展示丰富多彩的中国。他们当中许多人已经深深地爱上了这个国家和那里的人民。

在我的《法兰西在中国300年》一书中，大家会发现，许多法国名人如果没有离开祖国，可能不会被发现、不会被大家充分了解，更不会留名于世。就好像中国有一种神奇的力量，能够使人改变、了解自我、超凡脱俗。在不同的人身上都能清楚地看到这一现象［比如，阿贝·于克（Abbé Huc）、弗朗西斯·安邺（Francis Garnier）、法国驻华领事方苏雅（Auguste François）和多位外交家，还有许多杰出的探险家，这样的人一直可以说到20世纪初］。当然，我们不能忘记诗人及作家维克多·谢阁兰（Victor Segalen）和保罗·克洛岱尔（Paul Claudel）。

请允许我在这里说一说自己。发现孔子的睿智与廉正后，我便走上了儒家学者之路，成了一位孔子门徒。不过，这又是另外一个故事了，一个为我的生命指明方向的故事……

在中国人眼里，法国有得天独厚的优势，包括文明、语言和文化为它带来的高贵地位。对他们来说，法国是一个“浪漫的”国度，虽然没有人真正确切地了解什么是浪漫。

当然，在中法关系中还有另一个重要的日子，那就是1964年1月戴高乐将军宣布法国与中国建立外交关系，距今已有50多年。中法建交是在“理性认识客观现实”的情况下发生的。戴高乐将军还发表了以下富有远见的言论：“下个世纪，中国重拾数百年来的大国地位、成为世界上最重要的国家，不是没有可能的。”到现在，中国仍然很感谢这位法国领导人在其他西方民主国家之前，第一个承认新中国是国际社会的一员。

法国方面，有无数其他作品和资料描写了法国人和中国人在某种程度上的接近，甚至是共性。大家普遍认可，尽管中法两国存在重大的差异，但二者之间的相似性的确存在。

如果有人问：“你最想去哪个国家？”中国人的回答几乎无一例外：法国。每个中国人对法国多多少少都会有一些了解：1789年法国大革命、法国文学和浪漫主义等。要知道，每年有 5 万名中国留学生在法国学习。

前中国驻法大使、已经离世的吴建民先生（近期因车祸去世）曾经说过："中法两国人民彼此都认为对方富有吸引力。"

总之，就像曾在中国持有多种不同外交立场的保罗·克洛岱尔所写："不管怎么说，一个久居于中国人身边的人给人最深刻的印象就是尊重与亲善。"

已经记不清我与中国结缘是从什么时候开始的，但可以肯定的是不会结束。我与中国的故事自童年开始一直延续至今，像时间的沙漏一般将过往的点点滴滴积累和记录了下来，已经由童年的“中国短篇小说”逐渐汇总成了“长篇小说”，成了传统和继承。

在中国这短短不到一年（2003 年）的生活完全改变了我的人生，改变了我的世界观和价值观。我之前觉得这辈子和周围的人一样就这样在白俄罗斯结婚生子，过日子了，却没想到最终还是发生了转折并变成天津媳妇。这行为在当时亲朋好友的眼里很草率，我的决定难以被理解和接受。不过来华的经历决定了我的未来。一次偶然的相遇像花朵一样从一个蓓蕾冒出然后绽放。

——达莎（白俄罗斯）

与中国的不解之缘

达莎（白俄罗斯）

达莎，白俄罗斯共和国翻译家，白俄罗斯国立大学汉语教师，同时从事中国典籍的白俄罗斯语和俄语翻译工作，主要译著有：《李清照诗集》《汪国真诗集》《孟浩然诗集》《徐志摩诗集》《闻一多诗集》。2017 年开始致力于开展“一带一路”视阈下的中白文学交流现状与发展前景研究项目，目前在北京语言大学攻读博士学位。

学习汉语了解中国

已经记不清我与中国结缘是从什么时候开始的，但可以肯定的是不会结束。我与中国的故事自童年开始一直延续至今，像时间的沙漏一般将过往的点点滴滴积累和记录了下来，它已经由童年的“中国短篇小说”逐渐汇总成了“长篇小说”，成了传统和继承。

我的故事从何开始讲起呢！我静坐在窗前倾听雨声开始进入回忆中……

幼年时妈妈带我去参加与中国文化有关的丝绸绣花展览，我首次欣赏到了中国传统曲艺和京剧，也第一次观赏了中国传统武术的表演。这不仅使我开阔了眼界，还使我感受到了中国历史的源远流长、传统文化的博大精深，而后我又多次接触到中华传统文化活动，由此，我对这神秘而又古老的国度产生了浓厚的兴趣。

目前身为一位中国媳妇的我，在早年间并不比其他人更了解中国，甚至可以说对这个美丽、古老、神秘的国度一无所知，直到后来阴差阳错地考上了汉语专业，才开始与中国产生了不解之缘，逐渐对这个富有传奇色彩的国家有所了解。我个人认为，在我们生活中总是机缘巧合地发生着一些事情，老天总是自有安排，我考上白俄罗斯国立大学汉语专业就是个典型的例子。引用中文中的一个常用词“高考”，当时我用了整整一年的时间在准备国立语言大学英语专业考试的那一战，却在最后报考那一刻改变了主意。那年白俄罗斯大学（下文中简称“白大”）汉语专业刚刚设立，当时关于新设立的这个专业没有任何相关信息，也并不被人看好。但我得知白大开设了汉语专业，基于幼年时期对中华传统文化的印象与兴趣，转身迈出了这冒险的一步。当我把申请材料提交到白大后，在很多人看来我就是个奇葩，选择了个奇葩的专业，我却不以为然。但说实话，虽然嘴上说着我就是这么任性，心里也敲着小鼓，担心考试结果不会很理想。幸运的是，考试科目与国立语言大学英语专业大同小异，出乎意料，我九月份就收到了白大的录取通知。也是这次自作主张，为我后来的人生带来了许多惊喜、震撼和挑战，至今没有一秒钟后悔，也不曾有半途而废的念头，我眼前经常会出现未知、渺茫，但富有趣味的未来。

开学那天的第一节课我怀着十分紧张但又莫名兴奋和好奇的心情坐在教室里，第一次接触到了外国老师为我们教授汉语课。上课时也是既希望与中国老师交流，又担心出洋相，怕由此给老师留下糟糕的印象。这种心情现在想来的确有趣，因为在老师的眼里，我们就是一张白纸，不懂不会又有何妨。课上老师给我们起了中文名字，并用汉字写下来，奇特而又神秘的符号令我无比兴奋。回家后我又自作主张用蓝色的特粗记号笔把自己中文姓名写在了我房间的门上，虽然既大又丑，但在当时的我看来已经写得很漂亮了。除了破坏自己的门之外，我还决定瞒着妈妈换掉了房间的壁纸，把各种各样的汉字密密麻麻地写在了四面墙上。妈妈回家后进门一看，大吃一惊，哭笑不得，脸色都变了，一方面心疼房间里的壁纸和门，另一方面又不敢剥夺孩子学习的乐趣和积极性，因此只能保持无奈和沉默。而我呢，则非常自豪地把自己所谓的书法艺术展示给亲朋好友，幸亏当时我没有中国朋友，要不然一定会丢脸丢到家了。谁也没想到，汉字版的壁纸和门竟陪我一直到大学本科毕业，也被许多朋友作为背景拍照。

在学习汉语的过程中，我的中国老师尽心尽力地培养我们对中国的兴趣，到现在，我也认为他这一点做得十分成功，从孙悦的歌曲《祝你平安》、电视剧《铁齿铜牙纪晓岚》、中央电视台春节联欢晚会、品尝中国的传统小吃开始，一直到赴华留学项目的介绍。这是我校学汉语专业的学生才能享受的优待。汉语专业的学员通常平时成绩及考试成绩比其他专业的同学会优秀一些，原因简单得很，我们都有共同的目标和动机，都希望考试期间取得好成绩，以便早日被选为公派生赴华进修一年的汉语。要知道当时去中国留学的名额非常有限，因此我需要加倍努力去追求我的梦。去中国留学的梦想时时刻刻伴随着我，同时给了我无限的动力和精神上的鼓励，连续两年不懈的努力，都是为了能够体验第一次出国留学以提高汉语、第一次远行、第一次离家那么久、第一次感受来自中国文化的冲击。

踏上留学的道路

就这样我不知不觉地终于踏上留学的道路。漫长的中国之旅就这样从东去的国际列车开始了，当我坐在前往中国的火车上，突然意识到了我的童年已经结束了，我长大了，要面临第一次离开家，第一次独立生存。对于从未离开过家里人视线的我来说心里不是滋味。唯独令我欣慰的是，我并不孤独，因为有同班同学坐在我身边，有小伙伴陪着觉得好受一些。而最让我感动的是，我们的汉语老师亲自送我和同学到莫斯科火车站表示对我们的重视和鼓励。六天五夜的火车生活让我逐渐适应白俄罗斯和中国五个小时的时差，同时让我开阔了自己的眼界和见识。过境后中国东北的无数村庄小镇不断地映入眼帘，在满洲里我第一次品尝中国盒饭，当时觉得简直是美味。现在回想起那时的自己，脸上不由露出笑容，二十岁的我对生活的要求和追求还真不高，真羡慕自己的单纯天真。都说坐火车很受罪，而我不曾后悔当初以火车作为交通工具去中国天津留学，也正因此，在抵达目的地前，我已经与中国有了视觉和味觉方面的接触。刚适应火车上的生活，结果大半夜列车员的叫声把我从梦乡中吵醒了，火车已然到天津站了。我看了一下表，时间是凌晨三点……我知道该下车了，在那瞬间我意识到，我的留学生活、对我汉语水平及生存能力的各种考验正式开始。

踏上天津的土地，我立马找到了发挥汉语的地方，就是打车。那时候天津的出租车基本上都是黄色面包车，我记得人们都管这车叫“黄大发”。见到司机我二话不说直接拿出来了老师提前为我写好的南开大学（下文简称“南大”）地址并把它递给了出租车司机，通过和他聊天，我知道到南开大学的路费不超过十五块钱。大约十五分钟后我和同学拿着大旅行箱进入了南大校园，当我们站在宿舍大门前时，已经过去了整整两个小时的时间，为啥？想必您应该明白吧！哈哈，人生地不熟嘛，通过勤奋努力还是取得了成功。宿舍是找到了，可是由于二十一世纪初通讯并不发达，因此跟家里人取得联系报平安也是个困难。我们住的寝室虽有座机，但是无法直接拨打国际长途的，需要用 IP 卡，对此，我们是新手，花了半天时间来研究怎么用它，实在太无奈了。最后还是好心的南大交流处的老师用自己的手机帮我们给家里打电话，对此我们很是感激并念念不忘，报了平安心里的石头算是落了地。住的地方有了，平安也报了，那下一个环节是什么呢？对，吃饭，毕竟箱子里从白俄罗斯带过来的几板巧克力解决不了温饱的问题，所以饥饿感逼着我们认识了一位新的伙伴。走在校园的马路上我们看到了一位长得很可爱的中国姑娘，我用磕磕巴巴的汉语问她校内是否有吃饭的地方，吃什么都行，只要有吃的心满意足了。她很热情地带我们去食堂喝了酸辣汤，这算是我们留学生活中的第一顿饭，说实话人饿了吃什么都香。吃完后中国姑娘给我们留了她的电话，而我们算是认识了第一个中国朋友，而且还是校友，心里别提多开心了。

由于我们比其他留学生晚来了几天，因此没赶上学校的分班考试。学校根据我们学习汉语的时间把我们分配到了中级二班，我心想办公室老师太高看我们的汉语水平了，上课时既听不明白老师讲课的内容，自己汉语说得也不利索，唉，现在回顾，丢死人了。不过我不断对自己说：坚持下去，坚持到底。老师布置作业时我都听不懂而且不知道原来是作业，所以一开始错以为中国教育非常轻松，连作业都没有，美极了。最后受到老师好几回的批评后才意识到了，听不懂语言真可怕。幸亏类似情况没持续多久，大约一个月后我的学习进入了正轨，至少上课时出洋相的次数减少了许多。

不久中秋节到了，那天我又认识了两位热情而善良的中国朋友。我来天津前虽然对中国传统佳节有所了解，可是亲身体验中国传统文化节日还是首次。来中国前，中国老师一直嘱咐我要入乡随俗，按照中国中秋节传统要赏月，因此我晚上也学着中国人的习俗出去欣赏满月，仰着头盯着挂在远方的月亮谈不上欣赏，只能说服自己我在随俗呢。忽然湖边两个男生的身影出现了在我眼前，他们立着超大的望远镜对着月亮，我突然想起了一个传说，就是月亮上有个月宫，里面住着嫦娥和玉兔。传说鼓动我的好奇心，我也想做个调查，月亮上到底有没有传说中的嫦娥和玉兔。两位小伙子倒愿意陪我玩就把望远镜借给我了，叫我亲自作出嫦娥和玉兔存在方面的调查。其中一位小伙子还从书包里拿出来了两个圆形的类似于点心的食物，没错，那就是传说中的月饼。他一边给我做讲解，这是五仁月饼，一边递给我和我同学，同时继续说“过中秋节时一定要吃月饼，因为月饼象征着团圆”。因为家人不在身边的原因，那天我只好与同学和新认识的中国朋友团圆，也算是惊喜!

为了每天过得更充实，在中文学习方面得到更多收获，我总是利用一切机会提高语言水平。当时除了教材、电视和几位本地朋友的陪伴，无其他学习中文的有效方法。为了提高听力水平及丰富词汇量，我通常与中国朋友聚会，有时朋友没有空我就自己坐公交车上，找窗外的商铺牌子上不认识的汉字并用小词典查这些汉字的俄语意思。如果实在不知道某句话的意思，我毫不犹豫地在马路上随机找中国人帮我做讲解，由此我深深感受到了“好好学习，天天向上”真正的含义。

就这样平平淡淡地度过了第一学期。期末考试结束之后没多久，就该迎接即将到来的春节了，春节这么重大而又喜庆的日子，只有在本地人的家里才能感受到浓厚的节日气息。说来也真巧，正好有个会讲一口流利俄语的中国朋友邀请我和其他白俄罗斯和俄罗斯朋友到他家里来一起过春节，我的幸福感无法言表。除夕那天我们这帮老外玩得乐不思蜀：和中国朋友学习包饺子、做水果沙拉、看春晚、穿着旗袍照相。说实在的，我们包的饺子，中国人都说难看。饺子煮好了，果然我们看到自己包的饺子也不怎么顺眼但也不难吃，在这种场合结果不重要，我们大家很享受包饺子和煮饺子的整个过程。除此之外，每位同学都收到了朋友家长送的小铁罐，里面的东西听上去像金属东西叮咣地响，朋友父母告诉我中国过年时长辈通常送给孩子“压岁钱”。铁罐里面的东西就是压岁钱。我又长知识了。过了十二点大家都到外面去放鞭炮和五颜六色的烟花，如此完美的春节体验深深地刻在我的记忆深处。欢乐节日结束后那位中国朋友送我们上车，我得意洋洋地问开车的司机叔叔是否知道我们住宿地址，他看了我一眼并小心翼翼地说：“这位叔叔是我父亲”。那一刻我脸红了，不好意思地用双手捂住了脸，来掩饰尴尬的表情。

中国旅游

我记得去中国留学前妈妈再三嘱咐我：“到了国外少买东西，有机会攒点钱多走走，多转转，多去几个地方看看”。妈妈对我所说的话一直记在心里，每逢佳节我经常会找几个小伙伴一起去游览或在天津市周围转一圈。我到中国后首次迎来的小长假——中国的国庆节，我和几个同胞决定从附近的城市开始玩儿起。谁说的近处无佳景，对之前没有出过国的外国留学生而言，在异乡每一栋楼、每一座桥，甚至每一棵树都带着独一无二的魅力和色彩。于是，大家你一言我一语的说出天津附近的景点，最终不出所料，我们这第一次以旅游为目标要去的地方果然是中国的首都北京。2003 年还没有现在这么方便，坐上京津城际列车一个小时就能往返于天津和北京。当时只能坐绿皮车（火车的一种），而且因为节日期间外出的人较多，只买到了无座的火车票。在火车上站两个多小时真是太刺激了，到达目的地时我觉得腿都没有知觉了，被挤着出车厢时，感觉大家像罐头里的小米似的从车厢内散到外面来。出了火车站我们便直奔天安门，但由于时间晚了些我们没赶上国庆庆祝活动，不过说实在的，也不可惜，因为就算赶上了，估计能够看清楚前面情景的可能性也不是特别大。广场上到处都是人，人山人海。因此我对宏伟北京的第一印象是“人才”城市。到了天安门后发现人少了些，拍完几张照片做留念。然后我们一行人来到了上学时课文里介绍的著名的王府井，看着眼前灯火辉煌的王府井，我这个又小又安静的白俄罗斯姑娘被震撼了，而那里的书店像博物馆似的，我们参观了不下三个小时。古人云：捷足先登，最后一套大词典被我的同学抢走了，而我只好买俄汉汉俄袖珍词典，但也至少没有两手空空出来，而且各有利弊。我的小词典没有什么分量，带在身上不嫌沉，看着同学辛苦地抱着个大字典（有点滑稽），我心中庆幸还好没有买，要不也和她一样辛苦。我们顺便在逛街时挑了几件价格较便宜又时尚的衣服，找了一家饭店并吃到了既经济又实惠的饭菜。虽然没吃什么特别的，但当时我们大伙已经饿极了，什么饭都好吃，连糖醋里脊和鱼香肉丝都是佳肴，最后盘子都干干净净的。

吃饱了喝足了，大家开始胡扯，就在这时我们提到老师曾经说的一句话：不到长城非好汉，顿时一拍即合，既然来北京了非登长城不可！想必大家都听过或读过无数的关于长城的描写，我就不班门弄斧了。由于我们国家没有山，我缺乏登山方面的经验，对我而言连爬长城都是种考验。虽然累得够呛，满头大汗，嘴里干得说不出话来，但心里还是充满了自豪感。

第二次外出是过年后，我周围的同学都去南方的城市避寒，如成都、桂林、广州等，但我的经济条件并不允许我享受高端的旅游。可是我非常想去看看长江，按捺不住的渴望还是促使我在那年冬天实现了我的想法。我的选择很奇葩，经过多次考虑我买了两张（实在不敢独自去）到安徽省芜湖的票。我的选择并不偶然，我在天津市认识的众多朋友中有一位来自芜湖的朋友，他是自由画家，当然，这次旅游地点的选择是成功的。到了芜湖就能看到宽厚、深邃的长江！我的又一个梦想实现了，这辈子算是没白活！

由于在华留学生的寒假时间较长，总不能大部分的时间待在寝室里看电视，而且有句话我完全赞同："中国那么大，我想去看看。"要不然开学后我没故事讲了，再说了，不知下回何时能来华，是否将来还有机会来，经过与同胞商量我们下决心去一座带有俄罗斯情调的冰雪城市——东北的哈尔滨。冬季哈尔滨正好在举行年度冰雪节。虽然一月份哈尔滨比天津市冷很多，气温能降到零下40度，但身为战斗民族的我，低气温并不成问题，完全能够适应。只要多配些衣裳，戴好帽子，出门随身携带一保温瓶的热水就能抵抗低温。来到了哈尔滨如同回到了老家：俄式餐厅、圣索菲亚教堂，加上小卖部里卖的俄罗斯各式各样的食品给人带来不一般的亲切感和味觉的享受。去哈尔滨必须去看这座城市的象征——冰灯。整个城市到处都是各种各样透明的冰雪雕塑，仿佛一场为大型宏伟的活动做准备，无论排多长的队买门票、在外面冻多久也得去欣赏冰雪雕塑，因为这简直是世界第九大奇迹。五颜六色、千姿百态的缤纷冰灯好华丽，美得能让人掉泪，让人窒息。进入了冰雪世界有点梦幻仙境的感觉，我无法用语言来表达当时的情绪和兴奋，只是感觉到了热血在沸腾，心情很激动。唯一留下的遗憾是我用了普通的胶卷的照相机拍冰灯，结果，洗出来后发现照出来的效果让我非常失望，照片和实物完全不同，并且许多夜景拍得非常模糊。唯一的办法是：尽可能把所看到的牢牢记在心里和脑海里，并把美好的回忆带回家陈述给家里人听听。

在华留学期间感觉到，中国小长假比我国的假期多一些。一晃到了五一劳动节，又迎来了假期可以放松几天，这正是鲜花盛开，阳光明媚的日子，在家里赖床简直就是犯罪。曾经学习武术的我一直希望亲眼看到武术发源地——少林寺，因此，"五一"旅游城市瞬间就选定了，不用说，是河南郑州。如果没有任何坎坷，生活就失去乐趣，我的"乐趣"从买去郑州的火车票开始。我只买到了硬座的票，不过对我来说没什么大不了，"我可是战斗民族的后裔"，硬座只不过是十个多小时而已，小菜一碟。十个多小时伴随着“咯噔咯噔”声就过去了，这里还要对陪伴我们坐火车的农民和中国学生表示衷心的感谢，是他们这些好心好客的本地人不让我们感到无聊和寂寞，不断地与我们谈话，给我们讲笑话，笑嘻嘻的声音时不时地充满了整个车厢，时不时地吸引周围乘客的目光，大家都很愿意和我们分享欢乐时光。我们还分享了他们带的食物，我首次品尝到了鸡爪和方便面而且觉得味道还不赖，至今都觉得方便面是便捷食品中的美食。

该下火车了，由于坐的时间太长了，血液都不流通，脚都麻了。想到我们还需要走一整天的时间，愉快的情绪立刻消失了。下车后的第一件事情是要找一家酒店先把行李放下，然后再去参观。不过入住酒店的事情没那么简单，价格低廉的酒店不对外国人开放，而接受外国人的宾馆价格又不菲，对我们普通的拿奖学金的留学生而言，根本无法接受，我们只能无奈地蹲在马路边考虑怎么过夜。不过有句话说得好：人生没有过不去的坎，我拿起电话给曾经在明斯克攻读研究生的一位郑州朋友打了个电话，没想到人家还记得我并立刻赶到了我们等待的地点。他不仅帮我们找到了价格合理而且条件不错的宾馆，而且凭自己的身份证帮我们顺利地入住。谢天谢地有贵人相助，我们可以松口气，安心地去参观少林寺。少林和尚精彩武术表演是全世界独一无二的，对曾经习武的我来讲，最有吸引力的还是和尚的日常生活，只不过他们宿舍门口挂着“闲人免进”大牌子，怎么办？来一次少林寺不易，再不满足自己的好奇心，那简直太不合适了。等到大部分的人都向前去参观寺庙、爬嵩山时我偷偷摸摸、提心吊胆地翻过小围墙并进了后院，第一眼就看到了似乎是抹布制作的大沙袋。我练武时通常也用沙袋，可是见这么硬又沉的沙袋还是第一次。我靠近发现，沙袋许多地方被鲜血染红了，能想象到和尚练武术多么的刻苦，舞台上闪亮表演的背后隐藏着辛勤的劳动和多年的苦练。我忍不住摆好了姿势亲自打了几拳，拳头立马红了，甚至蹭破了一层皮，顿感疼痛，感觉身为一名武僧真的不容易。此时此刻我的好奇心又开始蠢蠢欲动，打完了沙袋还想看看和尚的集体宿舍，当然没敢直接进门只是从窗外偷偷地向室内观望了一下。走了两步后我发现了有一扇门是半开着呢，仿佛在等着我来参观。内部装修十分简约，除了必需品没有一件多余的物品，和尚的生活和一般人还是有所不同。在这次旅游中给我留下最深刻的印象并不是嵩山的美景，也不是精彩表演，而是平时游客看不到的和尚生活的内幕。

人生转折

在中国这短短不到一年的生活完全改变了我的人生，改变了我的世界观和价值观。我之前觉得这辈子和周围的人一样就这样在白俄罗斯结婚生子，过日子了，却没想到最终还是发生了转折并变成天津媳妇，这行为在当时亲朋好友的眼里很草率，我的决定难以被理解和接受。不过来华的经历决定了我的未来。一次偶然的相遇像花朵一样从一个蓓蕾冒出然后绽放。2003 年是我人生转折的一年，就在 2003 年年底我认识了我爱人，经过短暂的接触我们由恋爱走向了婚姻的殿堂。我们正式恋爱的时间并不长，毕竟跨国恋爱通常面临着分离和牵挂的问题。我们认识以后没过多久他要回新西兰完成学业，而我在华进修的时间马上就要结束了，因此我们开始了漫长的异国恋爱。爱情是需要维持和经营的，除此之外，还需要成本，我们不惜代价全力以赴维持这份感情。那时网络不发达，他经常从新西兰给我打电话，暑假我回国后他也不断地往白俄罗斯打电话。我们能连续聊三四个小时，经常要用好几张电话卡，一大笔电话开销都是他省吃俭用省下来的。次年二月份我的未婚夫来白俄罗斯探望我，并在明斯克市生活了两个月，此时此刻我们已订婚了，没有举行任何仪式而是简简单单给了对方不分离的承诺，同时确定了结婚时间。2006 年我第二次来华留学时我们领了结婚证，我给妈妈打电话报喜讯时听到了一番像大道理的话。这是我再次自作主张亲自决定我人生中的大事，最初遭到了家里人的不满，可是妈妈永远希望孩子会幸福快乐，孩子快乐，妈妈理所当然也会放心。我打心眼里感谢我妈妈没有干涉我的生活，没有替我做主安排我的未来。当年的暑期我们举行婚礼，不过由于客观的原因及个人的希望并没有举办大型华丽的婚礼，而是双方家里人欢聚一堂一起吃了一顿饭罢了。

本科毕业后，我回中国读硕士研究生。在此期间我们喜得一子——2007 年夏季白白胖胖的宝宝出生了，给他取了中国名字叫于洋，代表漂洋过海。他是在我的母校南开大学宿舍长大的，所以我对南大有种难以表达的深厚感情。我在南大度过青春，在南大读普通进修生，接下来攻读硕士，再后来在那里带孩子。我们和爱人一起自己照顾孩子，为了给我提供机会顺利地完成学业，他辞退了喜爱的工作。为了家庭做了事业上的牺牲，中国男人对家庭的责任感应该当作全世界男人的榜样，值得佩服和学习，如果没有他的支持和牺牲就没有我的现在，在此我打心眼里一直感激他。我们只是有一个愿望：过自己平静的生活，希望家里人一直健健康康，快快乐乐，而孩子茁壮成长。完成学业后我分别在天津外国语学院（后更名为天津外国语大学）及南开大学任俄语老师，在华任教期间我意识到了，这份工作比较适合我。我们一家三口从南大留学生宿舍搬到了对面的专家楼（外教公寓）。时间飞逝，一眨眼过了四年了，孩子慢慢长大了，上了幼儿园，生活似乎要进正轨了，不过太单调的生活时不时会叫人寂寞无味，而且我们感觉到了孩子一个人很寂寞。由此我们下决心给他生个小伙伴，这样将来有个照应，而且家里也热闹起来。尤其中国有句话说得非常好：儿女双全。若这次能生女儿再好不过了，不过生个儿子也挺好的，一切自有老天安排，十月怀胎后于家喜得一千金。虽然孕期不算一帆风顺，可是成果甜。爷爷奶奶给我们女儿取了名字叫于洁，代表着洁白纯洁，就这样我们画成了一个“好”字。

开始传播的工作

2013 年由于儿子需要上小学，而我们决定叫孩子们在国外受教育，我带着两个孩子先回了白俄罗斯。当年九月份入职，在我母校开始任汉语老师。

转年我受中国文化部的邀请参与“2014 青年汉学家研修计划”，此次活动对我未来发展的影响非常大，并给我带来了启发和共鸣。自从我参加完研修班回来就开始琢磨在白俄罗斯成立汉学家协会，第一时间想到了我

达莎女士参加“2016 中外文学出版翻译研修班”留影

校，希望以白大为平台创办该协会。但是我的想法被否定了，因为根据白俄罗斯的法律，成立协会需要办公地点，而我校不肯把语文系汉语教研室无偿地提供给协会作为注册地点。我很无奈，也很失望，不过生活中没有过不去的坎。虽然协会办不成，我尝试另一种方式来加强和促进中白两国友好关系。我和一位支持我的同事有了新的想法，最终我们成立了“中国典籍对白俄罗斯语”工作坊，简称“对白”。为什么选择“对白”该名称呢？有两个原因：其中一个是“对白”强调着中国著作对白俄罗斯语的翻译，另一个原因是“对白”代表对话，即指中国和白俄罗斯两国文化、两国读者之间的对话。我们的小翻译工作坊就这么诞生了。

虽然白俄罗斯人自上个世纪中叶就开始认识中国文学，但以往所有的中国作品是通过间接语言（俄语或英语）被翻译成白俄罗斯语的。而我们身为译者，既掌握白俄罗斯语又懂中文，自然具备便利条件。因此为何不

与俄罗斯和白俄罗斯文学译者高莽先生合影

把中国典籍直接翻译成自己的母语呢?

众所周知，白俄罗斯的官方语言是俄语和白俄罗斯语两种，而俄语占的比例比白俄罗斯语多一些，甚至目前白俄罗斯语言面临着灭绝的危机，毕竟使用的人越来越少。虽然这些年诸多年轻人希望复兴可能会丢失的语言，但可惜的是这样的人还是少数，由此我们想一举两得，在传播中国文化和中国典籍的同时，对自己国家的语言的维持与延续作出点贡献。我们的文学翻译生涯从徐志摩的诗歌开始，我和同事选了徐志摩的代表性作品进行了对白俄罗斯语的翻译。

辛勤的劳动带来了丰硕的成果。“对白”翻译工作坊成员的四首译诗在核心杂志《火焰》上发表。而后，我们工作坊成员又受邀参与翻译及出

达莎女士白俄罗斯语译著诗集

版“吉兆”诗集系列的工作。我们翻译工作分两个部分：第一是准备逐字逐句翻译，以便由白俄罗斯的著名诗人进行加工并整理，第二是自己把中文的诗歌翻译成白俄罗斯语并成为完整的诗歌。可以说，我们翻译工作坊加入“吉兆”诗集系列翻译出版工作给该系列带来了亮点，原因是前面的诗选当中没有一首诗歌是直接从中文翻译成白俄罗斯语的。目前已经出版了该系列的七卷，其中第七卷是汪国真诗集翻译版本，其突破点在于这是中白对照版本，因此除了作为普通的读物之外，它还能够起到教材和研究材料的作用。而后面的诗选都是以中白对照格式来出版的。

确定选题时我们考虑到读者的兴趣，同时我们希望把古代和现代的诗歌一起介绍给白俄罗斯的读者，因此我们以轮流方式翻译古代和现代作家

“对白翻译工作坊”成员与黄教授进行会谈

的诗歌。目前我们考虑扩大我们翻译范围，并把散文和短篇、中篇和长篇小说添加到我们翻译目录里面。

2016年春天，北京语言大学汉学所所长、中国文化对外翻译与传播研究中心主任黄卓越教授访问了我们“对白”工作坊。我们成员与黄教授一边喝茶、品尝着教授从中国给我们带来的小点心，一边交流在翻译过程中遇到的难点与挑战，也算是经验分享吧。与此同时黄教授给了我们许多建设性的意见和建议，并祝愿我们的翻译工作坊越办越好，取得更多的翻译出版成果！怀揣着梦想不管前方的道路有多坎坷，我们都会走下去的……

在二十一世纪的现实世界中，要想实现人类的协作共存，最重要的是世界强国之间必须协同合作。如今，这些强国不只是美国、俄罗斯和西方国家集中的欧洲，还有远东地区的国家，特别是中国。尽管这些国家的社会体系如阴阳两极般对立，但通过对这些国家各自的政治抱负进行具有合作性与合理性的调和，可以建立全人类相互合作的共生架构。

——黑山（斯洛伐克共和国）

中国，半个世纪魂系梦萦

黑山（斯洛伐克共和国）

黑山，斯洛伐克翻译家。斯洛伐克科学研究院高级研究员，斯中友好协会名誉会长。专注于中国古典哲学、宗教、文学的研究，主要译著有《红楼梦》《道德经》等。

从最初对中国产生浓厚兴趣至今，已半个世纪有余，我是从1958年开始学习汉语的，当时的中国虽然也是社会主义国家（与前捷克斯洛伐克一样），但和今天的中国有着天壤之别。那时候，我所看到的中国的一切都让我惊讶不已，这里面包括人民公社、全民一身蓝，再到“大跃进”时期各种全国性的“试验”。可以说，那时候中国发生的每件事情都是前所未有的，我也不知道一切会向什么方向发展。事实上，我并不了解我所看到的一切，因此，也只能惊讶地旁观。我不明白这一切发生的原因，也不清楚这一切对未来的中国会产生怎样的影响。正因为如此，那时候我更看重中国悠久的历史，我的主要兴趣点也集中在中国的古老文化上，那种原创的美感和哲学智慧让我痴迷不已！同样也是出于这个原因，我对中国那时正在发生的事件关注度不高。影响我选择中国古典文化的另一个重要原因是，当时的中国政府对儒家思想和整个传统文化（也是我一直深爱的领域）持强烈反对和严厉抵制的态度。

我对中国所发生事件的看法：1965—1976 年

1963 年，在我自学中文六年后，终于被布拉格的查理大学 (Charles University) 汉学系录取。从那一刻起，我个人对中国的兴趣就变成了一个可能伴随终生的事业，我随之开始以更深入、更负责任的方法研究中国。

不过，在大学第一年，我学习的仍是一些理论性的内容。那个时候，捷克斯洛伐克与中国的接触并不活跃（当时，捷克斯洛伐克学生申请中国奖学金都被拒绝了。在这方面，只有我们的中文老师 Fan Yeben 教授尽其所能地向他的学生们提供帮助），布拉格的中国社区也尚未形成气候。因此，我对中国的了解仅限于书本及几位捷克教授的回忆，他们早年曾在中国待过一段时间，这也是他们大学研究的一部分。

1964 年，这种相互隔绝的状态发生了改变。在这一年，我们的中文教师向我透露了一个消息：20 名中国学生（其中 3 名为女性）将到捷克斯洛伐克学习，就在我们学校。因此，从 1964 年 9 月起，我将可以和他们在同一个校园中朝夕相处。我还记得，在 Petřiny 宿舍中与那三个女孩儿第一次见面的情景，她们身穿蓝色衣服，看上去非常热情，从一开始就对我很友好，就像我的姐姐一样，我们之间的这种姐妹情谊一直延续到了 90 年代。我在 30 年后再次见到其中一位女同学和她的丈夫（也是当时那批中国留学生之一），他们在“天鹅绒革命”后来到布拉格和伯拉第斯拉瓦，成为中国驻捷克斯洛伐克的记者。

1966 年 1 月，我的 3 名中国女同学连同我们的中国老师 Fan Yeben 一起，被勒令立刻离开捷克斯洛伐克。我在布拉格再一次处于无法与中国进行任何实际接触的状态。因此，我决定转移注意力，开始深入研究中国的古典文化和哲学，而非现代中文。为了实现这一目标，我必须尽可能提高古文水平，我不再关注现代中国和中国正在发生的一切，而是将时间和精力投入古汉语、古代文学和哲学领域。中国的经典遗产具有不可替代的价值，但在当时的中国，中国乃至世界古典文化的一流专家均无法专注于对重要中国文化遗产的学术研究。因此，我感觉我有责任保护并保存这仍然鲜活的宝藏。于是，我开始努力学习阅读和翻译中国古典文学，并通过我的汉学研究证明，中国需要重新回到尊重真正文化价值的传统之中。

但在当时，捷克斯洛伐克也开始经历巨变。我大学刚毕业，布拉格就掀起了“布拉格之春”运动，不过，很快就结束了。1968 年 8 月 21 日，苏联和其他三个“友好国家”的军队占领了我的祖国。这件事对我们的政治形势产生了巨大影响，随后又出现了“劳动再教育”运动，只是程度没有中国“文革”严重而已，但也针对思想上坚持己见的知识分子和学术人士，进行若干极具心理破坏性的打压。我从布拉格查理大学的汉学和哲学专业毕业后，仍然对中国古典哲学和孔子的道德智慧非常敬仰和着迷，于是，在 1969 年，我考入布拉迪斯拉发的夸美纽斯大学，在哲学系攻读哲学博士学位。我的博士论文题目是：战国时期儒家思想的发展和特异性。但这种情况并未持续很久，当时，捷克斯洛伐克发起了一场“修正运动”，和很多我在布拉格学习时的高水平教授一样，我被当政的共产党委员会宣布有罪，必须进行“劳动再教育”。于是，在随后的 20 年中，我唯一能做的就是体力活或编外的文员工作。我感觉一种心理错乱的“病毒”已经传播到我们国家的每个角落。由于我们国家当时是苏联的忠诚伙伴，而在同时期的中国，苏联被视为敌人，这导致我在那之后的很多年，只能通过媒体的只言片语了解中国正在发生的事情。

那时候，我在布拉迪斯拉发的一家书店工作（每天晚上和节假日，我都会在家里潜心翻译和研究孔子的《论语》，以及孟子、荀子的理论，不过仅仅是出于个人兴趣）。1975 年，一些传言引起了我的注意，说中国正在进行一场轰轰烈烈的“批林批孔”运动。乍看这条消息，我并未感到惊讶。因为从十九世纪末，儒家思想在中国就受到广泛的批判（认为这是一种极度保守的君主制思想），很多进步的中国知识分子将其视为妨碍社会进步的主要力量，1916—1917 年的新文化运动（中国以此为开端为迎接新的进步思想做准备）就开始了主要针对儒家思想的强烈批判。因此，对于新中国政府发起的“文化大革命”和批孔行为，我不觉得毫无根据或自相矛盾。李大钊是新文化运动的主要倡导者之一，也是中国共产党的创始人之一，他在大约 1916 年时曾经这样写道：余之抨击孔子，非抨击孔子之本身，乃抨击孔子为历代君主雕塑之偶像的权威也；非抨击孔子，乃抨击专制政治之灵魂也。正是有了李大钊的这番话，我作为一个局外人和旁观者，在观察“四人帮”所发起的这场批孔运动中，才能理解两个概念之间本质上的差距：一个是作为中国文化传统中的一位历史人物——孔子，一个是作为极端保守意识形态的儒家思想。但这种思想在中国历史上的形成，也是孔子之后若干君主制思想家动用政治力量推波助澜的结果。因此，当我看到杨荣国发表的文章《孔子——顽固地维护奴隶制的思想家》时，我立刻决定撰写一篇评论：《现代毛泽东思想解读孔子的悖论》（*Paradoxes of the contemporary Maoist Interpretation of Confucius*）。这份评论于 1976 年刊登在斯洛伐克左派期刊《新语》（*New Word*）之中。杨国荣认为，尽管孔子生活在封建制度初露苗头的时代，但他所崇尚的是奴隶制思想，鼓吹的是中国古老奴隶制意识形态的政权，因此是一位极其反动的人物。尽管他在鲁国具有政治影响力，但没有阻止当局杀掉革新派人物少正卯。我在评论中指出：以这种历史唯物主义方式分析古老中国的社会发展是不正确的，卡尔·马克思在其《资本主义生产以前的各种形式》（*The Forms of Social Structure Before Capitalism*）中就曾对这种方式进行了批评。对于中国的奴隶制度及其向封建制度过渡的这段时期，卡尔·马克思（以及其后的很多政治学家）曾予以强烈的批判。但是，当时苏联的一位汉学家 S. 库切拉（S. Kucera）有着不同的看法：他在研究了中国古代编年史和书籍节选后发现，所有文章中都找不到“奴隶”这个词语（即使是在孔子的《论语中》，“奴”这个字也只是出现了一次而已，而且是另有他意）。在战国（公元前 481—221 年）末期，中国的社会结构只是一种宗法形式而已，“奴隶”只是战争时期对俘虏的称呼！当时的社会体系并非建立在奴隶制基础上，而是一种宗法体系，社会地位是由某些大家族、宗族或部落组织所赋予的。

在这种制度下，每一个个体都处于某个宗族等级之中。将整个等级体系“粘合”在一起的，是延续千年的传统道德。如果不尊重这种传统道德，中国的社会体系就会从社会和道德两个层面彻底崩塌和瓦解（特别是在战国这种已出现社会危机的时代）。但是，这种瓦解并没有最终产生，这要特别感谢孔子，远在战国之前，他就认识到，敦促人们遵守五个传统道德原则的必要性，分别是：

the 1st one: a filial obedience to parents as well as a mutual brotherly love 孝悌，

第 1 条：孝悌，孝顺父母，敬爱兄长；

the 2nd one: acceptation of the traditional Chinese rites and rules of social etiquette 礼，

第 2 条：礼，遵守传统中华礼仪和社交规则

the 3rd one: an inner human principle of mutual humanity and benevolent cooperation 仁，

第 3 条：仁，一种精神层面规则，人与人之间的仁慈和同情；

the 4th one: an inner human principle of acting within the limits of rightness and justice 义，

第 4 条：义，一种精神层面规则，公正和正义的举动；

and the 5th one: an inner human principle of credibility and mutual loyalty 信忠.

和第 5 条：信忠，一种精神层面规则，可靠性以及人与人之间的忠诚

为了推动这五种道德规则的发展，中国的每一个家族都要由一位最年长的男性管理，他被视为一位君子，具有更高的“知”，会巧妙地以“和”的方式管理家族。也正是因为这个原因，孔子在其生命的整个历程中，一直被中国人视为一位伟大的教育家，而非反动思想家。两千多年来，在中国人的心目中（以及后来很多外国学者的心目中），孔子一直都被尊为圣

人。因此，将孔子作为卑劣的反动派进行强烈的政治批判，我对此感到愤怒，特别是当时我正以满腔热情翻译孔子的文章，并将精选内容转化为一本书，取名《子曰》（*And the Master Said...*）。但是，由于捷克斯洛伐克残酷的修正运动仍在继续，我的翻译作品集最初未被批准出版。幸运的是，由于当时中国正对儒家思想进行政治批判，我们的共产党内部有人认为，他们应该对中国传统文化显示出比中国共产党更大的宽容。于是，我们的党派领导人决定批准出版这本翻译文集。1977 年，斯洛伐克的读者们首次能够通过母语欣赏孔子的智慧！这本书当然也立刻在斯洛伐克获得了巨大成功。我们国家的公众对当时中国的印象是：经济贫穷，所有人都整齐划一地穿着蓝色衣服，人们很难吃饱饭，只能看毛主席思想的红宝书，最好的“高科技奢侈品”可能就是自行车和缝纫机。但通过这本儒家思想翻译文集，人们再次意识到中国是一个拥有很高文化传统的古老文明国度。《子曰》在我们国家唤起了人们对中国的崭新认识，激发了对中国文化历史价值的热爱，尽管与我国的文化不同，但与基督教以地狱威胁信徒的方式相比，它更贴近普通的人性。这本书获得的成功是如此深远，以至于在斯洛伐克的教堂中，很多牧师会在布道时引用孔子的语句，并以之为例，向信徒阐述如何正确对待父母和其他人。很多人甚至会在每天清晨阅读这本书，以此指引他们在这一天中如何与人相处并付诸实践。人们发现，这会帮助他们在当时严酷的修正政策高压下熬过一天又一天。在儒家思想的帮助下，他们得以重建彼此间的信任，开始相信他们所处的极权主义环境总有一天会变成一个具有道德包容力的社会。

我对中国发展的看法：1978—1989

1978 年，邓小平复出担任国家领导人职务，中国也随之迎来了全新的政治气象。在我看来，这也是中国未来政治发展的最佳选择，所以，我非常期待参与到这场变革之中。在此之前，随着周恩来总理和新中国最伟大的奠基人毛泽东主席的相继辞世，中国亟需具有同样领导能力的新的领袖。

同样是在此之前，中国出现了一场大地震，这仿佛是一个信号，证明在阴阳循环的过程中，社会变革的一个循环即将走向终点，一个如古语所述的“天命”的新时代即将迎来它的开端。

事实也确是如此，随着“文革”的结束，到偏远地区劳动改造的人们最终得以回到他们所在城市的家，重新开始正常生活。在那段时间，最让我感到欣喜的现象是，中国的学校和大学再次恢复了正常的教学秩序。因此，大部分熬过这场“自我批判”浩劫的教师和教授们，至少可以重新回到工作岗位，再次肩负起传播知识的重任。来自中国的第一条令人振奋的好消息就是，中国以“实现四个现代化”为目标从事经济发展，即：（1）农业现代化，（2）工业现代化，（3）科学现代化和（4）技术现代化。（编者注：应为工业现代化、农业现代化、国防现代化、科学技术现代化。）

从理论上说，“四个现代化”概念就是在保持政治体制和制度不变的情况下，走一条全新的经济发展道路，从而确保破坏性的社会动荡不再发生。邓小平主席希望通过他所提出的“四项基本原则”实现这样的稳定性：（1）必须坚持社会主义道路，（2）必须坚持人民民主专政，（3）必须坚持中国共产党的领导，（4）必须坚持马克思列宁主义和毛泽东思想。在我看来，这与亚历山大·杜布切克（Alexander Dubček）于1968年在捷克斯洛伐克提出的概念相似，只是在捷克斯洛伐克，苏联的军事入侵导致这样的理念无法落实和贯彻。但是，鉴于中国人民在前几年的整体遭遇（当然也包括知识分子），我实在难以相信中国可以真正实现四项基本原则这个全新的思想。事实上，这也体现了中国新领导层的伟大，他们意识到，需要将其与全民平反、摘帽工作结合在一起。这场平反、摘帽的范围不限于1965—1976年的“文革”受害者，还包括二十世纪五十年代土地改革运动中受迫害的土地所有者（地主）和农民，甚至还有1957—1958年被剥夺人权的右派及二十世纪六十年代初（就在“文革”开始前）被批斗的“反党分子”。所有这些人全部获得了平反或摘帽，得以与家人团聚。这场大规模的平反运动大大提高了中国共产党在百姓心目中的地位，正在开展的四个现代化也让人们再一次在生存方面获得了安全感，人民的生活水平开始快速提高。如果说，以往中国人将自行车和缝纫机作为最昂贵的奢侈品，那么，在“实现四化”行动开始后，群众获得了实际利益，很多中国家庭达到了可以消费“八大件”的水平，即电视、冰箱、洗衣机、电风扇、照相机、更舒适的家具、音响和摩托车。在我看来，这一切都是中国积极向上的好消息。看到全新的中国领袖和政府，以及在重获新生的百姓们身上所发生的一切，我的心中充满了最真挚的赞赏之情。

但是，这一切发生的时间，恰好是捷克斯洛伐克被苏联占领期间，所谓的“修正”运动仍在我的祖国继续，我和其他很多人一样受到迫害。首先是不允许我在夸美纽斯大学的哲学系进行博士论文答辩，我的汉学研究职业生涯随后也被迫中断，只能到书店找了一份职员工作以此为生，每天就是整理书的顺序和处理海外咨询，无法从事任何学术研究，也无法出版我的汉学著作。为了不忘记中国的思想文献，我决定利用晚上和周末时间，在家里翻译一些长篇中国文学。但我这么做只是为了自己，为了将中文尽

黑山女士译著斯洛伐克语《红楼梦》

可能长时间地印刻在我的记忆里。由于当时我所知道的最长的中国小说就是曹雪芹的《红楼梦》，于是，我决定从它入手。在当时的捷克斯洛伐克，百姓不能从中国直接购买书籍。虽然从布拉格的鲁迅图书馆和布拉迪斯拉发的斯洛伐克科学院东方研究所中可以借到这套小说，但这些学术机构或大学被禁止向受到政治排挤的研究人员出借图书。我想要获得中文版的《红楼梦》原著，就只能求别人从美国的中国书店购买，然后邮寄给我。但我无法选择常规的邮寄形式，因为捷克斯洛伐克的秘密警察会搜查所有来自海外的包裹，如果包裹与中国有关，那些中文就会更加引起怀疑，毕竟当时的捷克斯洛伐克还是苏联的忠实盟友，与中国处于对立关系。但我最终解决了这个问题。我最小的弟弟当时住在加拿大，我托他在蒙特利尔的书店购买《红楼梦》中文原著，然后由我的侄子将这套书带到匈牙利，他的姐姐再从匈牙利冒着巨大的风险，带着书过境进入斯洛伐克。终于在 1978 年 3 月 1 日，我拿到了这套中国文学杰作的中文原版。在那之后的 12 年中，我一直都在想象自己生活在《红楼梦》故事发生时代的中国。我经常会早起进行翻译，每天不中断，甚至节日期间也如此。在翻译的过程中，我走进了贾府的大观园，书中的角色就是我所接触的中国人。因为在二十世纪八十年代前期，斯洛伐克还看不到中国人的影子，我也只能通过这种神游的方式与中国接触。

事实上，我当时对改变现状、重新与中国进行实际接触不抱任何希望。但就在 1985 年 9 月，中国的斯洛伐克语学者周美茹女士忽然到布拉迪斯拉发的夸美纽斯大学攻读博士学位。然后，斯洛伐克广播电台请我帮忙，准备一个关于中国古代著名女诗人蔡文姬的剧本。在与电台编辑面谈的过程中，我表达了一个想法：在剧情中，可以加入由中国女性以中文朗诵蔡文姬诗篇的环节，效果可能会非常好。令我惊讶的是，下一次我到电台进行广播剧录制时，编辑真的向我介绍了一位活生生的中国人！我永远都无法忘记那一刻，对我而言，那种感觉就像是：一只燕子在多年后终于从中国飞到了我们这里。在随后的三年中，周美茹女士一直都在布拉迪斯拉发学习，她向我介绍了现代中国的一切，她对我而言就是一位宝贵的中国姐妹。后来，我又认识了另外一位杰出的中国学者，她的丈夫朱伟华。通过他们，我终于再一次走进了中国的现实世界。由于她的丈夫也是一位斯洛伐克语学者，我可以用斯洛伐克语和他们交流。毕竟多年来因为完全断绝了与中国人的实际交流，我已忘记如何以现代汉语进行交流。但是，通过与这两位杰出的中国知识分子的接触，加之我们可以用斯洛伐克语自由地交谈，这让我坚定了一个信念：中国再次回到了我的正常生活之中。但在当时，我仍然没有办法亲自造访中国，目睹这个国家正在发生的一切。

那段时间，我一直都与曾经的汉语教师安娜·多丽萨洛娃·芙尔蔻娃（Anna Doležalová – Vlčková）保持书信来往，她也是我们国家第一位汉学家。这些书信就是我了解中国当时文化氛围的唯一来源。她当时是斯洛伐克科学院东方和非洲研究院的研究员，每年都有机会到北京进行学术访问。她在斯洛伐克文学期刊《世界文学研究》（*Revue of the World Literature*）中发表的《来自中国的信》（*Letter from China*）和《探索新大陆》（*A Discovery of the new continents*），让我了解到中国的文学活动已经恢复正常。550 多家重新成立的出版社和杂志社，每年出版大约 12000 部短篇、中篇和长篇小说以及大量优秀的诗歌，不同文学领域涌现出了越来越多精彩的纪实作品，当然，还有很多戏剧作品。中国的出版社每年都会发现很多新作家，他们的作品被广泛刊登在各种出版物中，甚至包括偏远地区的省级刊物中。从芙尔蔻娃的文章中，我还了解到，中国新建了很多电影院，电影制片厂开始拍摄大量精彩的电影供人们欣赏，比如，电影《青春万岁》就涉及了很多之前被严禁讨论的问题。此外，现代中国戏剧的舞台也非常精彩，激发观众们自发地讨论如何战胜中国尚存的各种形式的守旧主义。当时，年龄已进入四十岁的返乡知青，是“文革”期间离开城市到偏远地区劳动改造时间最长的一代人，他们也因此失去了接受系统性教育的机会。此外，他们类似于“政治可疑群体”的艰难生活也让他们不适应。于是，这全新的文学环境也为一个重要的全新文学类型“寻根文学”创造了条件。斯洛伐克的读者会带着深深的同情阅读中国的文学作品。令我们赞赏不已的是，这些作品没有教条主义的影子，对他们曾经面临的不公平也没有煽动性的报复性语言，更没有对截然不同的新环境进行任何扭曲或轻率论点。相反，这些作者对自己的祖国和中国人民的生活表达了深深的理解。

也是在这段时间，中国新一届政治领导人开始了深入的转型和变革。这场变革是在中国特有的现代化框架中展开的，与其他国家相比，具有完全不同的特征。邓小平作为中国迈向现代化的领导者，他的一个理念让我非常敬佩。这个理念来自于古代中国的思想，但他对其进行了全新阐述：中国将从废墟中重新站起来，成为世界强国并得到西方世界的尊重。要做到这一点，必须要以最积极的态度学习西方的发展和进步，充分利用西方所有的技术和经济知识。正如邓小平的那句名言：黑猫白猫，抓到老鼠就是好猫！他所提出的开放政策，让中国得以成功地释放出她走向现代化的经济力量，巧妙地运用西方国家最有利于中国的条件和经验，实现自我成长。与此同时，中国本土的专业知识水平也获得了长足进步，最终自然会使中国成为世界强国之一。这在当今的全球环境中已经成为无可争议的事实。中国巧妙地将西方国家变成自己的老师，帮助自己发展所有曾经落后的经济和技术领域。中国政府开展的所有这些工作，最终将中国引向发展之路。二十世纪末至二十一世纪初，中国政府允许越来越多的中国人将生意做到世界各地，特别是年轻人。通过向世界敞开大门的开放政策，年轻人可以到美国和世界各地留学，随后还有机会参与重大的国际科研活动。所有这一切，都在我心中唤起强烈的激情。此外，自 1989 年初开始传来的这些好消息，也让我将中国视为“东方阵营”中所有社会主义国家里最先进的成员。

然而，在同一时期的 1989 年春天，苏联和东欧地区发生了一系列全新的重大历史事件，为该地区带来了不可逆转的改变。首先是波兰，莱赫·瓦文萨（Lech Walesa）带领以团结工会（Solidarnośc）为首的联合政府上台；然后是苏联的大变革——早在此之前戈尔巴乔夫进行改革，并希望在苏联建立一个“人道的社会主义”；匈牙利政府在同时期进行了“民主化改革”，这样做的结果是，大批东德人开始通过匈牙利和奥地利逃到西德。对于任何一位严肃的政治分析人士而言（特别是西方情报组织中主要的政治预测和分析人士），那一年，在苏联和东欧社会主义国家陆续发生的重大事件就是一个预兆：世界上的共产主义阵营即将彻底瓦解，需要对随后的世界局势及其可能产生的后果制定对策。对于“东方阵营”的民众而言，40 年的铁幕政策将人们围在一个密不透风的隔绝环境之中。因此，人们最大的渴望毫无疑问就是“西化”。对当时的我们而言，“西化”就代表一个物质极大丰富、公民享受自由的民主天堂。因此，铁幕的消失会导致大批东欧人向西方迁移。东德的大批移民正通过前捷克斯洛伐克、匈牙利和奥地利逃到西德，就是未来局势可能的例证。但东部移民忽然大批涌入西方国家，也造成了很多实际问题。在 1989 年初，西方情报机构分析人员、美国和其他西方国家的主要政客就已经认真分析了这样的情况：这种从衰落的“社会主义阵营”向西方国家的大规模“逃亡”，会造成怎样的问题及如何解决这些问题。至少他们曾考虑过，届时将只接纳在经济上对西方有利的移民。从实际情况看，东欧国家年轻一代的专业人员都受过良好的教育，劳动力价格低廉，东欧地区也将成为西方国家扩大生产、权力和政治影响力的新领地，这对西方的经济有着极大的好处和吸引力。所以，我们可以相信，东欧国家共产主义的衰落及该地区与西方国家之间的从属关系，应该是西方国家大力支持的结果。在西方国家的战略中，即使是前苏联也是一块诱人的蛋糕，因为该国的资源非常丰富，对欧美国家的经济发展非常有利（渴望西方生活的俄罗斯共产党人也在推波助澜）。相比之下，当时的中国拥有 10 多亿人口，刚刚摆脱赤贫的状态，加之“文革”对经济造成的严重影响，这对西方强国而言可能并没有太大的吸引力。还有一种更大的可能性就是，对于西方强国而言，在 1989—1990 年这段时间，如果中国的共产党政权垮台，数以百万忍受着贫困和饥饿、渴望西方“生活梦想”的中国人将涌入西方国家，尤其是很多人在过去的几十年中，并没有在中国受到高等或系统的教育 —— 这种假设无疑会推论出一场可怕的灾难。因此，在波兰、德国、捷克斯洛伐克、匈牙利以及随后的罗马尼亚、保加利亚及 1989 年独立的波罗的海三国中，颠覆政权的“革命”活动都立刻受到西方强国的支持。

中国当时仍处于经济发展的艰难阶段，正是通过这种极端的防患于未然的方法，中国才得以避免了内战，没有变成一片废墟。而这一后果的严重性，从几十年后的伊拉克、现在的叙利亚和很多非洲国家的情况就可见一斑（这些国家都是西方强国“保护人权”的对象，但其实“保护”的只是西方军火商的利益而已）。当时的我对中国（以及它独一无二、不可替代的人类文化宝藏）的状况忧心忡忡。由于那时候我正忙于将《红楼梦》译为斯洛伐克语,因此能更好地理解延续数千年、仍在不断发展的中国文化,了解中国人对现代世界所秉承的高尚世界观。这种经历让我更加深刻地感受到中国及中国人是多么不可替代，多么了不起。这个原因让我更清楚地认识到，如果因为世界各国（特别是西方国家）愚蠢的政治行动及对中国特殊国情的误解，以及中国发生类似战争导致这种不可替代价值的彻底消失，对整个人类都是巨大损失。在我看来，中国自身的地缘政治发展的完整性得以保存，使这个国家可以接下来大力发展经济，最终使中国在近几年成为世界上毋庸置疑的强国。在不远的将来，中国一定会以令人惊叹的速度，成为西方和东方世界舞台的权力中心。至于人权问题，与伊拉克和叙利亚等国目前的局势相比，中国的人权发展更是充满希望，也更获得各方的认可。

从二十世纪九十年代开始，我的汉学研究之路发生了重大变化。也正是在这几十年间，中国逐渐成为一个政治大国和世界领袖。

针对 1989 年所发生的一切，保持毛泽东所创建的政治制度是最明智的选择，它拯救了极具社会和文化价值（从我的角度而言）的中国古老文明。与此同时，在东欧国家，政治领袖们的政策失败，导致这些经济体本身的经济结构并没有多大的竞争力。因此，这些社会主义国家的瓦解也是历史必然，而在我们这些东欧国家，亟待拯救的正是国家经济。阴阳交替是现实中的辩证法，对某一方具有正面意义，对另一方可能就不具有正面意义。但世界作为一个整体，并不意味着普遍只能有一个颜色。对于世界的变革而言,共产主义在我们国家的失败和在中国的成功,其实具有最进步的意义。

从自私的角度说，共产主义在捷克斯洛伐克的崩塌对当时的我具有显而易见的好处。1989 年 12 月 29 日，我正在翻译《红楼梦》的最后一章，同时也开始想，在未来漫长的岁月中，应该做点什么才能继续将中文保存在我的脑海中。这时，我忽然在报纸上看到了自己被平反的消息。也就是说，在那之后如果我愿意，我就可以重新回到斯洛伐克科学院的重要研究机构中，继续我的汉学研究。当然，我立刻就接受了这个橄榄枝。在办完所有必要的手续后，我终于离开了斯洛伐克经济出版公司 ALFA 的海外订购书店，重新开始了在斯洛伐克科学院东方研究所的学术研究工作。

这一变化带给我的第一个积极影响是，我终于可以完成博士论文《战国时期儒家思想的发展和具体独创性》答辩。与此同时，我还可以出版过去 20 年中我在家中翻译的所有手稿，当然，还有其他我想出版的新作品。由于儒家思想及与中国文化相关的书籍在当时的斯洛伐克非常受欢迎，我翻译的孔子和儒家文献选集《子曰》增订版得以快速出版。这本书再次激

黑山女士与友人合影

黑山女士与友人合影

发了公众对中国文化及其古老智慧的浓厚兴趣，有关中国、中国人及价值非凡的中华文明的信息最受公众欢迎。当时，我们国家对中国的一切都很感兴趣，无论是古典或现代、科技或文学、古老文化还是现代经济和政治改革。当时的改革促使中国经济发生了全面而巨大的变化。

1997年，我平生第一次有机会造访中国，当时中国的科技发展尚未给这个国家带来任何显著改变。我记得，那时的北京仍然保持着古老的城市形态，在城市最中心地区密集地分布着极富特色的胡同、出租屋、办公室和最具代表性的酒店，外观都是苏联集体住宅区的建筑风格。北京的大街上一眼望去都是自行车、老旧的公交车、无轨电车、老式卡车和三轮车，车流中非常罕见的几辆汽车也都是政府官员的公务车。1997年的北京与我在“文革”期间或之前几十年所看的纪录片中的北京没有什么两样。即使

黑山女士与她的出版作品

是人们的服装也仍然以深蓝色制服为主，只有女性开始尝试色彩更丰富的衬衫，在传统风格的百货商店中，已可以买到一些很有品味、颜色更鲜艳的服装。那时候，最活泼开朗、穿着最漂亮的人群是中国的孩子们，中国不断提高的生活水平首先体现在他们身上。

在我的首次中国之旅期间，除了北京以外，其他一些地方也给我带来了难忘的体验，特别是周口店考古遗址。我们是由中科院的同事开车，沿着中国第一条刚刚竣工的高速公路来到这里。当时，高速公路对中国还是个新鲜事儿，路上仅看到了寥寥几辆车，农民就像在乡间小路上一样随意横穿马路，在我的记忆中，它也与快速发展的中国现代化联系在了一起。不过几天后，我们就遇到了截然不同的道路情况，当时，他们驱车接我到陕西的汉武帝陵墓参观。那里尚未修建任何新的道路，我们不得不在相互

黑山女士来华时照片

交织的狭窄道路上艰难前行。路上满是骑自行车的人群，我们只好在自行车的包围中不停地按喇叭。道路上也没有指引车辆前往汉武帝陵墓的交通指示牌。但时间到了 2007 年，我应邀参加世界首届国际道教论坛而再次来到这里，眼前的一切让我不敢相信自己的眼睛：仅仅十年光阴，这里从曾经落后的乡村已跃升为超级现代化的城市，完美的高速公路网，外观气派的考古博物馆中还有一个设施齐全的游客中心。发生如此巨变的不只是这一个地方，更是拓展到了陕西省所有历史悠久的中心地带。我们去参观古老的楼观台道观时，乘坐的是最新的巴士，奔驰在高质量的高速公路上，沿途架设了现代化的交通标志。唯一的烦恼就是路上的卡车非常多，但这也是中国现代经济基础设施完美运转的标志。在此之前的十年中，中国实现了超级现代化的飞跃（当然，这与中国未来的发展相比，只是一小步而已）。在这十年中，中国首先向世界敞开了大门，引进各行各业的外国专家在中国工作，提高中国在工业、经济、金融和文化各个领域中的水平。

黑山女士展示中华图书特殊贡献奖证书

黑山女士与其他中华图书特殊贡献奖获奖人在人民大会堂合影

这样的发展已不仅限于经济特区，而是逐渐延伸到了整个中国。与此同时，中国整个社会经济结构现代化带来的政治利益也是显而易见的。经过 20 多年的发展，那个曾经技术落后的国家，已经转变成为在各个领域均实现长足发展的全新的世界强国，同时仍保持着具有中国特色的传统愿景。

在学术研究过程中，我曾 14 次访问中国。几乎每隔两三年就要来中国一次。令我惊喜的是，中国一直都在马不停蹄地向超级现代化国家转变，这种转变不只发生在北京和上海这样的大城市，更是延伸到其他大部分城市和乡村。我最近几次访问中国是在奥运会和世博会之后，我钦佩地发现，虽然中国举办了这两项重大的世界性活动，但中国城市在经济方面能够赶超世界上很多其他重要的城市，并不只靠这两次重要活动的推波助澜。因为除了北京和上海，中国大部分地区在经济方面也展示了卓越的领先水平，这与是否举办世界性活动没有必然的关联。与此同时，中国在金融领域的很多熟练专业的举动，让其最强对手美国也对中国有了依赖。在中国面前，美国在地缘政治力量方面不占任何优势。中国不仅购买了大量美国国债，还在美国西海岸和世界其他地区大量购买战略储备石油。中国正快速削减美国的长期战略霸权。因此，美国这只西方的“猫”，原本一直都在为满足自己的贪欲而抓老鼠。现在，它忽然开始要从属于一个新的力量，不得不“跟着老鼠的脚步”，即使不情愿也要如此。

结论

在二十一世纪的现实世界中，要想实现人类的协作共存，最重要的是世界强国之间必须协同合作。如今，这些强国不只是美国、俄罗斯和西方国家集中的欧洲，还有远东地区的国家，特别是中国。尽管这些国家的社会体系如阴阳两极般对立，但通过对这些国家各自的政治抱负进行具有合作性与合理性的调和，可以建立全人类相互合作的共生架构。此外，时代发展到今天，人类可能很快就要开始准备与宇宙中其他世界进行星际沟通，而且，可能是在技术上远超我们的文明的外星种族。那么，对于地球上的所有国家而言，最主要的考量就是要将我们的星球凝聚成一个全球化的文明体。这个文明体不能以破坏地球环境的军事冲突或宗教暴力方式实现。不过，令人遗憾的是，暴力仍是西方文明非常典型的干预方式。西方文明具有扩张主义的本质，这也是希腊/罗马思想根基的一脉相传。此外，也与犹太教、基督教和伊斯兰教这样的一神宗教密不可分。这些宗教有一种霸权思维：将其对“上帝”或“真主”的绝对信仰强加给世界上所有其他国家，与此同时，用野蛮的武力征服这些国家，控制其国家自由和世界观的自由。如果西方国家无法为全人类创造真正的世界观，一个真实反映生存现实的世界观，一个可以帮助人类摒弃对生命的不现实观点的世界观，那么，如果有一个地方，那里的人们准备以更好的方式实现全人类的普遍利益，世界的中心自然会向那个地方偏移。也许，这也是为什么人类权力中心开始向中国转移。因为中国人民不受一神论宗教原教旨主义的束缚，而且，由于中国人民相信“道”的自然发展，他们会采用更具建设性的方法解决生命中的问题，相比依赖于“其他人”，他们更多地依靠自己。从这个角度，中国人民一直对宗教问题保持着非常宽容的态度，而没有西方国家典型的、带有攻击性的宗教狂热。西方国家的历史特征之一就是：只要你与他们的信仰不同，他们就会以狂热、暴力、无情而傲慢的方式，用强力镇压你。

中国还有另一个极具建设性的特征：中国（字面意思为“中央之国”）在其五千年的发展历史中，一直都在将文化和文明之光传播到世界各地，但不是通过武力扩张的方式。中国人以守势实现国家安全，让周边国家自然而然被同化；或者，中国通过文化影响周边国家，在无意识中扩大了中华文明的实际地理版图。中国对所有周边未开化地带的同化，早在五千多年前就逐步开始了。虽然周边力量曾屡次在历史进程中占领中国，但他们全部都快速地融入中国文化之中。虽然每一次异族入侵都为中国人带来了巨大痛苦，但每一次的结果都是一场新的融合过程，以蛮族转变为高度文明的中国人告终。到了汉王朝建立之时，这个融合过程也达到了巅峰。在那之后，“汉”也就成了中华文明的重要称号，因此，大部分中国人都将自己称为“汉人”。但是，中国文化繁荣的根本力量不是“中国”（政权实体），而是“中华”（文明实体）。正是这一力量让它能够保持自己在世界舞台上的独一无二，而不会被其他族群所同化。无论是蒙古人或是满族人，都无法改变。相反，这些外族人很快被“汉化”成为中国人，他们的疆域也从地缘政治的角度融入了中国。因此，到了十八世纪，周边所有曾侵略中国的蛮族都被成功同化，但是随后，中国人在他们的世界中发现了一个从未打过交道的全新“蛮族”：欧洲人！中国就进入了一个新的历史时期：欧洲人以全新的方式攻击中国的主权，事实上，这种状态一直持续到现在。欧洲人最开始的目标，就是完全占领中国，希望西方国家的胜利可以彻底征服中华文明。如今，这些“西方蛮族”的入侵仍在继续，但不是通过军事入侵，而是以更巧妙的形式，一种仅在表面显得很友好的西化方式。

然而，如今的中国在技术和经济力量方面已赶超了西方国家。中国现代化的技术能力已经比西方世界更“西方”。这种西化并没有改变中国的灵魂，对于那些自命不凡的“入侵者”，中国也仍然具备那种随时间而汉化对手的悠久力量。不过，在中国内部还有一个非常重要的问题要解决：如何以中国自己的方式，应对外国高度发达的技术及其对传统中国生活方式的影响。中国必须将其转化为可以接受的、恰当的形式，不会对中国的独特性构成威胁。中国人只有在现代西方生活方式面前保持住自己的身份，保持其中国性（及世界观），他们才能拥有足够的力量最终汉化西方“蛮族”，而不是任其破坏中华性。

在五千多年的历史发展中，中国一直都在寻找各种方式，保护自己不丢掉中华性。这个过程也一直以中国的哲学和文学自省为指引，包括老子、孔子和孟子等人的哲学书籍、司马迁的史书、叙事性民间故事、诗人和作家的文学作品以及曹雪芹、林语堂等著名文学大家的作品。对于中国那特有的、不随岁月褪色的人道主义精神而言，这些作品无论是在过去还是现在都是一个重要的试金石，也许可以使世界不被西方国家的消费主义和物质主义所吞噬。西方的意识形态正逐渐拉远我们与地球环境之间的自然关系，只将地球看作是一个商店，里面装着“上帝”给予的日常消费品。但实际上，地球是一个活生生的有机体，我们都是其内在的组成部分，有义务以和谐的方式履行我们自身的职责。那么，如今有一个很好的渠道，让我们感受中国人对“中国人道主义精神”的重要思考，那就是中国电影。在很多国际电影节中参赛的电影作品都具有极高的欣赏价值，同时也是整个中国电影的代表，比如，《金陵十三钗》《十面埋伏》及贾樟柯的《天注定》，这些现代中国艺术家以其独特的视角，对中国文化之源进行了思考。事实上，尽管中国有着伟大的领导人、战略决策和政治宣言，但如果没有这些艺术家在文化上迈出的重要步伐，中国也不会成为伟大的世界性文明，更无法坚守其中华性。

当前，全球化进程的确非常复杂，是涉及各国政府、全球性经济、金融、文化及意识形态等因素的综合性过程。这个过程已开始在经济和社会政治方面对主权国家进行重新组合，也改变了世界上重要国家的排名。中国毫无疑问站在了世界最强国家的前列。在五千多年的历史中，中国从未产生任何想要侵略和战胜其他国家的想法。在其历史过程中，不断有证据表明，中国人只有在邻国侵犯其领土的时候，才会拿起武器进行战斗。但在战胜敌人后，中国人会通过同化的方式对待对手，让他们没有机会再一次发动攻击。

当今世界正面临着一个紧急而重大的挑战，那就是，所有国家都要开展全方位合作。这种合作不仅限于西方国家，还包括近东和远东国家。各国都希望在世界舞台上扮演重要角色，在不带宗教和思想偏见的前提下共同参与世界的治理。这样做是为了促进世界各国人民之间新的相互理解。但是，如果我们不懂得生命和生存的基本法则，我们的世界将会永远失去其最真实的历史责任！

当今的世界强国中，只有中国带着全新的“世界和谐”理念登上世界政治舞台，这是对当今世界最佳、也是最有用的贡献！

中国文化是世界上最古老的文化之一，而且是在发展历程中从未出现过断层的文化。如何理解中国文化的精髓？如何解读中国故事？ 如何把中国文学作品讲述的故事，其中的文化底蕴用本语种读者能够读得懂的语言表达出来呢？

文化已成为翻译中不可或缺的话题，不同民族之间的交际困难，除了语言障碍之外，深层的原因则是不同民族的文化差异。语言差异是文化差异的投影，它反映出不同民族的深层文化底蕴。因此，一个优秀的翻译家不仅能跨越语言障碍，而且能逾越文化鸿沟。从这个意义上讲，语言的翻译也就是文化的翻译。

——其米德策耶（蒙古国）

和中国有缘

其米德策耶（蒙古国）

其米德策耶，蒙古国翻译家、蒙古国立大学教授，致力于汉语教学和蒙汉翻译工作，译著有《论语》《孙子兵法》等。编写的《汉蒙蒙汉词典》获广泛好评。

我和中国有缘，与中国结缘已经30多年了。30多年来，我的工作一直和中国有关，一直从事汉学研究、文学翻译和蒙中友好工作。我经常思考的是如何传播和宣传中国文学和传统的文化。

文化是人类社会的精神财富和物质财富的综合。中国文化是世界上最古老的文化之一，而且是在发展历程中从未出现过断层的文化。文化包含着一个民族的价值观念、思维方式、生活样式和信仰习惯等，跟一个国家的历史和传统密切相关。文化是知识的总合，是人们用于理解和叙述事物的模式。文化就是历史的载体，文化是人类社会的一种复杂的现象。根据英国历史学家汤因比（Arnold Joseph Toynbee）的研究，近六千年以来，世界上出现过26个人类文明形态，其中只有中国文明是唯一长期连续发展而未中断的文明。

“一花独放不是春，百花齐放春满园”，中国国家主席习近平曾强调，“如果世界上只有一种花朵，就算这种花朵再美，那也是单调的。无论是中华文明，还是世界上存在的其他文明，都是人类文明创造的成果”。

那么，如何理解中国文化的精髓？如何解读中国故事？如何把中国文学作品讲述的故事及其中的文化底蕴用本语种读者能够读得懂的语言表达出来呢？

文化已成为翻译中不可或缺的话题，不同民族之间的交际困难，除了语言障碍之外，深层的原因则是不同民族的文化差异。语言差异是文化差异的投影，它反映出不同民族的深层文化底蕴。因此，一个优秀的翻译家不仅能跨越语言障碍，而且能逾越文化鸿沟。从这个意义上讲，语言的翻译也就是文化的翻译。

与中国结缘的 30 多年来，我一直都没有离开过汉语，没有离开过中国文化，同时在工作期间我还加入了“蒙古中国友好协会”，从一名普通会员，到协会秘书长，我积极为促进两国人民的友谊作自己力所能及的工作。可以说，我是蒙中两国各个领域交流、发展过程中最有力的见证人和参与者之一。我在蒙古国以《中文典籍丛书》的形式翻译出版了《论语》《大学》《中庸》《孙子兵法》等中华传世经典的蒙文译本。

虽然翻译中文经典是介绍中华文化和哲学思想很重要的一方面，但是仅仅依靠对经典的翻译还是不够的，因为经典典籍距离人们的日常生活比较远，理解起来有些困难。于是为了让广大蒙古国人民进一步了解中国的文化和思想，我从一位汉学家的角度，用蒙古语编写了一本专著——《我们知道的又不知道的中国：思维和文化》。此书自从出版发行以来，受到了广泛的好评。

2012 年翻译出版了中国少年儿童新闻出版总社的《遥远的白塔》和《最后落下的一片叶子》等“风铃文学阅读书系”。

2014 年，我又翻译出版了《中国现当代女作家优秀短篇小说精选》，

其米德策耶在第四次汉学家文学翻译国际研讨会现场留影

其中包括中国著名作家冰心、张洁和铁凝的优秀短篇小说。最为荣幸的是中国著名作家、中国作家协会主席铁凝女士为我的这本书作了一个序。

中国女作家群体始终是中国文学界活跃并且耀眼的存在。我翻译的与世纪同龄的冰心先生的《远来的和尚》，是冰心先生二十世纪八十年代的小说。该作品通过对两位老一辈中国知识分子不同追求、不同命运、不同境遇的精简描写，折射出现实社会某种媚外之病态。

张洁是最重要的中国当代作家之一，她对人性、苦难、爱、背叛、纯真、庸俗的刻骨描绘，对现实、历史、革命、民族、文化的开阔、雄厚的视野，冷峻、独到的见地，她的勇气、笔力，毫无疑问地将她送入文坛大家之列。我所翻译的《最后的高度》较之她的长篇小说，也许语境相对平和，但对衰老、死亡，对人性、人情的参悟弥漫于字里行间。

出生于二十世纪五十年代的中国著名作家铁凝，是一名现实主义作家，她希望自己的文学是从人出发的文学，渴望自己的作品最终有能力表达人类的心灵能够共同感受到的情感和光亮。铁凝曾写道，文学的真谛恰是为着不同文明、文化间人心的理解与沟通。目前中蒙两国间的文学作品互译尚在发展中，已经开始的美好事业，靠的是双方有心人的热情和耐力，我们有理由祝福并期待。我最为荣幸的是用蒙文翻译出版了铁凝作家的著作《哦，香雪》《六月的话题》《火锅子》等优秀短篇小说。

现在，我还担任着《蒙古国汉学研究》和《翻译学》学术期刊主编。

中国文学是世界文学的重要组成部分，是人类文明的瑰宝之一。曾经有人说过，如果你想了解一个民族，最好的办法就是去读它的文学。要成为一个优秀的翻译者，确实是很难的。大家都知道，西方人的思维方式和东方人的大相径庭。无论东方和西方，还是不同民族之间的思维方式都不一样。这种思维方式和文化差异在文学作品中表现得尤为突出。据我的理解，目前越来越多的读者希望读到原汁原味的外国文学作品，希望从中了解包括外国语言、文化在内的原作中蕴含的方方面面。所以译作应当尽量保留原作的语言特色、文化底蕴等。

翻译不仅是一门独立的科学，而且是一种不同语言间转换的艺术，更是一种文化的交流活动。从文化研究角度来讲，翻译是译者将原语文化信息转换成译语文化信息，因此，在语言翻译中必须考虑如何处理原语文化与译语文化的差异。正如中国著名学者王佐良先生指出的那样，“翻译里最困难的是什么？就是两种文化的不同。在一种文化里有一种不言而喻的东西，在另一种文化里却要费很大力气加以解释。”

我为什么选择翻译《论语》等中华传世名著经典呢？

孔子是伟大的思想家、教育家，儒家学派的创始人。孔子思想及他所代表的儒学是中华文化的核心，是中华民族精神的重要组成部分，在世界文化史上占有重要的地位。

孔子把一生献给恢复传统的文化，传播知识、学问，教育弟子，教导

其米德策耶与作家莫言合影

做人的道理，整理文化典籍等事业。他又带着几名得意门生在七个诸侯国流亡了14年。晚年的孔子整理了中国文化典籍，提倡仁爱德治，注重礼仪，宣传“中庸之道”和伦理道德，提出了完整的、系统的思想体系，创建了儒家思想。

他的思想和智慧集中在他的弟子编辑的《论语》一书中。“仁”可以说是儒家思想的核心。在著作《论语》中孔子和他的弟子提到“仁”的地方很多。“仁”是爱人，是孔子最高的价值追求。对于“仁”，孔子作过多种解释，从不同的角度说明仁的涵义，其中包括做人的全部道理。他提出了“仁者爱人”的主张，要求统治者爱一切人。他强调用“仁”正确处理自己和别人之间的关系，要考虑到别人的利益。他讲过，“虽有周亲，不如仁人”。儒学仁爱思想具有人道主义性质。所以很多学者都认为，孔子是提倡人道主义的先驱者。

孔子第一次对“仁”作了系统的解释，并赋予深刻的含义，由此成为“仁学”。“仁学”的核心内容是“爱人”，怎么才能做到“爱人”呢？据学者们的研究，孔子讲了两条原则：一条是“夫仁者，己欲立而立人，己欲达而达人”；另一条是“己所不欲，勿施于人”。孔子的学生把这两条原则概括为“忠恕之道”，在《论语》中，孔子的学生曾子讲过“夫子之道，忠恕而已矣”。

“己欲立而立人，己欲达而达人”是“忠道”，就是忠诚地对待别人，自己想在社会上立足、发展、通达，也要帮助和希望别人和你一样发展、通达。

“己所不欲，勿施于人”是“恕道”，就是自己不愿做和不愿接受的东西，也不要强加于别人去做，去接受。孔子的“忠恕之道”是今天创造和谐社会、和谐世界的根本原则。

孔子道：“质胜文则野，文胜质则史。文质彬彬，然后君子。”也就是说，质朴超过了文采，就显得粗鄙，文采超过了质朴，就显得虚浮，只有文采与质朴和谐地配合在一起，这才成为君子。孔子认为，在解决问题时，要防止思想方法上的片面性，别走两个极端，寻找一个“中点”。解决问题时，不要超过这个中点，也不要达不到这个中点。找到中点解决问题时就能恰到好处，使矛盾双方和谐地统一起来。这是孔子的思想方法，也是儒家的思想方法，即“中庸之道”。他认为，政局的稳定和社会的安宁以及人际关系的和谐都离不开“中庸之道”。中和、和谐、协调、平衡是世界发展的客观规律，天地万物只有处于和谐状态，才能生长和发展。如果失去平衡，就会产生严重后果。

围绕中和观，儒学还提出了一个重要命题，即“和而不同”。孔子讲“君子和而不同，小人同而不和”。和为贵、中庸、中和、过犹不及、和而不同，都是儒学之大本，是中华民族最高的生存智慧。自然界和人类社会是丰富多彩的。自然界的日月山河、飞禽走兽、草木虫鱼，品种不同，形态各异。人类社会的不同民族、不同制度、不同宗教、不同文化，色彩斑斓，和而不同。孔子认为，对待这种不同，应该采取积极的宽容的态度。君子豁达大度，海纳百川，小人则要求别人按照自己的模式做人做事，儒学的这种思想具有重要的现实意义，就是说用一种制度、一种文化、一种宗教来统一世界，是不可能的。

从这一切，我们可以看到，孔子思想和儒学文明怀有深切的人文主义，怀有一个和谐社会的理想。

总的来说，《论语》告诉我们做人之道，处世之道。孔子的做人做事智慧，已经成为世人可循的经验，他的智慧结晶《论语》历经两千多年传承，影响至今。

翻译《论语》，我经历了很多困难，经过 6—7 年的努力，蒙语版《论语》终于在 2004 年问世，并立即引起各方高度关注。有关专家和媒体都称《论语》不仅蕴含着深奥的哲学思想，还有极高的文学价值。我因此也于 2005 年获得了蒙古全国翻译作品最高奖——“金羽毛奖”。

“要让蒙古人能读懂，首先自己要读懂。”我翻译《孙子兵法》的过程并不是一帆风顺，对深奥的汉语古文也曾一筹莫展。为了理解原文，查阅了大量的资料，参考了上海古籍出版社、三晋出版社（原山西古籍出版社）、吉林文史出版社等 12 家中国出版社的中文和英汉对照《孙子兵法》，许多中国学者出版的《孙子兵法》注释给了我莫大帮助。我为此研究了 3 年，翻译了 2 年，终于完成了这部译作。

蒙语译文版《孙子兵法》出版问世后便成为当今蒙古国畅销书之一，目前已第四次再版，并被蒙古国图书馆、国防大学收藏，作为蒙古国立大学、人文大学等高校的必修作品。有许多蒙古学者、读者都认为中国的传统文化是巨大的财富，渴望从中汲取营养，可见蒙古国人开始对孙子这位哲人有了更深的了解，对中国文化有了更深的看法。

《孙子兵法》是世界哲学思想的瑰宝，蒙古国人不仅应该了解它，而且应该运用它。孙子军事理论在今天的商业竞争中仍能发挥很大作用。蒙古经济研究院的学者以我的翻译本为基础，出版了一本《商务孙子》，成为蒙古人经商的经典书籍。

《孙子兵法》蒙文译本的问世，为在蒙古国开展中国古代哲学、兵学研究提供了宝贵的资料，在蒙古国汉学界引起较大反响，促进了蒙古国汉学研究的发展。传播和普及《孙子兵法》等中国经典文化，是加深拓宽蒙中两国的文化交流，增进彼此了解、消除隔阂是最根本、最有效的办法，对汉语推广也有很大的促进作用。蒙古社会各界都对中国文化保持着浓厚的兴趣，通过文化的交流更有利于两国的友好交往，而中国传统文化对蒙古的发展及教育益处很多。在蒙古，中国传统文化的研究是个很重要的课题。

孔子和孙子是同时代的圣人，一位是文圣人，一位是武圣人。中国文武两圣人被全球普遍接受，其儒家思想和兵学智慧被广泛应用，让蒙古人民全面了解中华文化的“文武”两大精髓，相辅相成，相得益彰。

我觉得“汉学”一词，原本指海外学者对有关中国的各种学问的研究。从这个意义上讲，海外的《孙子兵法》研究本来就是汉学研究的一个重要组成部分，不仅有力地促进了汉学研究的发展和普及，扩大了汉学研究的影响，而且必然与汉学研究的其他领域互相借鉴，互相促进。

中国五千年博大精深的文化有着巨大的魅力，《孙子兵法》通篇贯穿着“非战、和平”的崇高理念，追求和平、谋求发展是孙子的核心思想。孙子说“百战百胜，非善之善者也，不战而屈人之兵，善之善者也。”孙子的这一思想，用现代语言来表达，就是取得世界和平，不仅要求要重视赢得战争的胜利，而且必须十分注重遏止战争的爆发，如果战争不可避免，也要把战争带来的灾难降到最低程度。

孙子给我们的启迪是极为深刻的。孙子极力倡导“不战而屈人之兵”，充分体现了一种和平主义思想，对当今世界仍有指导意义。正如军事专家所说，孙子的和平主义思想超越了两千五百多年的历史，具有超越时代、超越国界的永恒价值和普世价值。

和平与发展是密不可分的，没有和平就没有发展。经过30多年的改革开放，中国经济得到飞速发展。中国坚持走和平发展道路，奉行互利共赢

其米德策耶与刘延东副总理合影

的开放战略。中国倡导建设持久和平、共同繁荣的和谐世界，更是博得世界一切爱好和平人们的赞赏。中国的发展有利于世界和平，一方面，中国作为发展中国家的代表，在国际舞台上的地位不断提升，另一方面，中国经济发展对世界和平的贡献也越来越大。中国的“睦邻、富邻、安邻”的周边外交政策对世界和平与发展有积极意义，对包括蒙古国在内的周边国家的发展有利，带动了蒙古国的经济发展。

2015 年，我获得了“第九届中华图书特殊贡献奖”。这是中国政府为表彰在介绍、翻译和出版中国图书、促进中外文化交流等方面作出突出贡献的出版家、翻译家和作家而设立的国家级奖项。对我来说，这个奖励不仅是一个很大的鼓励，更是一股强大的动力。我以后要再接再厉。

我觉得孔子属于中国，孔子也属于全世界，《论语》属于中国，《论语》也属于全人类。正如伟大的思想家孔子教导的那样，“逝者如斯夫，不舍昼夜”，岁月漫长，但是他整理的文化典籍流传至今，他讲过的那些思想不因岁月的流逝而失去光辉，相反，千百年来一直增添光彩，以新的内容与智慧丰富人类文化与思想。

蒙中两国是友好睦邻，两国人民的友谊源远流长。中国梦的实现，与世界各国，特别是邻国人民实现梦想息息相关。中国的发展，将给世界其他国家，特别是邻国的发展带来重要机遇。俗话说亲望亲好、邻望邻好。这里面不仅包括了朴素真挚的友好感情，更体现了邻里相互支持、相互扶助，共创美好生活的共同愿望。

10年前，在中国国家汉办和中国驻蒙古国大使馆的大力支持下，蒙古国立大学与中国山东大学共同创办了蒙古国第一所孔子学院。我作为蒙方院长来到孔院工作，也已经10年了。10年来，蒙古孔子学院从无到有，从小到大，在各个方面的大力支持和努力下，在教学、研究和文化交流等方面取得了喜人的成绩，已经成为蒙中两国人民之间的一座语言之桥、文化之桥、友谊之桥。

如果说，蒙古国立大学孔子学院是一株扎根蒙古高原茁壮成长的小树，那么蒙中两国人民的友谊就是它成长的沃土和阳光雨露。如果说，实现蒙中友好关系的更大发展，最重要的基础是加强两国和两国人民之间的相互了解，增进相互之间的好感和友谊，培养一代又一代致力于蒙中友好的人士，那么孔子学院所肩负的正是这一光荣使命。

蒙古孔院是一所典型的综合型学院，工作涵盖汉语教学、文化推广、师资培训、本土教材研发、汉学研究、学术调查、讲座和会议、HSK考试、孔子学院奖学金推介、夏令营、冬令营、访华团等各个方面。

对于汉语教学，蒙古孔院坚持非学历培训与学历教育并举的汉语教学发展思路，已累计培养非学历学员5000多人次，为中文系本科生开设学分课程，开设课程包括汉语综合（初、中、高）、汉语翻译进修、HSK考前培训班、汉语教师进修等。

目前，蒙古孔院直辖开设 4 家孔子课堂，专家教师和志愿者达到了 30 多名。蒙古孔院在蒙古国深耕 10 年，已经成为蒙古国学习汉语的坚实平台和桥梁，在蒙古国有很大的影响力。

自成立以来，每年举办“汉语奥赛”、“汉语桥”比赛、征文比赛、朗诵比赛、中文歌曲比赛、舞蹈比赛等。孔子学院教学效果良好，已经赢得了“学汉语，到孔院”的良好口碑。目前，孔院每年举办“蒙中语言文化国际论坛”，2010 年成立了“蒙古国汉学家俱乐部”，2014 年出版了《蒙古国汉学研究》试刊号，2015 年正式出版了《蒙古国汉学研究》学术期刊创刊号。孔子学院不仅是语言教学的重要平台，也是深化中外人文交流、促进多元文明交流互鉴的载体。

其米德策耶在“一带一路”国家《论语》译介工程启动仪式活动现场

蒙古孔院分别于2010年和2012年先后获得两次“全球先进孔子学院”，我个人作为外方院长于2011年和2016年获得了两次“全球孔子学院先进个人”奖。

2017年3月初，我应中国孔子基金会的邀请，专程到山东青岛参加了中国孔子基金会与青岛出版集团联合启动的“一带一路”国家《论语》译介工程的启动仪式，并在现场用蒙古语朗诵《论语》经典名句，这让我感到非常高兴和激动。

“一带一路”是中国发起的国际合作倡议，自提出以来，进度和成果超出预期，擘画出最美的图画。“一路一带”构想就是以中国自身崛起为带动力，推动欧亚大陆包括非洲地区的发展与繁荣，创新21世纪地区合作的模式。“一路一带”倡议得到全球100多个国家和国际组织的积极响应和支持，已成为中国推动构建人类命运共同体的重要路径和伟大实践，显示出旺盛的生命力和光明的发展前景。

中国国家主席习近平曾强调，“人类只有一个地球，各国共处一个世界”。迈向命运共同体，必须坚持合作共赢、共同发展。只有合作共赢才能办大事、办好事、办长久之事。“一带一路”建设秉持的是共商、共建、共享原则，不是封闭的，而是开放包容的；不是中国一家的独奏，而是沿线国家的合唱。“一带一路”建设不是空洞的口号，而是看得见、摸得着的实际举措，将给地区国家带来实实在在的利益。

孔子道，“己欲立而立人，己欲达而达人”，是中华传统美德，就是自己想立得住，也要使别人能立得住，自己想行得通，也要使别人能行得通。来自《论语》的这一智慧，在中国首倡的“一带一路”宏大的战略构想中得到充分的体现。今天回顾自己的汉语生涯时，我心里在想此生我是离不开汉语，更离开中国文化和中国文学了。但是，如果说蒙古国的汉学研究和中国文学翻译浩如烟海，那么，我所完成的工作不过是沧海一粟。我们要继续努力、努力。

精彩翻译赏析

学而第一

一

子曰："学而时习之，不亦说乎？有朋自远方来，不亦乐乎？人不知而不愠，不亦君子乎？"

СУРАХУЙ ХЭМЭЭХҮЙН НЭГДҮГЭЭР БӨЛӨГ

Нэг

Күнз өгүүлрүүн: Эрдмийг сурсаны хойно эрхбиш үргэлжид давтан сурваас цэнгэл бус уу? Эрхэм шавь эрдэм сураар алсаас ирэхүй баясал бус уу? Бусад хүмүүн өөрийн биеийг мэдэхгүйеэ бухимдан эс хорсох аваас эрдэмт сайд бус уу?

尧曰第二十

一

尧曰："咨！尔舜！天之历数在尔躬，允执其中。四海困穷，天禄永终。"舜亦以命禹。曰："予小子履，敢用玄牡，敢昭告于皇皇后帝：有罪不敢赦。帝臣不蔽，简在帝心。朕躬有罪，无以万方；万方有罪，罪在朕躬。"周有大赉，善人是富。"虽有周亲，不如仁人。百姓有过，在予壹人。"谨权量，审法度，修废官，四方之政行焉。兴灭国，继绝世，举逸民，天下之民归心焉。所重：民、食、丧、祭。宽则得众，信则民任焉，敏则有功，公则说。

ЯО ӨГҮҮЛРҮҮН ХЭМЭЭХҮЙН ХОРЬДУГААР БӨЛӨГ

Нэг

Яо өгүүлрүүн: Ай! Шүн! Дээд тэнгэрийн цаглахуй чамд оногдов, чин үнэнч чигч шударгуу явагтун! Дөрвөн зүг гаслан зовлонд учирваас эрхт тэнгэрийн хишиг эгнэгт эцэс болох буюу.

Шүн хаан хожим Юйд мөнхүү ийн зарлиг болгосон ажгуу.

Өгүүлрүүн: Юй Шяо Зы Лү би хар тугалаар хан тэнгэрийг тахив, асвар дээд тэнгэрт аюумшиггүйгээр өчив: Ялт хүмүүн байваас хэлтрүүлж эс зүрхэлнэм. Хааны сайдыг хаацайлж эс

нуунам, хан тэнгэр болгоогтун, Төрсөн биед минь ял буй аваас түмэн олонд эс нялзаанам, түмэн олонд ял буй аваас тэрхүү ялыг би ганцаар үүрнэм.

Жоу улс ханлиг ноёдыг ихээр хөхиүлж, сайн хүмүүн элбэг баян эрхэм дээд болов. “Ойрын садангаас өршөөлт хүмүүн дээр, эгэл олонд гэм буй аваас энэ биеэр үүрьюү”.

Жинлүүрийн туухайг тэнцүүлж, журам цаазыг цэгцлэн, хаягдсан түшмэлийг өргөх аваас дөрвөн зүгт засгийн хэрэг бүтэх буюу, мөхсөн улсыг мандуулан, тасарсан угсааг залгамжлан, мартагдсан мэргэдийг өргөх аваас тэнгэрийн дор олны сэтгэлд таацах буюу. Хүндэлбээс зохилтой нь: ард олон, амуу будаа, бэлэвсрэл гашуудал, тахилга тайлга буюу. Өгөөмөр байваас өргөн олон хүрээлж, итгэлтэй байваас иргэд дагаж, хичээнгүй аваас үр шим гарч, хэм тэгш аваас хөхин баясах буюу.

铁凝

火锅子

他和她站在窗前看雪，手拉着手。雪已经下了一个早晨，院子里那棵小石榴树好像穿起了白毛衣，看上去挺暖和的。

这棵小石榴树也就一人多高。别看树不大，可不少结果，一个秋天就结了四十多个石榴，压得树枝朝地上深深地弯着腰。那时候天还不冷，她拉着他走到石榴树跟前，有点赞叹、有点感慨地说：看把她给累的！仿佛石榴树是他们家的一名产妇。

他说，我就没觉得一棵树会累。

她说，我说她累她就累。

他笑了，看着她说：你呀。

今天，她站在窗前告诉他，雪中的石榴树穿着白毛衣挺暖和。

他说：我怎么没觉得。

她说，我就这么觉得。

他故意抬杠似的说：身上穿着雪怎么会暖和呢？

她急得摇了一下他的手说，我说暖和就暖和。

他告饶似的说，好好好，你说暖和就暖和。

她乐了，就知道他得这么说。又因为知道他会这么说，她心里挺暖和。

ТИЭ НИН

ХАЛУУН ТОГОО

Тэр хоёр гар гараасаа хөтлөлцөн, цонхны дэргэд цас харан зогсоно. Цас аль өглөөнөөс лавсан орж, хашаанд агч анарын бяцхан мод цасанд нэвсийтэл дарагдан, цав цагаан ноосон хүрэм нөмөрчихөө юу гэлтэй, халуу дүүгэн байх мэт харагдах ажгуу.

Анарын бяцхан мод босоо хүний дайтай, тэгэвч бага жаахан гэж басахын аргагүй, үр шим нь дориун их аж. Намар болохуйд дөч гаруй анар жимс урган боловсорч, модны иш мөчир жимсэндээ дарагдан, газар руу ихэд доошоо нумран нугардаг бөлгөө. Тэр үед тэнгэр хүйтрэх хараахан болоогүй, эмэгтэй нь эрэгтэйгийнхээ гараас хөтлөн, анарын модны дэргэд очин, сэтгэл дүүрэн бахдасхийн, бас шүүрс алдан уярасхийн “Энэ мод их зүдэж байна даа” хэмээн өгүүлэх нь тэрхүү анарын бяцхан мод энэ айлын нэгэн тулгар биетэй бүсгүй мэт ажаам.

Эрэгтэй нь өгүүлрүүн: Мод ядангирч зүддэг гэж би ер бодож байсангүй.

Эмэгтэй нь өгүүлрүүн: Түүнийг зүдэрч байна гэж би хэлсэн болохоор тэр зүдэрч байгаа.

Эрэгтэй нь инээмсэглэн түүн рүү харж: Чи! хэмээнэ.

Өнөөдөр цонхны дэргэд зогсож байхдаа эмэгтэй нь эрэгтэйдээ хандан, “Анарын мод цасан дунд цав цагаан ноосон хүрэм нөмрөөд их дулаахан байгаа даа.” хэмээв.

Эрэгтэй нь өгүүлрүүн: Надад яагаад тэгж бодогддоггүй билээ?

Эмэгтэй нь өгүүлрүүн: Би л тэгж бодож байна.

“Цас нөмрөөд яаж дулаацдаг байна даа” хэмээн эрэгтэй нь зөрөх аястай өгүүлэв.

Эмэгтэй нь бачимдан, эрэгтэйгийн гараас угзрасхийн, “Дулаахан гэж хэлсэн л бол дулаахан” хэмээв.

Эрэгтэй нь “За, за, чи тэгж хэлсэн бол дулаахан” хэмээн гэмшингүй дуугарав.

Эмэгтэй нь баясав. Түүнийг чингэж хэлнэ гэдгийг эмэгтэй нь мэдэж байлаа. Лав чингэж хэлнэ гэдгийг мэдэж байсан болохоор сэтгэлд нь тун таатай байв.

《孙子兵法》始计第一

孙子曰：兵者，国之大事，死生之地，存亡之道，不可不察也。

故经之以五事，校之以计，而索其情：一曰道，二曰天，三曰地，四曰将，五曰法。道者，令民与上同意也，故可以与之死，可以与之生，而不危也。天者，阴阳、寒暑、时制也。地者，远近、险易、广狭、死生也。将者，智、信、仁、勇、严也。法者，曲制、官道、主用也。凡此五者，将莫不闻，知之者胜，不知之者不胜。故校之以计，而索其情。曰：主孰有道？将孰有能？天地孰得？法令孰行？兵众孰强？士卒孰练？赏罚孰明？

吾以此知胜负矣。将听吾计，用之必胜，留之；将不听吾计，用之必败，去之。计利以听，乃为之势，以佐其外。势者，因利而制权也。兵者，诡道也。故能而示之不能，用而示之不用，近而示之远，远而示之近。利而诱之，乱而取之，实而备之，强而避之，怒而挠之，卑而骄之，佚而劳之，亲而离之。攻其无备，出其不意。此兵家之胜，不可先传也。夫未战而庙算胜者，得算多也；未战而庙算不胜者，得算少也。多算胜，少算不胜，而况于无算乎！吾以此观之，胜负见矣。

АРГА УХААНААР ЭХЛЭХҮЙ ХЭМЭЭХҮЙН НЭГДҮГЭЭР БӨЛӨГ

Сүнз өгүүлрүүн: Дайн тулаан болбоос даяар улсын их хэрэг буюу. Олон хүмүүний үхэхүй, сэхэхүй, улс гэрийн оршихуй, мөхөхүй нь дайн лугаа холбоо бүхүйн учир машид хичээнгүйлэн магадлан эс шинжвээс үл болъюу.

Тиймийн учир өөрийн хийгээд өстөн дайсныг таван талаас нь тандан харьцуулж, ялахуй, ялагдахуйн хэргийг шинжвээс зохилтой нь юу буй хэмээвээс: нэгд, улс төр, хоёрт, тэнгэрийн утга, гуравт, газрын байц, дөрөвт, жанжин сайд, тавд, эш цааз, эдгээр бөлгөө. Улс төр хэмээхүй нь хамаг олон хийгээд хаан эзэн санаа зориг сац нэг байхуйг хэлмой. Тийм ахул дайн тулаанд эгэл хүмүүн эзэн хаан лугаа үхэвч сэхэвч үргэлж хамт байж, эс аюун сүрдэх бөлгөө. Тэнгэрийн утга хэмээхүй нь одор шөнө, гэгээн харанхуй, халуун хүйтэн хийгээд дөрвөн цагийн хувирлыг хэлмой. Газрын байц хэмээхүй нь газар нутгийн хол ойр, өндөр нам, бартаа саад, өргөн хавчиг хийгээд довтлохуй хориглохуй, дайрахуй ухрахуйд зохистойг хэлмой. Жанжин сайд хэмээхүй нь баатар жанжны билиг ухаан, шагнан хөхиүлэхүй, шийтгэн гэсгээхүйн итгэл зориг, эгэл цэргийг энэрэхүй сэтгэл, эрс чанга хат цөс, чанд хатуу сахилга журам сэлтийг хэлмой. Эш цааз хэмээхүй нь их цэргийн эмх цэгц, сайд түшмэдийн эрх хэргэм, их цэргийн эдлэл хэрэглэл, эд агуурс сэлтийг хэлмой.

Эл таван зүйлийг жанжин сайд эс мэдвээс үл болмуй, мэдсэн нь ялмуй, эс мэдсэн нь ялагдмуй. Тиймийн учир дайнд ялахуй хийгээд ялагдахуйн явдал учрыг долоон талаас нь харьцуулан шинжвээс зохилтой нь юу буй хэмээвээс:

Өгүүлрүүн: Аль улсын эзэн хааны ухаан бодлого илүү мэргэн буй? Аль этгээдийн жанжин сайд чадвар төгс буй? Тэнгэрийн утга, газрын байц аль этгээдэд тустай буй? Аль этгээдийн зарлиг эш заавал биелэх нигуууртай буй? Аль этгээдийн цэрэг илүү хүчирхэг буй? Аль этгээд цэргийг илүү сургасан буй? Аль этгээд шагнахуй, шийтгэхүйд чанд мэргэн буй?

Эдгээрийг нягтлан шинжвээс их тулаанд ялахуй хийгээд ялагдахуйг илтэд бибээр тогтоож чадмой.

Хэрэвзээ миний арга ухааныг хичээн дагаж дайтваас ялах нь дамжиггүй, тиймээс би үлдмүй, хэрэвзээ миний арга ухааныг хичээн эс дагаваас ялагдах нь дамжиггүй, тиймээс би холдмуй.

Ашиг тустай арга ухааныг хэрэглэн, тулаанд ялахуйн ахуй байдлыг үүтгэн, түүнийг ялахуй дор тус дэм болгоюу. Ахуй байдал хэмээхүй болбоос дайлахуйд тус бүхүй хувирлыг дагалдан, даруй үтэр хөдлөхүйг хэлмой.

Цэрэглэн дайлахуй болбоос ов мэх хэрэглэхүйн арга ухаан бөлгөө. Тиймийн учир дийлж чадах аваас дийлж эс чадах мэт байгтун, мөхөөюү хэмээвээс мөхөөх санаа үгүй мэт байгтун, ойр байх аваас хол мэт, хол байх аваас ойр мэт байгтун, өстөн дайсан шунахай аваас өчүүхэн ашигаар татагтун, самуунтай аваас тохиолыг ашиглагтун, өстөн хүчтэй аваас өмнөөс нь шивээлэн хаагтун, хүчирхэг их ахул холдон зайлагтун, уур хилэн их ахул улам өдөөн хилэгнүүлэгтүн, өөр бусдыг доорд хэмээн басамжлах аваас, улам хөөргөн дэвэргэгтүн, амарч тухалваас өдөж зүдрээгтүн, халуун зуураа эе найртай ахул хатгаж бутаргагтун, шивээлж хороолоогүй үед довтлогтун, сэрэмж болгоомж үгүй үед хөдлөгтүн.

Эдгээр болбоос цэргийн жанжин их тулаанд ялахуйн чанад нууц агаад урьдаас тогтоож үл болох буюу.

Дайлахуйн өмнө сүмд морилон, дайсныг мөхөөж чадмой хэмээн шинжих аваас тулаанд ялахуй төгс бүрэлдэх бөлгөө. Дайлахуйн өмнө сүмд морилон, дайсныг мөхөөж эс чадмой хэмээн шинжих аваас тулаанд ялахуй төгс бүрэлдээгүй хэрэг буюу. Сайтар шинжиж, нөхцөл бүрэлдсэн аваас ялмуй, сайтар эс шинжиж, нөхцөл эс бүрэлдсэн аваас ялагдмуй, сайтар эс шинжвээс нөхцөл яахин бүрднэм зэ? Бид эдгээрийг эш үндэс болгон шинжвээс ялахуй, ялагдахуйн зааг ялгаран тодрох буюу.

《大学》“经文”章

大学之道，在明明德，在亲民，在止于至善。知止而后有定，定而后能静，静而后能安，安而后能虑，虑而后能得。物有本末，事有终始，知所先后，则近道矣。

古之欲明明德于天下者，先治其国；欲治其国者，先齐其家；欲齐其家者，先修其身；欲修其身者，先正其心；欲正其心者，先诚其意；欲诚其意者，先致其知；致知在格物。物格而后知至，知至而后意诚，意诚而后心正，心正而后身修，身修而后家齐，家齐而后国治，国治而后天下平。

自天子以至于庶人，壹是皆以修身为本。其本乱而末治者否矣。其所厚者薄，而其所薄者厚，未之有也。

"СУДАР БИЧИГ" ХЭМЭЭХ БӨЛӨГ

Их сургахуй ёсон болбоос гэгээн суртахуйг гийгүүлэхүй, түмэн иргэнийг шинэтгэхүй, төгөлдөр дээдийн хязгаарт хүрэхүй эдгээр болой. Хүрсүгэй хэмээсэн дээд хязгаарыг мэдсэний хойно хүсэл зориг саяа тогтнож чадмуй, хүсэл зориг тогтносоны хойно хүмүүний сэтгэл төвшин болмуй, сэтгэл төвшин болсоны хойно санаа амгалант болмуй, санаа амгалант болсоны хойно сайтар тунгаан шинжиж чадмуй, тийнхүү тунгаан шинжсэнээр төгөлдөр дээдийн хязгаарт хүрмой.

Түмэн бодос дор эх язгуур буй, эцэс адаг буй, тэнгэрийн доор хэрэг үйл дор эхлэл буй, төгсгөл буй, алив хэрэг үйлийг уг язгуураас нь үүдэн, эцэс адагт нь хүргэвээс их суртахуй ёсонд илт ойртон нийцэх бөлгөө.

Эрт цагт тэнгэрийн доор гэгээн суртахуйг гийгүүлсүгэй хэмээн хүсэхүй хүмүүн эхлээд улсаа засмуй, улсаа зассугай хэмээгсэд эхлээд гэрээ төвшитгөмүй, гэрээ төвшитгөсүгэй хэмээгсэд эхлээд биеэ засмуй. Биеэ зассугай хэмээгсэд эхлээд сэтгэлээ тэгшлэмүй, сэтгэлээ тэгшлэсүгэй хэмээгсэд эхлээд бодол санаандаа бат үнэн болмуй, бодол санаандаа бат үнэн болсугай хэмээгсэд эхлээд бүхүй их эрдэм дор шамдмуй. Эрдэмд хүрэхүйн зам болбоос хэрэг бодосын учир ёсыг ухаж тайлахуйд оршмуй.

Түмэн хэрэг бодосын учир ёсыг ухаж тайлсаны хойно эрдэм дор хүрмүй, эрдэм дор хүрвээс бодол санаа бат үнэн болмой, бодол санаа бат үнэн болбоос сэтгэл тэгширмүй, сэтгэл тэгширвээс бие засармой, бие засарваас гэр төвширмүй, гэр төвширвөөс төр засармуй, төр засарваас тэнгэрийн дор түмэн амгалан тогтмуй. Дээд тэнгэрийн хөвгүүнээс доод эгэл иргэн хүртэл биеийг засахуйг булт олны эх үйл болгомуй. Тэрхүү эх үйл туйваж самуурах аваас бие, гэр, төрийг засахуй хэрэг бүтэх нь үгүй буюу. Хүнд зузааныг хөнгөн нимгэнд үзэж, хөнгөн нимгэнийг хүнд зузаанд үзэхүй хэрэг үйл хэзээнээс ер үгүй буюу.

我在青少年时期便已对中国存有浓厚的兴趣。随着学习的深入，我愈加仰慕中国的文化和文明。能够将中国古代巨著及当代学术著作译为英文，我感到无比喜悦。它们之所以广受欢迎，主要不在于我作为译者的技艺，而是在于原著的内在价值，最终，还要归功于伟大的中国文明和文化。

——康达维（美国）

仰慕中国的文化和文明

康达维（美国）

康达维，当代西方最有名的汉学家之一，著名汉赋及六朝文学专家，在中国古代辞赋的译介、研究及学术交流、传播等方面，取得了十分突出的成绩。

我对中国、中国语言和文化的研究已有 57 年了。我对中国产生兴趣纯属偶然——在高中四年级之前几乎没有机会接触中国文化。我 1942 年出生于蒙大拿州，那里以天高云阔和山脉连绵著称。二十世纪四十年代，当我还在蒙大拿州生活的时候，全州仅有 200 位左右的中国人。而我的出生地大瀑布城是当时蒙大拿州最大的城市，拥有 30000 人口。我不记得在那里生活时曾经见过中国人。我与中国“文化”的唯一接触就是品尝到了中式罐头，分别叫作重庆炒面（Chun King Chow Mein）和春公杂碎（Chun Kung Chop Suey）。Chun King 是重庆的美国拼法。Chun King 公司甚至不是中国人开的公司，它由一位意大利裔的美国人创立，速冻披萨也是该公司的知名产品。

我们全家在 1949 年搬到华盛顿州，住在西雅图郊区的一个小镇上。在这里，我和中国文化的唯一联系便是一位校友家里开的中餐馆。青少年时期，我在学术方面的兴趣主要集中在自然科学方面。我的母亲是一名注册护士，她希望我能成为医生。上高中时，我对化学产生了浓厚的兴趣。母亲希望我进入巴尔的摩的约翰·霍普金斯大学（Johns Hopkins University）攻读化学专业，以便日后升入该校的医学院。当我在高中四年级申请大学的时候，霍普金斯是我的首选。

高中四年级时，我修了一门名为“远东”的课程，并因此突然改变了职业方向。这门课介绍了东亚的历史和文化，中国部分占据了主要内容。其中一项作业就是阅读两本书：赛珍珠的《大地》和老舍的《骆驼祥子》英译本。在课程中间，我们还有幸聆听了华盛顿大学卫德明教授（Professor Hellmut Wilhelm，1905—1990）针对这两本书所做的讲座。卫德明教授1905年出生于中国。他的父亲卫礼贤（Richard Wilhelm，1873—1930）是德国在青岛的传教士，后成为最知名的欧洲汉学家之一。卫德明教授1932年获得柏林大学中文博士学位。由于反对纳粹统治，他在1933年前往中国，直到1949年受邀担任华盛顿大学教授。

卫德明教授的讲座令我着迷。不仅因为他对这两本著作进行了解读，更因为它们与其创作时代的关系，令人深受启发；同时，他还展现了非凡的文学鉴赏力。当他介绍《骆驼祥子》的译者大幅更改了小说结尾——将悲剧结局改为圆满结局，以迎合西方读者的审美时，我大为震惊。当时我学了拉丁文和法文这两门外语，已经意识到要去留意译者是如何曲解原著内容的。但我还是十分愤慨：一位译者竟然不止改变了原文的措辞，还如此过分地篡改了结尾！稍后将详细阐述我所秉持的译者必须忠于原著这一观点。

讲座结束之后，卫德明教授与几名学生亲切地围坐在一起，回答大家提出的问题。就在那一刻，我为卫德明教授所掌握的关于中国的第一手知识而深深折服。他是这样一位人士，生于中国、在现代历史的关键时期居住在中国、博览中国历史和文学著作，同时还能俯身与高中生分享他的渊博学识！

在与卫德明教授邂逅不久，我便开始重新思考我在大学的钻研方向。尽管我对中国文化和文明的内涵只有浅显的了解，但我决定必须开始正规学习中国历史、语言和文学。于是，我开始了我的大学生活。我没有在约翰·霍普金斯大学学习化学，而是成为华盛顿大学的中文专业的学生。我相信，我是当时华盛顿大学攻读中文专业的唯一一人。

华盛顿大学的中国语言和文学课程在美国的同类课程中最古老、也最著名。我是一个非常幸运的学生，当时的中国研究课程云集了多位国际知名学者。他们之中几乎没有美国本土人士，都是第二次世界大战期间或之后离开各自祖国的著名学者。

我的第一位华人老师是李方桂教授（Professor Li Fang-kuei，1902-1987）。李教授是最早一批在西方接受正规语言学培训的中国学者之一。1926 年，李教授被芝加哥大学语言学专业录取，攻读硕士学位，师从爱德

华盛顿大学卫德明教授

华·萨皮尔（Edward Sapir）和布龙菲尔德（Leonard Bloomfield）。李教授以破纪录的速度完成了研究生学业——他在 1927 年获得硕士学位、1928 年获得博士学位。他的毕业论文研究的是马托语（Mattole），如今已完全成为美国本土语言。李教授是中央研究院（Academia Sinica）的创始成员之一，这是历史最为悠久的汉学学术机构。

李教授 1949 年受聘于华盛顿大学，讲授基础普通话和中文语言学的研究生课程，直到 1969 年退休。他是一位严师，无法容忍学生未预习便来上课。我还记得，有一次，他将一名学生赶出教室，说如果不能预习好当天的课程，就不要再来上课了。李教授让我认识到了阅读课文时密切注意语言细节的重要性。

另一位我所敬爱的老师是严倚云教授（Professor Isabella Yen，1912–1991）。她 1960 年受聘于华盛顿大学，那一年，我读大学一年级。她在华

严倚云教授手抱祖父严复遗照

盛顿大学任教二十年，直至1980年退休。1912年，严教授出生于北京的一个知识分子家庭。她的祖父是著名学者、翻译家严复先生（Yen Fu），他将达尔文、赫胥黎和穆勒等西方思想家介绍给了中国读者。严教授在家中接受了传统汉学和西方文化两种教育。在准备申请大学时，她已掌握了英文和法文两种语言。1934年，她成为北京大学录取的六名女学生之一，主修教育学，辅修英语。她曾师从包括叶公超和梁实秋在内的几位学者。1937年，严教授经过长途跋涉来到昆明，在西南联大完成了大学学业，并在毕业后留校任教。抗日战争爆发后，她回到北京大学，在西方语言学系和教育学系担任讲师。1947年，她前往美国，辗转来到密歇根大学开始攻读语言学。她最终在康奈尔大学取得了语言学的博士学位，师从著名的美国语言学家查尔斯·霍凯特（Charles Hockett）。严教授的毕业论文是关于《孝经》的文法研究，这也是她最重要的汉学著作。严教授为华盛顿大学的学生进行了语言培训，这也是她为该校中国研究作出的首要贡献。不同于许多语言学家，她并不认为语言学习只是一种语言学运用。她专注于确保学生在掌握语言的同时了解文化。她花了大量时间和学生相处，经常邀请他们到自己家中聚会和聚餐。

一直到大学三年级，我才掌握了足够的知识，能够修读卫德明教授的课程。前文曾提到，他是最早启发我主修中文的人。我修读的第一门课是他主讲的《中国史》，长达一年。第二年我选择了他主讲的《中国文学史》。两门课均采用讲座形式，按照当时的习惯，卫德明教授每周讲课五天。没有课本、没有阅读材料、也没有期中考试，只有一次期末考试和一篇学期论文。学生们可以自由选择——实际上也因此受到鼓励——去阅读他们感兴趣的任何内容。在每次讲座开始前，卫德明教授都会在黑板上写下与当天讲座主题有关的书籍和文章名称，其中包括英文、法文、德文、中文和日文著作。这可是大四的进阶必修课程！

在我看来，可以毫不夸张地说，卫德明教授在同时代的西方汉学家之中具有最为全面的汉学造诣。因此，他的讲座，除了在历史事件和文学方面具有启发和教育意义，还是一部真正的汉学史。卫德明教授能够为标题枯燥、晦涩的书本赋予鲜活的面孔。我们还特别了解到了法国和德国的汉学传统，以及二十世纪中国学者们所做的重要研究，在此基础上确立了我们现代的中国研究范围。

1964 年我获得了中文的学士学位，同年秋天我前往哈佛大学进行中国文学的研究生学习，师从海陶玮（James Robert Hightower，1915—2007）。我用一年时间获得了文学硕士学位，之后返回华盛顿大学继续跟随卫德明教授学习，并在他的指导下于 1968 年取得博士学位。在耶鲁大学执教三年、在威斯康星大学麦迪逊分校执教一年后，我回到西雅图，接替 1971 年退休的卫德明教授。我 1972 年接手这一职位，直到 2013 年退休。如果我没有在高中遇到卫德明教授，很可能不会从事中文研究工作。我确信我的职业生涯将会迥然不同。

在修读卫德明教授的课程时，我发现汉学的确是一门学问。卫德明教授经常将汉学称作“我们的科学”。当然，他所用的“科学”一词是与德语 Wissenschaft 相对应的英文含义。卫德明教授将汉学视为欧洲语文学传统的分支。他所青睐的另一个汉学定义是“中文语言文字学”。卫德明教授并非将文字学狭义理解为语言和文本研究。实际上，对他而言，文字学包括研究文学、历史、宗教和哲学资料，从而探寻中国思想和文学史大大小小的主题，并将这些主题与近代、甚至现代中国人的思维模式和心智的复杂运作方式联系在一起。

卫德明教授晚年时期将主要兴趣转向了中国古典文学。卫德明教授对中国文学的研究范围十分广泛：汉赋和乐府、六朝文学评论、唐宋词、宋诗、唐赋、元曲和清代小说。卫德明教授在中国文学研究方面的最特别之处在于，他授课和写作时不会选取内容浅显或众所周知的作品和文学人物。在他以往的中国文学讲座中，往往详细讲述传统文学史中着墨不多的作者。但这并不意味着他会忽视文学大家。他关于李白和杜甫的讲座令人颇受启发，而且，他会将其与席勒和歌德这两位他非常熟悉的德国诗人相比较，让人眼界大开。

在卫德明教授的榜样带动下，我决定专门研究中国古典文学。在华盛顿大学任教期间，我讲授了卫德明教授曾经开设的中国文学史课程。当我在 1963 年开始研究中国古典文学时，最令我着迷的内容便是汉赋。我与汉赋的初次接触还是在卫德明教授的中国文学史课程上，撰写的学期论文便是关于扬雄（公元前 53 年—公元 18 年）的赋。当我发现扬雄的主要作品只有查赫（Erwin von Zach，1872—1942）的德文译本时，尽管我刚开始研究中文古文，还是十分大胆地将扬雄的几篇赋译成了英文。查赫出生于奥地利，1901 年至 1919 年间在奥匈帝国领事馆任职，大部分时间被派驻中国。他精通中文、满文和藏文。1919 年奥匈帝国解体后，查赫移居巴达维亚（如今的印度尼西亚雅加达），供职于荷兰东印度群岛的荷兰领馆，1924 年辞去职务开始潜心研究学术。查赫致力于翻译中国文学作品，直至 1942 年，他所乘坐的船只被一艘日本海军军舰撞沉不幸辞世。他的德文翻译作品涵盖了杜甫、韩愈和李白的诗歌全集以及《文选》的 90% 内容。他的译文多为直译、并无注释，但十分准确。[①]

有几个原因促使我决心研究汉赋。首先，我在很久之前就得知赋是难度最大的中国文学体裁。当得知什么事情“很难”时，即便年纪尚轻，我也渴望目睹自己即将面临的挑战：演奏最难的音乐作品、阅读最难的书籍、或解开最难的字谜。我并没有被针对汉赋的学习和翻译前景吓退。我研究汉赋的第二个原因，在于它是西方学者鲜有研究但十分重要的中国文学体裁之一。我的老师卫德明教授是少有的几位发表过汉赋学术研究成果的西方汉学家之一。考虑到“赋”在中国文学传统中的重要地位，尽管困难重重，我也决心将这一文学形式介绍给西方读者。

除了以上几个原因，我还被汉赋中的“美”所深深吸引。前汉时期的宫廷会举办盛大的活动，诸如狩猎、阅兵、盛会和典礼等。大多数活动均以韵文赞颂，赋是其中最受推崇的韵文形式。所有这些活动都有共同的审美，我称之为“巨丽”（beauty of the large）。这一词语的第二部分是“丽”，字面含义为“美”，但也蕴含着“宏伟”“壮丽”和“显赫”之意。“巨”

① 《文选》译文参见 *Chinesische Anthologie: Übersetzungen aus dem Wen Hsüan*，方马丁（Ilse Martin Fang）编辑的《哈佛燕京研究》（*Harvard-Yenching Studies*）第 18 期，共 2 卷。（剑桥：哈佛大学出版社，1958 年）。

字我译为“large”，但它所描述的程度要大于“large”。在用来形容人时，它指的是高于常人的人，即巨人。从这个意义上讲，“巨”指的是“极大”或“庞大”。也可以将“巨丽”译作“monumental beauty”或“colossal beauty”。

以大为美在汉武帝时期的宫廷赋中反映得淋漓尽致。这一时期最为知名的作品是司马相如（约前179年—前117年）的《上林赋》（*Fu on the Imperial Park*）。作品描绘了皇家园林的壮丽和其中的盛大场面。司马相如笔下的皇家园林是王朝声威与权力之所在。他借助夸耀园林和其中举行的活动歌颂皇威皇权，这处园林也是阅兵和演练的主要场所，通过欣赏园林的宏伟结构、其中的阅兵和狩猎场面，来宾、特别是域外来宾能够领略大汉王朝的实力与强盛。

《上林赋》和其他类似汉赋均体现了以大为美的审美观：完整无缺、囊括万象、器物丰足、博大辽阔。汉赋作者们在他们的赋文作品中再现了汉王朝对园林的喜好——尽可能填满奇珍异宝、飞禽走兽和花草树木。对于大赋和西方史诗而言，完整、全面、广博具有同等重要的意义。汉赋的一个显著特征是罗列大量物品，如植物、动物，甚至矿物。公元五世纪的中国文学批判家刘勰（约465年—约520年）认为司马相如的《上林赋》“繁类以成艳”（“achieved beauty because of its profusion of things grouped by kind”），便指的是他的堆砌罗列风格。[①] 汉赋的作者们也曾谈及赋的文体特点。例如，另一位伟大的汉赋作者扬雄，曾这样描述赋的写作过程：“必推类而言，极丽靡之辞，闳侈巨衍，竞于使人不能加也。”[②]（［The writer of a fu］ must speak by setting forth things by kind. He uses the most luxuriant and ornate language, grossly exaggerates and greatly amplifies, striving to make it such that another person cannot add anything to it）。扬雄的评述使人注意到赋的丰辞和溢美特质，形式和内容皆是如此。他认为，作赋之人应当用丰沛的名称和华丽的语汇铺排全

①《文心雕龙》（*The literary mind and the carving of dragons*），《四部备要》，2.14b。

②《汉书》（*History of the Former Han*）（北京：中华书局，1962年），87B.3575。

文，使他人无法想出任何东西加于其上，这反映了作为宫廷赋创作主流的以大为美的审美观。

有一个论断据称出自于司马相如，充分说明了赋文的审美观，即齐整、完满、总括和广博：“赋家之心苞括宇宙，总览人物”[①]（the heart of a fu writer embraces the entire universe and broadly observes humans and things）。通常将这一论断理解为赋文作者试图将其写作对象阐释得详尽无遗。因此，《上林赋》不单是在描述狩猎园林，实际上是在赞颂汉王朝及其统治者。司马相如行文的显著特点是频繁使用华丽辞藻和夸张描述。刘勰将这一特质称为“夸饰”（exaggerated ornamentation）。刘勰认为，这一写法始于楚辞作家宋玉。刘勰批评司马相如的“诡滥”（eccentric effusions）手法达到顶峰。[②] 司马相如最心仪的夸饰手法之一便是夸张法。于是，上林苑的门房便有如此高大：

Shooting stars pass through doors and wickets; 奔星更于闺闼，
Arching rainbows stretch over the rails and porches. 宛虹拖于楯轩。

The park extends so far it has separate seasons in its northern and southern halves:

园林延伸如此之远，以致南北两半季节不同：

To the south 其南则
In deepest winter things germinate and grow, 隆冬生长，
Causing waters to bubble, waves to surge. 涌水跃波。
To the north 其北则
In full summer it is enveloped in freezing cold that cleaves the ground; 盛夏含冻裂地，
One lifts his skirt to cross the iced-over streams. 涉冰揭河。

The park is so large: 园林如此广大：

① 参见《西京杂记》（*Miscellaneous notes on the Western Capital*），《四部丛刊》，2.4a。
② 参见《文心雕龙》8.4a。

Look at it, and it has no beginning; 视之无端，
Examine it, and it has no end. 察之无涯。
The sun rises from its eastern pond, 日出东沼，
Sets at its western dike. 入虖西陂。

这些夸张描述旨在展现园林和汉朝皇帝居于宇宙中心，时间万物都归于皇权宝座之下。因此，实际上是以上林苑一地代表整个王朝，其中陈列的奇珍异宝象征着汉朝文化的美物丰足。

赋的另一大特点称作“铺”或“铺陈”（display）。六朝时期的文学评论家开始将铺陈作为赋这一文体的关键特征。刘勰在《文心雕龙》中将“铺陈”作为赋文创作的首要文体特征：“赋者，铺也。铺采摛文，体物写志也。”（Fu means to display: to display ornament and exhibit refinement, to give form to an object and express intent）。我将赋的铺陈特点称为“辞藻华丽而夸耀”（epideictic）。Epideictic 一词源于希腊语，意为“炫耀”（display），能够与中文的“铺”和“铺陈”对等。汉赋中辞藻华丽的风格体现在极尽罗列、使用多音节描述性词汇和同义重复。下面这段描写园中河流的篇章是辞藻华丽风格的典型范例：

Soaring and leaping, surging and swelling 汹涌彭湃
hjang-rjang phrang-phrat
Spurting and spouting, rushing and racing 滭弗宓汩
pjət-pjəi mjət-gjwət
Pressing and pushing, clashing and colliding, 偪侧泌瀄
pjək-tsrjək pjət-tsrət
Flowing uncontrolled, bending back, 横流逆折
grwang liəhw njiak tsjat
Wheeling and rearing, beating and battering, 转腾潎洌
trjwan dəng pjat-ljat
Swelling and surging, troublous and turbulent. 滂濞沆溉

phang-phjiət gang-grat
Loftily arching, billowing like clouds, 穹隆云桡
khjəng-ljəng gjiwən nrahw
Sinuously snaking, curling and coiling, 宛潬胶
jiwan-djanx krehw-liat
Outracing their own waves, rushing to the chasms, 逾波趋
rjah pai tshrjah jək
Lap, lap, they descend to the shoals. 莅莅下濑
ljət-ljət grah lat
Striking the bluffs, hurtling against the dikes, 批岩冲拥
phiəingram thjuang juang
Racing and swelling, spraying and spuming. 奔扬滞沛
pən rang drjat-pat
Nearing the sandbars, they pour into gullies, 临坻注壑
ljəng drjət tjuah hak
Plashing and splashing as they tumble downward. 瀺灂霣坠
dzram-dzrəkw gjwən-drjwət
Flowing deep, deep, full, full, 沉沉隐隐
shjəng-shjəng jən-jən
Rumbling and roaring, bellowing and blustering, 砰磅訇
phring-phang grwing khap
Bubbling and boiling, gushing and gurgling, 潏潏淈淈
kjwət-kjwət kət-kət
Foaming and frothing like a seething cauldron 湁潗鼎沸
thrjək-tsjək ting pjwət
Speeding waves, flinging spray, 驰波跳沫
djai pai diahw mat
They swiftly swirl, furious and fast. 汩潝漂疾

gwjət-hjək phjhaw dzjət

以上列出了古代蜀地（四川）一带的汉朝发音近似音译，那里也是司马相如的故乡。[①] 之所以给出汉朝发音，是为了使大家感受其中的尾韵和头韵，这些在现代普通话发音中已不明显。例如，现在普通话发音中的“偪侧”已不押韵，但在汉代古文中读为 *pjək-tsrjək，十分押韵。同样，“沆瀣”在现代普通话中已不押头韵，但在汉代发音 *gang-grat 中押头韵。这一篇章的语音表达表明赋具有极强的听觉特质。

可见，司马相如使用了大量的头韵和叠韵：例如“汹涌”（*hjang-rjang）（soaring and leaping）、彭湃（*phrang-phrat）（swelling and surging）、滭弗（*pjət-pjə）（spurting and spouting）、偪侧（*pjək-tsrjək）（pressing and pushing）及潎洌（*phiat-ljat）（beating and battering）。一些词语是同义词，例如，潏潏（*kjwət-kjwət）和淈淈（*kət-kət），都用来形容水面沸涌的样子。它们也很可能是拟声词。在翻译这类词句时，我尽力使用英语中的对等头韵词，以便表达出这些叠韵词的听觉特质。

亚瑟·威利（Arthur Waley）（1889—1966）是最伟大的中国文学翻译家之一，曾这样评价司马相如的语言：“世界上任何其他作家的笔下都未曾奔涌出如此丰沛的文思，除他之外，尤弗依斯（Eupheus）太胆小、阿普列乌斯（Apuleius）又太冷淡。他的语言运用仿佛海豚戏海。其生动流畅无法描述，更无从翻译。”（Such a glittering torrent of words has never since poured from the pen of any writer in the world. Beside him Eupheus seems timid and Apuleius cold. He sports with language as a dolphin sports with the sea. Such eloquence cannot be described, much less translated.）[②] 一直以来，我都非常欣赏约翰·弥尔顿（John Milton）和弗拉基米尔·纳博科夫（Vladimir

① 我以柯蔚南（W. South Coblin）的西汉语音学研究为基础还原了这些语音。参见《西汉声母注解》（*Notes on the Western Han Initials*），《清华学报》新丛刊 14.1-2（1982）：111–32；《西汉蜀地方言中的一些语音变化》（*Some Sound Changes in the Western Han Dialect of Shu*）《中国语言学报》14.2（1986）：184—225。

② 亚瑟·威利《古今诗赋》（*The Temple and Other Poems*）（纽约：克诺夫书局，1923 年），43—44 页。

Nabokov）等作家，他们都是各自语言的大师。汉赋吸引我的首先便是司马相如和扬雄等作家的精湛用词技巧。这两位作家都对语言有着浓厚兴趣。司马相如曾编撰过一部辞典，但大部分已失传。扬雄曾编撰过两部辞典，其中一部名为《方言》（*Regional Words*），是中国最早的方言辞典。尽管如亚瑟·威利所说，赋的语言很难翻译，但我仍自觉有义务作出译文，尽我所能忠实表达赋文语言的丰富。

在过去的四十年里，我一直在翻译《文选》，也称《昭明文选》，这是中国文学的最重要的著作之一。《文选》是现存的最早一部中文诗文总集，按文体分类。由梁代昭明太子萧统（501–531）组织编选。是研究战国至齐代、梁代文学的最重要的资料之一。

我决心研究和翻译《文选》，并不仅仅因为它是研究唐代以前文学的重要资料，还在于它是旧时学者接受文学教育的基础书目。《文选》是唐代进士考试学习的重要篇目。青年男子需掌握其内容、模仿其文风，以便在进士科考中表现优异。杜甫就曾建议其子宗武“熟精文选理”（to become thoroughly versed in the li of the Wen xuan）。[①] 尽管并未以《文选》考查考生，但有史料记载，它是考生备考的主要内容之一。李德裕（787—849）强烈反对进士科考，据说，他曾对武宗皇帝（840—846在位）提到，他的祖父李栖筠（719—776）在天宝末年（742—755）应考的原因是“以仕进无他伎”（because there was no other route to enter official service）。然而，李栖筠十分反感这种官员选拔方式，支持后代不再投考。从此李家“自后家不置文选”（no longer “placed a Wen xuan in their house”）。[②] 还有其他史料证明《文选》在唐代如何广为流传。唐金城公主（卒于741年），嫁与吐蕃赞普赤德祖赞（Khri Lde Gtsug Brtsan，又名梅阿迥（Mes Ag-tshoms），712—755在位），730年请吐蕃入唐使臣为她带回《毛诗》《礼记》《左传》和《文选》。[①]

① 仇兆鳌评注，《杜诗详注》（北京：中华书局，1979年），17.1478。

② 参见《新唐书》44.1169。

① 《旧唐书》196.5232。

《文选》在通俗文学中也有所提及。敦煌抄本中的《秋胡变文》讲述了秋胡离家的故事。当秋胡辞别妻子时，他随身带了十本书：《孝经》《论语》《尚书》《左传》《公羊传》《穀梁传》《毛诗》《礼记》《庄子》和《文选》，计划在赶考的路上阅读。[②] 在这些书籍中，只有《庄子》和《文选》不属于儒家经传。秋胡携《文选》随行，表明考生在学习经传的同时也要学习该书。从著名谚语"《文选》烂，秀才半"（The Wen xuan thoroughly done, / Half a licentiate won）也可看出其在中国传统文化中的重要地位。

现存的《文选》共60卷、761篇。篇幅从十行以内短诗到十行以上长赋、杂文不等。此外，《文选》编著者期望其成为主要文学著作的代表性选集，分列了39类文体。想要翻译全集，就必须掌握所有这些文体，其中包括赋、诗、骚（选自《楚辞》）等；宫廷杂文体如：表（petitions）、书（letters）、檄（war proclamations）、诏；赞论如：颂（eulogies）和赞 （encomia）；历史、哲学和政治性文章称为"论"或"史论"；对逝者的悼文如：诔（dirge）、碑（stele inscription）和哀（lament）。文集中甚至涵盖了策问（answers to examination questions）和弹文（petitions of impeachment）。我花了大量时间了解这些文学体裁的历史，以便弄清其习惯用法，熟悉每种文体所采用的特定语言类型。例如，表和其他宫廷杂文所使用的、公文一贯要求的套话和官腔。其中许多篇章都与下文节选的晋代刘琨（271—318）所做的《劝进表》（Petition urging the succession）相似：

建兴五年三月癸未朔十八日辛丑，使持节散骑常侍都督河北并冀幽三州诸军事、领护军匈奴中郎将、司空、并州刺史、广武侯臣琨；使持节侍中都督冀州诸军事、抚军大将军、冀州刺史、左贤王、渤海公臣磾，顿首死罪，上书。[③]

② 参见项楚辑注的《敦煌变文选注》（增订本）（北京：中华书局，2006年），1：369。"辞妻了道，服得十袟文书，并是《孝经》《论语》《尚书》《左传》《公羊（传）》《穀梁（传）》《毛诗》《礼记》《庄子》《文选》，便即登逞（程）。"

③《文选》（上海：上海古籍出版社，1986年），37.1701。

译者必须翻译这些篇章中列出的所有官职名称，随处可见，超出想象，这是一项繁重枯燥的任务。而且，在查尔斯·O. 哈克（Charles O. Hucker）编写的《中国古代官名辞典》（*A Dictionary of Official Titles in Imperial China*，斯坦福：斯坦福大学出版社，1985 年）等中国官职名称的西方语言辞典中并不能找到所有官名，这就进一步增加了工作难度。因此，在有些情况下，译者必须研究官职名称并自行给出适合的英文译法。

《文选》中的诸多作品使用了不常见的词语或技术术语，必须首先加以准确理解，才能译为英语。在此，我以潘岳（247—300）的《射雉赋》（*Fu on pheasant shooting*）为例说明。潘岳使用了许多与弓弩射猎、雉鸡和捕猎伪装的术语。对于这篇文章，我们很幸运地发现与其时代相近的刘宋时期学者徐爰（394—475）对《射雉赋》的评注，其中明确解释了大部分词语。例如，他对“尔乃擎场拄翳”（And then, I open up a clearing and erect a blind）一句解释为“擎者，开除之名也。今伧人通有此语。射者闻有雉声，便除地为场，拄翳于草。”① 由此，我们可以得知“翳”是一种打猎伪装，猎人藏身其后避免被雉鸡发现。

对于《文选》，译者面临的一大挑战就是语言难度。赋占了选集的三分之一篇幅，这种文体的一大特点是大量使用生僻字，也因此常常被诟病。此外，《文选》还是骈体文（parallel prose）的重要选集，单是读懂这一华丽文体便需要渊博的学识，更不用说翻译了。二十一世纪的读者之所以觉得《文选》艰深难懂，一个明显的原因便是存在着巨大的语言学和文学鸿沟，这样

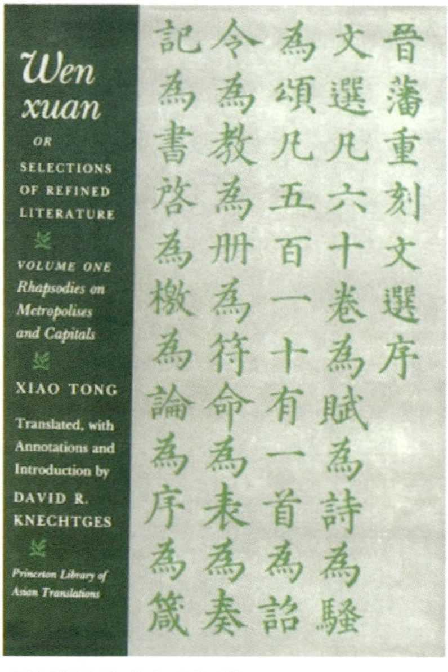

康达维译著《文选》封面

① 参见《文选》9.417。

的鸿沟将他们与远古和中古文学分隔开来。与非中文专业的学生相比，现代的学生在学习《文选》时，在文章理解和阐释方面遇到了同样的困难。陆宗达教授在提到将《文选》译为白话的问题时说："注不容易，译恐怕更难，千余年前文学作者的思绪，细微之处不易捕捉，独特之处尤难表述。"即便是翻译与母语十分相近的当代作品，译者也并不总能完美理解他们所翻译的原文意思。例如，夏尔·波德莱尔（Charles Baudelaire）在将埃德加·爱伦·坡（Edgar Allen Poe）的《金甲虫》（*The Gold Bug*）译为法语时，误将"as white as a gose"（面色惨白，像鬼一样）中的美国黑人方言词"gose"（ghost，鬼）理解为"goose"（傻瓜）。如果埃德加·爱伦·坡的法语译者都能被"gose"所误导，其结果可想而知，仅仅由于远离了远古和中古的文化和语言，我们便会误读和错译当时作品中的多少内容。

为了跨越这一鸿沟，译者必须尽可能多地学习中国远古和中古时期的语言和文化。在大多数情况下，仅有语言学知识还不足以准确理解文章的含义。尽管译者必须了解所有字词的本义、能够解释其语法作用，甚至能还原其远古或中古的中文发音，但仅有这些未必能给出准确的译文。例如，在翻译《文选》前六卷中赋文所提及的都城时，我花了大量时间阅读有关长安、洛阳、成都、建康和邺城的历史和考古文献，并因此熟知了《三辅黄图》等著作、考古发掘报告和中国早期建筑研究资料。班固的《两都赋》和张衡的《二京赋》中有大量对典仪的描写，因此，我需要充分了解典仪经传《礼记》和《周礼》的内容，以及《后汉书》中有关仪式和官衣的专门记载。为了翻译描写古代宫殿和厅堂的建筑特点的篇章，我又只好尽可能地了解有关建筑和建筑术语的知识。《文选》通篇经常出现植物、动物、鱼类、宝石和星辰的名称，于是，我又要掌握汉语中植物学、动物学、鱼类学、地质学和天文学的术语和知识，以便从西方语言中找到对等的名称。

我的翻译方法是不加修饰、完全遵从语言学规则，我认同弗拉基米尔·纳博科夫的明智之语：最蹩脚的直译也比最漂亮的意译有用一千倍（"the clumsiest literal translation is a thousand times more useful than the prettiest paraphrase”）[1]。尽管朗朗上口是每位译者追求的理想，也值得赞扬，但中国古典文学作品的忠实译者应乐于展现日本和中国语言学和文学著名学者罗伊·安德鲁·米勒（Roy Andrew Miller，1924—2014）所称的“用词和语言的勇气”（lexical and linguistic courage）[2]。译者应尽可能准确地表达汉语文章的确切内容，在英语译文中尽可能保留令人惊奇的比喻和异乎寻常的词语。例如，西晋辞赋家木华（约290年）在《海赋》（*Fu on the Sea*）中将尧舜时期的洪水描述为“天纲渤潏”[3]。华兹生（Burton Watson）将这句意译为“The Heaven-appointed waterways swelled and overflowed”（上天指定的水面翻涌泛滥）[4]。然而，中文原文中并未提到“上天指定的水面”（Heaven-appointed waterways）。“天纲”一词的字面意思是“天之纲维”（mainstays of heaven），指的是绑缚天体的绳索。洪水翻涌地如此剧烈，使得天之纲维“涌起了泡沫”（froth and foam）（“渤潏”一词形容的是洪水沸涌的样子）。尽管直译语出惊人，挑战了我们对天象的常规理解——“the mainstays of heaven frothed and foamed”（天之纲维泡沫沸涌）——但相对于意译，我还是更青睐对木华词句的直译，意译抹杀了木华词句中语言的丰富与新颖。

最近，我翻译了任昉（460—508）的《奏弹刘整》（*Impeaching Liu Zheng*）。任昉以该文控告名为刘整的男子欺凌寡嫂。在文章接近结尾处，我们读到“刘整应辄收付近狱测治。”其中的“测”有专门的法律含义。在任昉写作该文的梁代，“测”是“刑讯”（interrogation by torture）的一种。

“刘整应辄收付近狱测治”应译为：“Liu Zheng should be summarily arrested and handed over to a nearby judicial court to be subjected to interrogation by torture to determine his guilt”（刘整应被立即收监、押送附

---

①《翻译问题：奥涅金的英译》（*Problems of Translation: Onegin in English*）《宗派评论》（*Partisan Review*）22（1955）：496。

②《日本语：为日语正名》（*Nihongo: In defence of Japanese*）（伦敦：阿斯隆出版社，1986年），第219页。

③参见《文选》。

④《中国韵文：汉及六朝时代的赋》（*Chinese Rhyme-Prose: Poems in the Fu Form from the Han and Six Dynasties Periods*）（纽约：哥伦比亚大学出版社，1971年），第72页。

近衙门，刑讯定罪）

获取语言和文化知识、形成准确译文并不简单，如果有人认为翻译并非一门学问，那么，我愿意以自身经验说明一行、一文的翻译如何引领我走上漫长的学问求取之路。第一个例子是《世说新语》（*A New Account of Tales of the World*）中记载的一则轶事，讲的是公元三世纪学者何晏的故事。文中写道：

He Yan was of a handsome appearance and demeanor, and his face was extremely white. Emperor Ming of Wei suspected him of applying powder. During the summer months he gave him some hot tang bing. After he had eaten it, He Yan broke out in a great sweat. Although he wiped himself with his vermilion robe, his complexion turned a glistening white.[①]

何平叔美姿仪，面至白；魏明帝疑其傅粉。正夏月，与热汤饼。既噉，大汗出，以朱衣自拭，色转皎然。

在这个炎炎夏日，魏明帝给何晏吃的令他大汗淋漓的汤饼是什么呢？《世说新语》的译者、受人尊敬的马瑞志（Richard Mather，1913—2014）将汤饼译作“汤和饺子”[②]。尽管这里可能指的是一碗热气腾腾的煮饺子、特别是味道浓重的饺子，但是否就能确定“饼”具体指的是“饺子”呢？为了回答这一问题，我决定仔细查阅“饼”的含义，这个词在现代汉语里一般指一些种类的薄饼，但在远古和中古汉语中的应用要广泛得多。

在一些早期辞典和评注中都能找到“饼”这个词。但遗憾的是，这些辞典没能提供有用的信息。公元 100 年左右编撰的《说文解字》将“饼”定义为用面粉制作的“瓷”，即“面瓷”。[③] 不知道“瓷”指的是什么，

---

① This story first appears in Pei Qi 裴启 , Yulin 语林 . See Zhou Lengqie 周楞伽 , ed. and comm., Pei Qi Yulin 裴启语林 (Beijing: Wenhua yishu chubanshe, 1988), 17–18. A version of it is recorded in the Shishuo xinyu. See Yu Jiaxi 余嘉锡 , ed. and comm., Shishuo xinyu jianshu 世说新语笺疏 , 2 vols. (Shanghai: Shanghai guji chubanshe, 1993), 2: 607 (14/2)。

②《世说新语》（*A New Account of the Tales of the World*）（明尼阿波利斯市：明尼苏达大学出版社，1976 年），第 308—309 页。

③ 参见丁福保编辑的《说文解字诂林》，共 12 卷（1928；rpt. 台北：商务印书馆，1959 年），5B.2185a。

我又查询了这本词典中对“瓷”的解释，提到“瓷”是米做的一种“饼”。[①] 令人遗憾的是，这类解释在古汉语辞典中十分常见，所能起到的作用就好比查找“liverwurst”（肝泥香肠）的含义，查到的是“liver sausage”（肝肠），而“liver sausage”的解释是“a wurst made of liver”（一种用肝制成的肠）。

最终，我在公元二世纪末期编撰的辞典《释名》（*Explanation of Names*）中发现了对“饼”的一种解释，这个解释对我更有帮助。我并不想在本文中详细讲述这一专业内容，但《释名》中主要提到“饼”源自动词“合并”（to blend）。[②] 因此，词义是将水与面粉混合，制成生面或面团，再做成不同形状，以多种方式烹饪。“饼”这种食物中包含面包、糕点、包子、特定种类的粥、薄饼、饺子、面条和馄饨。它基本相当于意大利语中的“pasta”（面食），食物历史学家图桑 - 沙玛（Toussaint-Samat）对 pasta 的定义是“指一种由各种面粉和水制成的面团或生面，用于制作粥、面糊、薄饼，或面包，或如今作为意大利特色食物的意大利面。”[③] 尽管“饼”主要以小麦粉制作，但也有一些“饼”用小米和大米制成。这些中国面食的烹饪方式包括煮、烤、蒸或者炸。[④] 在查找“饼”的词义时，我发现，最有价值的信息来源出人意料，是由公元三世纪文学家束皙（约 264 年—约 304 年）写的一篇名为《饼赋》（*Fu on Pasta*）的诗文。[⑤] 我最早接触到的是亚瑟 · 威利的译文，英文名为“*Hot Cake*”（烤饼）。[⑥] 当我开始阅读原诗文时，我意识到束皙所讲的并不是烤饼，而是各种面食：炸圈饼、包子、饺子和面条。束皙尤为详细地描述了似乎是饺子（steamed dumpling）的一种面食：

---

① 参见《说文解字诂林》5B.2185b。

② 参见刘熙（公元 2 世纪末）编辑、毕沅辑注的《释名疏证》，丛书集成，4.118–19。

③ 玛格隆妮 · 图桑 - 沙玛，《食物的历史》（*A History of Food*）（伦敦：布莱克维尔出版社，1992 年），第 187 页。

④ 有关中国的“饼”的详尽历史，参见希尔瓦诺 · 塞万提（Silvano Serventi）和弗朗索瓦斯 · 萨班（Françoise Sabban）的《面条：一种寻常食品的故事》（*Pasta: The Story of a Universal Food*），安东尼 · 苏嘉（Antony Shugaar）译（纽约：哥伦比亚大学出版社，2000 年），第 271—344 页。

⑤ 对该篇的最出色评判文章出自孙星衍编辑的《续古文苑》（台北：鼎文书局，1973 年），2.124–27。

⑥ 参见亚瑟 · 威利《中国古诗集》（*Chinese Poems*）（伦敦：爱伦与昂温出版社，1946 年），第 86 页。

And then, when the fire is blazing and the hot water is bubbling,
Savage fumes rise as steam.
Pushing up his sleeves, shaking his coat,
The cook grasps and presses, pats and pounds.
Dough is webbed to his fingertips,
And his hands whirl and twirl, crossing back and forth.
In a flurrying frenzy, in a motley mixture,
The dumplings scatter like stars, pelt like hail.
Meat does not burst into the steamer,
And there is no loose dough on the dumplings.

于是火盛汤涌，猛气蒸作。攘衣振裳，握搦拊搏。面弥离于指端，手萦回而交错。纷纷驳驳，星分雹落。笼无迸肉，饼无流面。

当在蒸汽中快速烹制饺子时，馅料在皮内鼓胀，仿佛就要胀裂开来：

Lovely and pleasing, mouth-watering,
The wrapper is thin but it does not burst.
Rich flavors are blended within,
A plump aspect appears without.
They are as tender as spring wool,
As white as autumn silk.

姝偷咧敕，薄而不绽。髇髇和和，穰色外见。弱如春绵，白如秋练。

这一美食的诱人香气在街上飘荡，让经过的人们禁不住流下口水：

The aroma swiftly spreads far and wide.
People strolling by drool downwind;
Servant boys, chewing the air, cast sidelong glances.
Vessel carriers lick their lips;
Those standing in attendance swallow dryly.

气勃郁以扬布，香飞散而远遍。行人失涎于下风，童仆空嚼而斜眄。擎器者呧唇，立侍者干咽。

作者还介绍了饺子的食用方法。与现代的饺子一样，使用筷子蘸酱汁食用：

And then, they dip them in black meat sauce,

Snap them up with ivory chopsticks.

尔乃濯以玄醢，钞以象箸。

在确定了“饼”大致相当于 pasta 之后，我便能够重新审视在最初激发好奇心的“汤饼”一词，“汤饼”的字面意思是“煮沸的饼”或“带汤的饼”，可想而知，这一词语可以用在任何以水烹饪的面团或生面食物上。然而，有充分的证据表明，在中古时代的中国，“汤饼”指的是“煮沸的面条”（boiled noodles）。例如，我们知道，后来被称作“长寿面”（longevity noodles）的面条就曾被叫做“汤饼”。据称，唐朝的一位皇后就在她生日时吃“生日汤饼”（birthday noodles）；诗人刘禹锡（772—842）曾赋诗描写在庆祝一位友人得子后吃汤饼（boiled noodles）的情景。[①] 毫无疑问，在这两种情形下他们所吃的都是煮面条。根据这些资料，我确信，何晏所吃的汤饼一定是煮面条。

通过注重细节，我既提高了翻译的准确度，也积累了与中国传统文化有关的更多知识，在这种情况下了解到了与中国烹饪传统密切相关的最重要的食物之一。就这一点而言，我应当指出的是，即便是一些著名的学者也误解了“饼”的含义。我曾提到过亚瑟·威利将“饼”译成“烤饼”，而这与《饼赋》的内容毫不相关。即便是马瑞志的译法“Poetic Essay on

① 见《送张盥赴举诗》，《全唐诗》（台北：复兴书局，1974 年），第 6 函，第 2 册，10b。

Rice Cakes"（与米糕有关的诗文）也不正确。[①] 由于我非常注意尽可能准确地翻译中国字词，便不可避免地走上了钻研学问的漫长道路，我对"饼"一词所做的研究即是一例。

龚克昌《汉赋研究》封面

我的翻译工作并未局限于中国古典文学作品的翻译。我一直认为，自己有义务将中国学者的著作翻译成英文推广开来。

在职业生涯早期，我无意中看到山东大学龚克昌教授撰写的《汉赋研究》的译本。该书在欧洲和北美学者中广受好评。普林斯顿大学的柯马丁教授（Professor Martin Kern）给予了高度赞扬："龚克昌的著作具有重要地位，因为其中谈及了文学和历史问题，并且，在这两个领域中打开了新的视角……如今，赋在中国能够作为一种学术领域获得充分认可，应当归功于龚克昌和其他少数几位学者的努力……借助《汉赋研究》，即便在英文语言当中，我们如今也能够对其早期发展进行全面且权威的历史性回顾。"[②]

最近，我有幸主编了四卷《中华文明史》的英译本，该书中文版由北京大学袁行霈教授及其同仁主编。英文版由剑桥大学出版社于2012年出版。哈佛大学的普鸣教授（Professor Michael Puett）称赞说："它以叙事文体汇集了中国最高等级的学术成就。它对古代中国的记述如此全面、插图如此精美、如此专注于汇编考古学原始资料和传统史料并展现出如此权威的视

① 在对《世说新语》的修订译文中，马瑞志将《饼赋》译作"*Poetic Essay on Dumplings*"（与饺子有关的诗文）。参见《世说新语》（*Shih-shuo Hsin-yü: A New Account of Tales of the World*）（安娜堡：密歇根大学中国研究中心，2002年），第206页。

② 《龚克昌评论》，《汉赋研究》，见于《中国文学》第22期（2000年）：第155页。

与山东大学教授龚克昌（右一）合影

野，没有其他著作能够与之媲美……由汉学泰斗康达维先生倾力编纂。”[①]

近年来，我还与妻子张泰平参与主编了一部四卷的唐代以前文化参考指南，已由荷兰博睿学术出版社（Brill）出版。南开大学的孙昌武教授这样评价这本参考指南：“不同于中国文学的其他全面参考著作，这本参考指南并非由一个学者团队创作出版，而是主要由康达维和张泰平独立完成。他们也采纳了他人的一些书目……但在指南的绝大部分内容中，对中国文学的研究前后一贯、和谐统一。这一研究建立在史料严谨、语言详实、学识渊博的基础之上……也正由于其中的渊博学识，这本参考指南堪称所述时期的一部独特的文学史。”[②]

① 《中华文明史》，第一卷（剑桥：剑桥大学出版社，2012 年），第 38 页。
② 《远古和中古早期中国文学评论：参考指南》，第一部分，《通报》第 98 卷（2012 年）：第 592—593 页。

与北京大学袁行霈教授合影

我与妻子撰写了其中的绝大部分书目，但我们也采用了两篇文章，均由中国学者未发表手稿中的内容翻译而来。其中之一是已故的曹道衡教授关于汉赋的短文，另一篇是袁行霈教授介绍陶渊明的长文。我还记得当我将示例书目交给该参考指南系列的荷兰编辑时的情景。他是一位西方古典语言博士。我交给他的其中一篇示例便是袁行霈教授关于陶渊明的文章。这位荷兰编辑对袁教授的文章大加赞赏。他的评价是："这是一位钟爱文学的学者。"编辑最初以为文章作者是欧洲人或美国人，非常惊讶地听我说起文章由一位优秀的中国学者以中文撰写、之后由我翻译成英文。这则轶事很好地说明，译文对非专业读者能够产生怎样出乎意料的作用。一篇以中文写就、译为英文的文章能够给一位本身并非汉学家，而是拉丁文和希腊文专家且母语是荷兰语的学者留下深刻印象。一位教育程度很高的欧

与南开大学孙昌武教授合影

洲读者能够欣赏领会袁行霈这样一位大家的文笔和思想，这是最令人欣慰的事情了。

如我之前所说，我在青少年时期便已对中国存有浓厚的兴趣。随着学习的深入，我愈加仰慕中国的文化和文明。能够将中国古代巨著及当代学术著作译为英文，我感到无比喜悦。它们之所以广受欢迎，主要不在于我作为译者的技艺，而是在于原著的内在价值，最终，还要归功于伟大的中国文明和文化。

龚克昌《汉赋研究》英文版封面

当我第一次来到中国时，中国的情况远不如西方发达，现在的差别已经没那么大了。在某些方面，比如，高速客运铁路，中国要比西方好得多。我回到中国时，最主要的印象是人们对自己和国家的信心比过去大多了。尽管他们比过去抱怨的要多，但这是因为他们不再害怕这样做。我似乎感觉到，在这些抱怨的背后是他们对中国取得的成就感到自豪，并期望中国能做得更多。考虑到很少有国家在这么短的时间内取得如此大的进步，他们的态度在我看来是在情理之中的……中国一直面临待解决问题，现在依然，然而，不得不对这里的人民面对问题的方式和其取得的成就表示赞赏。在我看来，这些成就是巨大的。我的旅程充满了激情与迷恋，努力工作与学习，以及对中国、中国文化和中国人民日益增强的欣赏、钦佩和热爱。

——马克林（澳大利亚）

我是中国当之无愧的朋友和崇拜者

马克林（澳大利亚）

马克林，澳大利亚汉学家、作家。1964年，马克林先生首次赴华任教。半个世纪以来，马克林先生60多次访华，在亲历中国发展进步的同时，孜孜不倦地向澳大利亚和世界介绍中国，主要著作有《变化中的中国》《我看中国：1949年以来中国在西方的形象》等。

从十几岁起，我就痴迷于中国文化。当然，我从未想过放弃自己的西方文化传统和对欧洲音乐的热爱。不过，对中国了解得越多，就越理解和欣赏中国人民、中国文化、中国的生活方式和对待世界的方法，就越想在那里待更长的时间。这是我个人对自己与中国、与中国文化和中国人民关系的看法，是我对在中国的经历和中国文化体验的描述，是我作为中国当之无愧的朋友和崇拜者，对中国的方方面面及中国与西方相互关系（这是我学习和经历最多的）的分析。

1964年8月至1966年9月，我第一次来到中国，工作是担任英语教师。之后，1973年和1977年再次来华；再之后，除1984年，每年都来。多数访问时间短暂，只有几周或更短的时间，到目前为止，还没有一次像第一次那样长。访问的目的有研究、会议、旅游、教学和中澳合作项目。

1985、1986和1995年，我待的时间比较长，从事研究和教学工作。2005年以来，我几乎每年都在北京外国语大学、中国人民大学等学校上几个月的课。截止2017年，我已经来华共约70次。

童年和青年时代

其实，童年生活并没有对我一生热爱中国作出任何铺垫。1939年8月，我出生于澳大利亚悉尼一个非常注重欧洲传统——特别是英国传统的中产阶级家庭。我出生后一周，欧洲爆发战争，但还是幼童的我并未受到影响。

我家里共有七个孩子，五个男孩，两个女孩，我和双胞胎兄弟是最小的。我的大哥查尔斯后来成为著名的管弦乐队指挥，在我还是小孩的时候，他就移居英国，那时候，我对他并不太了解。不过，从最初的记忆中，我清晰记得，西方古典音乐在我的家庭中是必不可少的。在这样的氛围里，我对欧洲音乐，特别是歌剧了解很多，直到今天，这些仍是我生活的重要组成部分。

我学习很好，擅长语言，在那个时代，比较流行的语言包括拉丁语、法语、德语，还有少量古希腊语，很少有人学习汉语，我也没有认真考虑过这件事。我的父亲对科学和工程非常感兴趣，母亲喜欢历史、文学、音乐和人文科学。需要补充的是，他们这些兴趣是非常倾向西方的，“历史”主要是欧洲史，包括少量美洲和澳大利亚历史，但几乎没有亚洲部分。

我最早的中国经历

1957年，澳大利亚总理罗伯特·门捷斯（Robert Menzies）访问日本，旨在加强两国的经济政治联系。考虑到日本在不久前还是敌对国，这一关系发展存在相当大的争议。随后，政府很快在澳大利亚首都堪培拉设立亚洲研究奖学金，虽然，当时澳大利亚仍处于“中国威胁”综合征的压力之下，这是二十世纪五十年代普遍存在的冷战思维的一部分，但汉语和中华文明还是被纳入亚洲研究课程。

让我啼笑皆非的是，我那位对亚洲毫无兴趣的母亲，在看到了奖学金的广告后，竟然建议我去申请，我于是就去申请，结果就成功了。课程的重点更多的是介绍过去，而非现在，但它改变了我的生活，因为这是我第一次真正领略到中国文化。我永远感谢母亲建议我申请奖学金，还有父亲的大力支持。尽管他们都并非喜欢中国，却富有远见地看到，中国将变得对澳大利亚、对全世界都非常重要。

课程长达四年。我是第二批奖学金获得者，1958 年到 1961 年在堪培拉学习，然后我得到一个机会，去英国剑桥大学读文学硕士，即研究型硕士，而不是授课型硕士。我的论文是关于唐朝（618—907），更确切地说是公元 774 年到 840 年间的回纥（也称回鹘）的状况，及其如何帮助唐朝平定安史之乱（755—763）。我将《旧唐书》和《新唐书》的相关章节译为英文，参考其他一手和二手资料，为译文做了注释，并在介绍部分详细解释了那段历史。[①] 回纥 / 回鹘人是当代维吾尔族的祖先，对我来说，这项研究工作是我迈出的重要的第一步，让我一生对中国少数民族研究充满兴趣。

从剑桥获得文学硕士学位后，我还没想好下一步要做什么，于是转而师从劳伦斯·皮肯（Laurence Picken）教授研究中国音乐。跟随他开始工作不久，有一天，一件偶发事件让我的人生变得更加美好：我得到一个不同寻常的机会，可以去中国生活和工作。

事情是这样的，我在剑桥市集广场遇到一位朋友，他告诉我，他要去中国教书。我请求他，如果伦敦的中国临时代办办公室询问他，是否认识其他愿意去中国教书的人，请他务必将我的名字告诉他们。结果，中国代表恰好问了他是否认识其他人，他就把我的名字给了他们。我和妻子艾丽斯（Alyce）很快便前往伦敦接受面试，几周以后，我们就出发去了北京。

---

① 这篇论文经过修订后，以《唐朝历史中的维吾尔帝国：744—840 年的汉维关系研究》（*The Uighur Empire According to the T'ang Dynastic Histories, A Study in Sino-Uighur Relations* 744–840）为题发表。东亚研究中心，堪培拉，1968 年；澳大利亚国家大学出版社，堪培拉，1972 年；南卡罗来纳大学出版社，哥伦比亚，1973 年。

那时，澳大利亚还没有和中华人民共和国建立外交关系。我和艾丽斯必须对护照做特别验证才能前往中国，但这都不是问题。与美国不同，澳大利亚法规并不禁止到中国旅行，我们没有遇到任何困难就拿到了中国签证。当时，艾丽斯正怀着我们的第一个孩子，她的父母有点紧张，回想起来，或许那时我们对认定这确是一件好事考虑得太少，不过在这件事上，我们的自信恰到好处。

第一次到中国

我和艾丽斯都在当时的北京外国语学院（现在的北京外国语大学）教书。我们被称为外国专家，月薪 460 元人民币。在那个年代，这是一大笔钱，比我们的中国同事高出许多。我们计划在此工作两年。1965 年 1 月，我们和学院签了一份合同，1966 年 8 月到期。

我要说的第二点，是关于我们的个人生活。当时我们住在友谊宾馆，

马克林先生和他的儿子斯蒂芬

条件虽然远没有现在（2017年）现代化，但很舒适、宜人。1965年2月，艾丽斯在友谊医院生下了第一个孩子——我们的儿子斯蒂芬（Stephen），他是第一个在中华人民共和国土地上出生的澳大利亚人。我们有一位阿姨，我们称为王同志，在我们上班时照顾他，斯蒂芬和其他外国人的孩子玩得很好。回顾我们那时的生活，我总是感觉非常愉快，尽管我也意识到，那时中国的总体情况并不是很好。

不过，我们与外界还是存在一些隔离。我们极少去同事家，他们要来看我们，需要获得允许。虽然在北京我们可以随意闲逛，而且我记得我们也的确走了很多地方，但未经允许，我们不能离开北京。与若干年后相比，当时对外国游客开放的地方非常有限。学院会安排我们到北京以外旅游，包括陕西省省会古都西安、毛主席驻扎多年的革命根据地延安、河南洛阳。我和艾丽斯自己也曾旅行过几次，比如，山东省省会济南，我自己还去过内蒙古首府呼和浩特，后面我还会更详细地介绍这次旅行。

第三点是，在那个年代，中国各地普遍极端贫困。你根本不需要离开北京太远，就能看到严重的贫困现象。我们被禁止前往过于贫困的地方，以免看到太多的贫困状况。我们经常乘坐一辆旧车去上课，但那时，街上的汽车非常少。公共汽车和电车速度很慢、很拥挤，也不舒服，许多人骑自行车。那个时候我自己没骑过自行车，不过现在，只要在中国居住，我就会骑自行车出行。

我要说的下一点是，那时，我尽可能多地让自己沉迷于中国音乐和戏曲。我当然保持着（现在依然保持）一直就有的、对西方音乐和歌剧的热爱。因为我对中国感兴趣，并且在那里居住，就很想把这种热爱也倾注到中国对应的领域，尽我所能学习中国传统音乐和戏曲，尽我所能购买中国传统音乐和戏剧的留声机唱片。我带回澳大利亚许多这种唱片，现在还有许多，不过已经很难播放，留声机和磁带也很少了。

看现场演出机会更是难得。在中国的时候，传统题材的戏曲只有在国庆节和春节假期才会有演出。利用这个机会，我在北京看过几场非常棒的传统戏曲表演，比如，《白蛇传》《野猪林》，在人民剧场上演。也有一些很好的现代戏曲，后来被改编成样板戏，比如《红灯记》。虽然我也喜欢这些现代戏，现在仍然喜欢，但还是更喜欢传统戏曲，对它们有段时间离开舞台感到非常遗憾。我那时想，总有一天它们会回来的，事实证明，我的想法是对的。

中国传统戏曲吸引我的是它完美地融合了各种艺术手法，我指的是步法、手和头部的动作、服装、化妆和头饰。至于音乐，我发现它的唱腔和乐器伴奏都很吸引人。生、旦、净、丑的角色区分与通常分为男高音、男中音、男低音、女高音、女中音、女低音的西方歌剧非常不同。中国戏曲的声音对西方听众来说可能感觉很奇怪，许多人难以理解。但令我印象深刻的是，它也是一种非常有效的歌唱方式，有着悠久的传统，有它自己的美。相互理解和欣赏不同的、多样化的文化和艺术，已成为我毕生的爱好。

我们在中国的逗留期即将结束时，有一天，我们被告知不用再上课了。我获准可以前往呼和浩特参观。我自己转了一圈，参观了五塔寺等藏传佛教寺庙。我记得，自己对寺庙装饰的奢华印象深刻。里面还有僧人，对我的到来似乎很高兴，也很欢迎。回想起来，那时被允许在无人陪同的情况下来到这样的地方，我有点惊讶，但也没有发生什么意外。在前往深圳经香港离开中国前，我还一路游览了江西庐山、武汉、长沙和广州。

有关地方戏和京剧的工作

在中国的日子快结束时，我向澳大利亚国立大学申请攻读博士学位的奖学金并被录取。因此，1966 年 9 月，我们一家回到澳大利亚后，在堪培拉定居下来，被分配到条件适中，但还算舒适的博士生住所。我选择的课题是中国地方戏和京剧的发展，重点关注的时间段是 1760 年到 1860 年。

这个课题提高了我对中国历史和文化的热爱，吸引我去钻研清朝的历史，以及那时的表演艺术与社会契合的方式。这是一种艺术形式，以不同的方式，非常密切地参与到人们的生活中。普通民众喜欢地方戏，在市场和寺庙看戏，借此了解中国历史和生活。受过教育的精英阶层看不起老百姓喜闻乐见的戏曲，但他们也有自己欣赏的更为经典的戏曲形式——昆曲。他们自己养戏班，在自家宅邸演出。在皇宫，清朝的皇帝，尤其是乾隆皇帝（1735—1795 年在位），也是一位戏曲爱好者，宫内有太监组成的戏班。

尽管我的博士论文将重点放在京剧历史的社会性，而非艺术性方面，却不可避免地涉及音乐和其他艺术形式。在我用于研究的资料中，有我在中国搜集到的书和录音。我的论文分析了各种音乐风格如何通过对各类地方戏的改编，演变成更为发达的京剧，进而到民国时期成为一种全国性的戏剧。

在接下来的几十年里，有三个主要问题是我始终关注，并继续令我着迷的。

一个问题是，是否应对世界各大传统戏剧，特别是对欧洲和西方戏剧与中国戏剧进行比较，以及如何比较。在大多数文化中，都能找到由代表特定角色的表演者演绎的一个故事，并融入语言和歌曲的总体思路，但绝对不能理所当然地这样认为。实际上，欧洲和中国都拥有悠久的文明，都发展出这样一种艺术形式，英语经常用“歌剧（opera）”这个词称呼它。另一方面，不同文化中音乐剧的风格、音乐、表演方式和社会背景又有很大区别，以至于一些学者拒绝使用歌剧这个词来描述中国传统戏剧或戏曲。

我要说的第二点是艺术与政治的关系。中国几乎所有的戏曲改革都或多或少地参与到政治中。在欧洲，人们会想到歌剧，比如，沃尔夫冈·阿玛迪斯·莫扎特（Wolfgang Amadeus Mozart）的作品《费加罗的婚礼》，它专门嘲笑一些贵族成员，这在莫扎特时代一定显得非常政治化。许多人将理查德·瓦格纳（Richard Wagner）的作品《尼伯龙根的指环》视为对十九世纪资本主义的抨击。但是，因为这些艺术非常优秀，能够产生人类情感的普遍共鸣，我们看到时，并不会首先想到政治。

二十世纪七八十年代，我多次来到中国，都是为了研究当代戏曲的发展。1972 年，我的博士论文经过一些修改后发表，[1] 并在此之后又继续

①《京剧崛起：1770—1870》（*The Rise of the Peking Opera*, 1770—1870），克拉伦敦出版社（Clarendon Press），牛津，1972 年。

写了不少关于中国戏曲史的文章，特别是二十世纪和中华人民共和国时期。[①] 二十世纪七十年代末，传统戏曲回归。无论如何，对于传统风格的新作品来说，二十世纪八十年代是美好而具有创造力的十年。那时我想，现在仍然这样想，无论过去还是现在，中国戏曲、它的社会职能及它的艺术性都是一个既令人着迷，又意义深远的研究领域。

另一个非常有趣的问题，是传统戏曲在当代世界的生存问题。那时我发现，许多戏曲从业者和学者对戏曲的未来非常担忧。我发现，我在中国教过的学生中，多数都不太喜欢戏曲，而喜欢更现代的风格，包括那些受到西方和外部世界严重影响的风格。我可以清楚地回想起六十年代和八十年代，学生们都告诉过我，他们认为传统京剧“枯燥乏味”。在这样的大环境下，传统表演艺术还能生存下去吗?

的确，现代化影响着人们的思想和品位，就像它影响社会和文化的多个方面一样。不过，根据我的研究和多方面的经验，我坚定地认为，出现在中国历史各个朝代的传统表演艺术或许正在衰落，不再是人们想象空间的一部分，不过也不存在消失的风险。在北京和其他地方，一些主要剧院仍在定期推出并上演戏曲。国家大剧院和其他类似场所，剧目中都包括中国传统戏曲。旅游业推动戏曲成为中国文化的主要部分，中国人对此也同样感到自豪。在广大的农村地区，戏曲仍是人们野趣闲情的一部分。

教授中国政治和历史，开发课程材料

在 1970 年拿到博士学位前，我得到一份澳大利亚国立大学的研究工作，并在这个职位上工作到 1973 年年底。之后，我有幸在昆士兰首府布里斯班新成立的格里菲斯大学获得现代亚洲研究教授这一职位。这是一个很好的机会和挑战，当然，我也热情地接受了。我从 1974 年初开始担任这所大学

① 例如，见马克林《中国现代戏剧：从 1840 年到今天》（*The Chinese Theatre in Modern Times from 1840 to the Present Day*），泰晤士与哈德逊出版社（Thames and Hudson），伦敦，1975 年；马克林《当代中国表演艺术》（*The Performing Arts in Contemporary China*），Routledge and Kegan Paul 出版社，伦敦，1981 年。

的教授，直到2004年退休，并在退休时被授予“荣誉教授”头衔。直到今天，我仍然保持着与大学的联系。

教授的工作涉及领导开发现代亚洲研究课程，包括中国、日本、印度尼西亚及其他几个国家。对我来说，中国是最重要的。我参与编写一年级的基础课程，并连续几年开设这门课，为开发中国部分的课程作出了特别的贡献。这些年，我还教授三年级中国政治课程，很受欢迎，也很成功。此外，我还参与了中国文学和戏剧、亚洲种族，特别是中国的种族、澳大利亚与亚洲，以及亚洲的马克思主义等方面的课程。

1977年，我带领格里菲斯大学的一群学生来到中国。从一开始我就相信，我工作的一部分就是激发学生对中国的热情，一个很好的方法就是带他们来这个国家，给他们交朋友的机会，体验中国的生活。我们来的时间很合适，我们的访问非常成功，我和学生们都很开心，我们交了很多朋友，并且各自都学到了很多东西。

没有什么比讲述有关一个国家及其人民的知识更有利于学习的了。我发现，教学生是一件相互提高的事。格里菲斯课程包括研讨会，我们会讨论与教学内容相关的问题。学生们经常会有不同的发散性想法，通过讨论这些想法，我们都能学到知识，我自己也一样。这是我的经验之谈，多年来，关于中国的教学让我更加喜欢中国和中国文化，更加钦佩中国人民。因为教学工作会促使你整理关于问题和成就的知识和思想，了解中国人民如何面对和解决问题，以及他们如何获得许多成功和成就。

从1974年在格里菲斯大学担任教授时起，我就认为，澳大利亚的小学和中学应该有更多的汉语教学和关于中国历史和文化的教学。那时的教育体系以欧洲为中心，几乎没有学校教授汉语。这是一项持续不断的工作，需要开展大量的工作，鼓励课程开发，进行教师培训，让政府和普通民众对这个项目感兴趣。

这项工作的一部分，是二十世纪九十年代开始的促进亚洲语言教学和研究的项目。该倡议是由陆克文（Kevin Rudd）提出的，当时，他是昆士兰州政府的最高长官，后来担任总理（2007年至2010年任职，2013年又短暂任职）。我被任命担任领导小组组长，负责指导被称为澳大利亚学校国家亚洲语言及研究（NALSAS）工作组项目。在政府的大力资助和支持下，我们完成了很多领域的工作，如教科书的协调、与大学和师范学院协调培训合格的教师，说服媒体提高对亚洲的兴趣，将教育体系的重点转向亚洲和中国。

与政府委员会合作有其困难之处，回想起来，这是一项相当艰巨的任务。不过，从事这类工作的人们充满热情，我想有很多人都和我一样，认为应该将更多关于亚洲，特别是关于中国的资料纳入学校教育体系中。然而对于这项工作，恐怕我的总体评价是，这项工作并没有达到应有的效果。后来的澳大利亚政府的确在学校做了一些推动了解亚洲，包括中国的工作，但学生们并没有如我所期望地关注亚洲，特别是中国。

澳中关系

1966 年我从在中国的教学工作中抽身回到澳大利亚，直到 1973 年才有机会再次访问这个国家。在那之前的几个月，1972 年底，高夫·惠特拉姆（Gough Whitlam）领导的澳大利亚工党政府与中国建立了外交关系。这是一个姗姗来迟的举动，与其他许多人一样，我很高兴惠特拉姆终于取得了突破，澳大利亚与中国的关系走上了一条新的道路。

几个月后，作为澳大利亚国立大学学术代表团的成员，我访问了中国。澳大利亚新任驻华大使斯蒂芬·菲茨杰拉德（Stephen FitzGerald）博士曾在该大学工作，为我们获得邀请发挥了重要作用。这个代表团是 1972 年两国关系取得突破后的首批学术代表团，尽管它更多的是探索性的，而非直接的政治关系，但确实有助于进一步发展两国关系。

当然，在我整个的职业生涯中，一直是推动澳大利亚和中国建立良好关系的支持者。我想通过五个方面说明我为改善和加强这种关系所做的努力。

我为澳中关系作出的第一个但最不重要的贡献是，加入昆士兰州几个

刘延东副总理与马克林先生合影

旨在促进与中国关系的委员会。其中一个是 1988 年成立的昆士兰—中国委员会的分委员会，旨在促进昆士兰和中国的文化关系。我在此任职多年，委员会也做了一些很好的工作。另一个是 1995 年 3 月至 2004 年，我成为布里斯班市议会的布深（布里斯班—深圳）姐妹城市委员会成员。

第二个方面是建立大学层面的交流。作为格里菲斯大学的教授，我的一个任务就是促进与中国的学生交流。1977 年带领学生访问中国时，我拜访了以前工作过的北京外国语大学，并与学校讨论了同格里菲斯大学建立正式联系等事宜。这个项目最后成功了，这也是澳大利亚大学和中国大学之间的第一个交流项目。格里菲思学中文的学生前往北外提高汉语水平，并获得在中国生活的直接经验。与此同时，一些学者从北外来到澳大利亚。从那时起，两国的学术交流迅速发展，在我看来，这是双边关系中最好的方面之一。回顾过去，我很开心自己曾是最早的积极组织成功交流的人。

第三，我参与了一个电视项目，由澳大利亚政府资助的媒体组织——

澳大利亚广播公司（ABC）和中国中央电视台一起运作。这个项目被称为“龙之舌”（Dragon's Tongue），旨在帮助澳大利亚学校进行汉语教学。项目由一个团队实施，我被选为主讲人，我为此感到非常荣幸。节目共 20 期，每期都有一个特定的主题，时长约半小时，包括中文对话、短剧和主题解说。

1988 年秋天，我和澳大利亚广播公司的一个小组来到中国，拍摄该系列节目一半左右的内容。我们得到中央电视台的极好配合，现在，我仍然将那些参与其中的人当作好朋友。系列节目在几年后成功完成。在我看来，它已经实现目标，并在澳大利亚的学校甚至大学中使用了多年。

第四项贡献是澳中关系研究。尽管我第一次去中国之前就对这一课题感兴趣，但直到在格里菲斯大学工作几年之后，才提出完整的项目研究建议。在此之前，格里菲斯大学成立了一个澳大利亚—亚洲关系研究中心（CSAAR），该中心的新主任让一位朋友和同事与我合写一篇关于二战后澳中关系的完整研究报告。我们还获得了一笔小额赠款，这本书于 1985 年出版。[①] 二十世纪九十年代，澳大利亚—亚洲关系研究中心发起了澳大利亚与亚洲关系的年度调查，我负责撰写关于澳中关系的章节。[②]

我所参与的澳中关系的最后一项工作，从某种意义上说也是最重要的一项，就是在中国的大学教授关于澳大利亚的课程。从 2005 年开始直到现在（2017 年），我几乎每年都在北京上一个学期的课。北外是我在二十世纪六十年代任教的地方，我很高兴与那所大学保持长期联系，特别是它的澳大利亚研究中心。我还收到了中国人民大学澳大利亚研究中心的邀请。在这两所大学里，我都曾教授过有关澳中关系，以及澳大利亚政治和生活方式的课程，前一门课主要得益于我对澳中关系的研究，并迫使我定期更新，它强化了我在这一章前面所表达的观点，即研究和教学任何一个课题，都能使彼此互相受益。

---

① 埃德蒙德 S.K. 冯（Edmund S.K. Fung）和马克林，《从恐惧到友谊：澳大利亚对华政策 1966—1982》，昆士兰大学出版社，布里斯班，1985 年。

② 共进行过四次调查，第一次的详情为《亚洲—澳大利亚调查 1994》，罗素・特洛德和德博拉・麦克纳马拉主编，澳大利亚麦克米伦教育出版社，墨尔本，1994 年，马克林，“中国”，第 94—109 页。

马克林先生与他的学生在北京外国语大学校门口合影

我非常重视自己与北京外国语大学和中国人民大学的关系，并对我认识的学生和同事印象深刻。我认为，通过这种教学，我为澳大利亚和中国之间的相互了解和理解作出了贡献。我知道，这两种关系都加深了我对中国、中国文化和中国人民的钦佩和赞赏。

我很自豪能有机会在澳大利亚教授有关中国的知识，在中国教授有关澳大利亚的知识。我想补充的是，我相信，澳大利亚对中国的研究以世界标准衡量也是相当不错的。当然，在数量和质量方面，它比不上美国等国家。但从澳大利亚的人数来看，还是相当不错的。另一方面，与澳大利亚相比，中国是个至关重要的国家。考虑到这一点，我对中国对澳大利亚研究的关注和付出的努力印象深刻，更不用说金钱的投入。在中国，澳大利亚研究中心的数量比世界其他地方的总和还要多。当然，澳大利亚通过其文化外交提供了一些帮助，但主要还是中国付出的努力。

马克林先生与他的学生在卢沟桥合影

中国的少数民族

1982 年，我有机会在中央民族学院学习了几个月，并由此前往新疆访问。1985 年，我在成都的四川大学学习了几个月。在此期间，我去了西藏和云南，到过丽江和西双版纳。我决定重新开始认真研究中国的少数民族。与我之前关于唐朝的研究不同，我想把重点放在当代。

在随后的几年里，我去了中国许多民族聚居地区。其中包括三次去新疆，三次去西藏，以及云南、贵州、广西、湘西、青海、内蒙古和吉林等地。对外国人来说，这样的访问在早些年是十分困难或不可能的。例如，过去西藏几乎无法进入，但 1985 年，西藏对外国人开放了，那一年我第一次去西藏，我是少数几个来自日本和西方的背包客之一，我还记得，当时是住在西藏人经营的廉价小旅馆里。

我将这些旅行和尽可能广泛的阅读结合起来，读的书有汉语、英语、法语和德语的。碰巧这段时期，关于少数民族的研究也在大量增加，“文化大革命”以前，中国学者进行过许多民族学研究，但是，由于二十世纪六七十年代的种种限制，这项工作被迫中止，到了二十世纪八十年代，又逐渐繁荣起来。至于非中国学者，改革开放政策使其有可能在少数民族地区开展认真的实地工作。有几位学者正是利用这个机会，作出了很好的成绩。因此，这是一个大好的时机，让我恢复了对中国民族学的兴趣。

这项研究基于对各个民族地区的访问，结合对书面文件的分析。我撰写了大量关于少数民族的文章。我的第一本书是在 1994 年出版的，之后十年间又出版了另外两本。[①] 此外，我还编辑了几本书，并写了很多关于中国少数民族的文章。我的方法是按主题，而不是地区考察少数民族。例如，我的书中有关于人口、经济、政策、宗教、教育等的章节，但没有关于各个少数民族的。我研究的时间段集中在中华人民共和国时期，但也包括相当大的一部分民国时期内容。我虽然在关注尽可能多的少数民族，但详细研究的只有藏族和维吾尔族。

在西方，中国对待少数民族的做法是一个极具争议的话题。这里不可能详细讨论该话题。我提出了两个具体问题，一个就是中国的领土完整，以及对民族地区，特别是西藏和新疆主权的看法，另一个是少数民族文化的生存问题，藏族和维吾尔族是在西方人眼中最具争议的少数民族，当然，不是唯一的。

尽管各国政府都承认中国的领土主张，但也受到西方激进组织的挑动。一些人质疑中国对历史的解读，这是中国领土主张的基础，另一些人则追随达赖喇嘛，他在西方的影响力远远超过他所应得的。我个人的观点是，

① 马克林《中国的少数民族：二十世纪的融合与现代化》，牛津大学出版社，香港，1994 年；马克林《中国的少数民族文化：自 1912 年以来的身份和整体》，朗曼澳大利亚，墨尔本，圣马丁出版社（St Martin’s Press），纽约，1995 年；马克林《中国的少数民族与全球化》，RoutledgeCurzon 出版社，伦敦，2003 年。

中国维护领土完整，不仅对中国有重要意义，对其他国家也很重要。的确，历史可以用不同的方式来解释，但我认为，中国提出的现有边界划定是完全站得住脚的，而且是合法的。如果我们开始建议将一些大国（甚至是小国）的部分地区分裂为独立的国家，就会制造无法解决的问题，导致战争和大规模的苦难，世界其他地方就曾出现过这样的情况，如苏联和南斯拉夫的解体，以及最近的南苏丹。

至于西藏的情况，一个主要问题就是中国政府和达赖喇嘛对“西藏”这个词的含义有不同理解。对中国政府来说，西藏指的是西藏自治区，而对于达赖喇嘛，除西藏自治区外，还包括青海全省，四川省、云南省和甘肃省的部分地区，总共约占中国总面积的四分之一。当达赖喇嘛谈到“真正的自治”，一个与独立没有太大区别的概念时，他指的是那个更大的区域。事实上，近年来，中国对四川、青海等地区的主权从未受到过挑战，这就意味着，达赖喇嘛认为中国不仅应该放松对西藏自治区的控制，还应该放松对其他广大地区的控制。我的看法是，中国不应该、也不可能那样做，即使中国仅仅表达愿意就此问题展开谈判，也会将自身置于各种问题纷至沓来的处境之中。

需要考虑的另一个问题是文化的生存问题。西方的人权活动人士和侨民经常指责中国破坏民族文化，特别是藏族和维吾尔族的文化。我在大量旅行后得到的经验是，没有这样的政策，在实践中也没有这样的企图。在西藏地区，无论走到哪里，我都看到了丰富的西藏文化特征，几乎所有人都相信藏传佛教，寺庙数量众多，许多香火鼎盛，西藏艺术生机勃勃。在新疆，大多数维吾尔族人（以及大多数其他少数民族）笃信伊斯兰教，他们的语言在广泛使用，他们的艺术也很活跃。

真实情况是，现代化进程往往与传统文化相对立。这在几乎所有国家都是真实情况，在我看来，汉族也如此。我在上文已经提到，中国传统戏剧，也在发生同样的改变。在壮族、蒙古族、回族等少数民族中，现代化进程远比藏族或维吾尔族走得更远，造成的影响就是一些中国传统文化的衰落。我不认为这是民族划分带来的影响，因为它对汉族的影响和对少数民族的影响一样多，甚至更多。

我的论点是，西方国家不断批评中国针对少数民族的政策和待遇是错误的。他们可能受到自己国家对待少数民族和其他少数群体不愉快历史的影响。也许达赖喇嘛能够获得某些同情和资金，使他能够让别人接受自己的观点，但存在很多证据与他的观点相反。要想究其原因，可能需要进行严肃的分析，而且躲藏在幕后的一定是政治。

我的印象是，作为一个整体，中国少数民族的民族意识仍然很强大，同时，我也看不到传统文化在短期内消亡的迹象。

西方人眼中的中国形象

1986 年，当我再次到北京外国语大学任教时，我同意教授一门关于西方对中国印象的课程。我对这个话题感兴趣已经有很长时间了，但从来没有强迫自己将想法清晰地组织起来，写一写这个主题。教学是促使我这么做的原因。我很喜欢教授这门课，学生们的反应也很积极。

第一次教完这门课后不久，我写了一本关于这个主题的书。① 正如我所教授的课程一样，这本书按时间顺序介绍，从古罗马开始，一直到现在。书中还有一个基本信息，即中国在西方人眼中的形象只是西方人（或者其他任何人）对其中国见闻的观察，这一形象并不“单纯”。当然，西方观察家对中国进行了敏锐的、有价值的分析，但也有一系列其他因素影响他们所看到的，包括个人偏见、经验、教养、意识形态及最重要的一点——政治。西方印象引发了许多有趣的跨文化关系问题，例如，什么是西方，哪些因素影响他们对其他文明，尤其是对中国的看法。我还发现，权力关系是否会影响形象，是一个有趣的问题。因此，如果西方强大，但中国软弱，

①《西方的中国形象》（*Western Images of China*），牛津大学出版社，香港，1989 年。

是否会影响西方对中国的看法？我的回答是肯定的，因为这本书的主要发现之一，就是政治对塑造国家形象所起的重要作用。

西方对中国的印象也在不断变化。二十世纪九十年代，变化速度很快，值得我再修订一版。[①] 我开始几乎每年都到北京，在北京外国语大学和中国人民大学讲课时，经常会开设这门课程，每次都要进行更新。我发现，两所大学的学生都很感兴趣。事实上，二十一世纪发生的变化比以往任何时候都要快，因为中国已经实现了现代化，并发展成为世界上仅次于一个国家的最大经济体。过去几十年，中国的崛起突飞猛进，中国的优势明显改变了力量平衡，并赢得了各方赞赏。但遗憾的是，它也带来了焦虑，因为西方不喜欢自己的霸权遭到任何挑战。

不断更新和修改课程，其结果是，它与1986年的原版相比有点面目全非了。似乎是时候出一本新书，仅仅论述中华人民共和国阶段，而不是古

马克林先生与好友陈琳、王家湘、伊丽莎白、迈克用餐合影

①《西方的中国形象》修订版，牛津大学出版社，香港，1999年。

罗马以来的整个时期。我在中国人民大学的朋友和同事张勇先教授建议我写一本书，论述中华人民共和国在西方的形象，以及我本人近半个世纪对中国的大量记忆和印象。我与中国人民大学出版社讨论了这个问题，出版社接受了提议。我用英语写了这本书，张勇先和一个学生助教将其译为中文。① 同年，稍长一些的英文版本推出，② 不久之后，在中国以外国家和地区出版。③

对中国在西方的形象进行研究、分析和授课，让我学会了很多关于跨文化关系及关于中国自身的知识，也让我更加欣赏中国文化和中国人民。一种文化对另一种文化的了解这一问题很有趣，当这两种文化在世界上同样强大，比如，西方和中国，其相关性和重要性也会增强。我发现，这项研究对理解中国和西方都有好处。

马克林先生在天安门广场上观看大阅兵

① 马克林，《我看中国：1949 年以来中国在西方的形象》，张勇先 / 吴迪译，中国人民大学出版社，北京，2013 年。

②《我看中国：1949 年以来中国在西方的形象》，中国人民大学出版社，北京，2013 年。

③《西方对中华人民共和国政治、经济和社会的看法》（*Western Perspectives on the People's Republic of China, Politics, Economy and Society*），世界科技出版公司，新加坡，2015 年。

半个多世纪以来对中国的一般印象

半个多世纪以来，在中国，特别是在北京访问和生活，见证了许多深层的变化及一些对我来说似乎没有多大改变的方面。这些变化多数是变好，但不是全部。总的来说，我觉得中国现在的情况比那时好多了。尽管存在种种问题，在我所经历的半个世纪里，中国做得相当好，在某些方面极好。

这是一个大的主题，但这里介绍的是一些关于变化和传承的非常笼统和简要的印象，是基于我的亲身经历，特别是在大学的任教经历。

首先，最明显，也是最重要的一点是，现代化和经济增长的总体成功在中国人民生活水平上表现得非常明显。人们穿得更好，吃得更好，住房状况也相对更好，还拥有更多的奢侈品。北京现在有许多高楼大厦，建筑风格广泛且全球化。个人普遍都拥有电脑、iPhone，享受其他当今世界的主流技术。这些并不局限于城市，在我看来，在那些被认为是贫穷落后的地区也很普遍。道路和基础设施比以前好得多，高速铁路和高速公路非常普及，许多城市都有地铁系统。当然，不仅仅是中国在取得这样的进步。在我看来，中国和西方之间的平衡已经发生了巨大变化，并向中国倾斜。当我第一次来到中国时，中国的情况远不如西方发达，现在的差别已经没那么大了。在某些方面，比如，高速客运铁路，中国要比西方好得多。

我回到中国时，最主要的印象是人们对自己和国家的信心比过去大多了。尽管他们比过去抱怨的要多，但这是因为他们不再害怕这样做。我似乎感觉到，在这些抱怨的背后是他们对中国取得的成就感到自豪，并期望中国能做得更多。考虑到很少有国家在这么短的时间内取得如此大的进步，他们的态度在我看来是在情理之中的。

当然，也存在着一些问题。二十世纪六十年代我在中国的时候，大多数人骑自行车，很少有汽车，而且多数开得很慢，路况也很糟糕。现在，自行车仍然很普遍，但已有太多的汽车，交通拥堵成为常态。北京的污染非常严重，尤其是在冬天。尽管中国政府已采取措施消除污染，但北京和中国大部分地区的环境仍然很糟糕，无法快速解决，最终可能影响整体经济增长。

这种经济的扩张加剧了不平等，因为社会和政府都鼓励人们为自己而努力工作，并抓住提供给他们的机会。这就使贫富差距越来越大。考虑到革命的目的在很大程度上是要带来更广泛的平等，那些做得不好的人更有可能怨恨社会上的成功人士，而不是认可和赞美。

一个非常不同的主题，也是我特别感兴趣的事情之一是，北京对西方古典音乐兴趣的提高。我访问北京和中国其他地方时，很高兴能够观看一流的西方音乐和歌剧表演，有些是来访的艺术家，包括来自澳大利亚的艺术家，但大多数是中国当地的艺术家。中国现在不仅培养了一流的戏曲表演者，还培养出世界级的指挥家、西洋管弦乐队和歌剧演唱家。每次我在北京教书，都会找机会去国家大剧院和其他优秀的场馆。所有这些都提升了我在中国的经验和生活的价值。而且，我要补充的是，不仅在北京可以观看这样的音乐表演，现在许多城市都有西式歌剧院，都可以看到精彩的表演。

我观察到的变化也适用于我的学生。早期的学生非常容易受意识形态的驱使。他们视自己为国家的战士，为革命和社会主义而战。他们崇拜毛主席，从不在任何问题上质疑政府，私下里也不会。他们很勤奋，很认真，渴望学习。他们纪律严明，没有充分的理由从来不会缺课，而且几乎从不迟到。他们不想出国读书，也不知道外面的世界如何。他们经常参加体力劳动，接受的锻炼是严格的。中国显然努力招收工人和农村出身的学生，我教的学生大多数是男性，绝大多数学生和同事都住在校园里。

再看最近教过的学生，很多情况发生了变化。首先，女生数量增加了很多。实际上，现在我在中国教的大多数课程都有很多女性。他们和过去学生的兴趣非常不同。他们通常对革命不感兴趣，更关心接触社会，找到好伴侣和稳定的好工作。过去，学生由政府分配工作，现在他们要自己找工作。当然，这样更自由，也让学生们更有抱负，但也存在根本找不到工作的风险。学习方式更加现代化，更了解外部世界。大家都有手机和电脑，许多人可以从海外获取新闻。个人生活比过去自由多了。而且，多数人都想出国，我教过的学生中，优秀学生往往会得到并珍视这样的机会。许多人还去过中国台湾地区，这对过去的学生来说是不可能的。还有很多人去中国其他地方旅游。西藏是一个非常受欢迎的地方，它以其独特的精神文化而闻名于世，在当今商业和世俗倾向日益严重的中国具有很强的吸引力。

有些东西没有改变。学生一般都很爱国，多数仍然很勤奋，有些甚至过于勤奋。他们仍然尊重老师，如果不来上课，或者迟到时，通常会道歉。意识形态在很大程度上仍是他们生活中的一个因素，但不像以前那么严重，通常会更加微妙。

结论

到现在为止，我的中国之旅刚好超过半个世纪，这段旅程以我从未预见、当然也从未计划的方式开始，改变了我的人生轨迹，使我的生活和事业变得更好。这段旅程迫使我直面对我自己文化的批判，比如，作为历史主要特征的帝国主义。同时，我仍和过去一样，保持着对西方文明和文化的热爱，其中对我来说最重要的是欧洲的古典音乐。

虽然我的成长环境并没有让我对中国有所了解，但对音乐的兴趣的确让我相信，音乐和歌剧是所有国家的，而不仅仅是西方国家的。作为一个澳大利亚人，我不能不对澳大利亚与我研究的这个国家的关系予以关切，产生兴趣，而这种关系曾一度备受争议。早年对唐朝与维吾尔族关系的兴趣，使我对中国的少数民族产生了持久的兴趣。当然，作为一个欣赏中国的西方人，我很自然地开始研究几个世纪以来西方对中国的看法。

我对中国历史的兴趣，是和我在中华人民共和国的丰富经历相结合的，这些经历让我对这个国家和她的人民着迷，包括历史和现状，以及我来中国几十年所发生的、强烈而痛苦的、辉煌而振奋的转变。中国一直面临待解决问题，现在依然。然而，我不得不对这里的人民面对问题的方式和其取得的成就表示赞赏。在我看来，这些成就是巨大的，我的旅程充满了激情与迷恋，努力工作与学习，以及对中国、中国文化和中国人民日益增强的欣赏、钦佩和热爱。

有一次，为了进行宣传，我需要回答一个重要的问题，问题包括两个地理选项，你认为用哪张图片可以说明“中国的缩影”，或者更简单一些，“北京的缩影”？当时，我忘记了一些本来很清楚的事，也许是因为必须亲身经历才能举出例子。现在我拥有了答案。

茶馆！但不是任何茶馆，是老舍话剧里的茶馆。它就是那两个问题的答案：它既代表中国和北京，也代表二十世纪的前半叶，甚至后半叶。

——弗拉蒂斯拉夫·巴亚茨（塞尔维亚）

我的中国（嗨）故事

弗拉蒂斯拉夫·巴亚茨（塞尔维亚）

弗拉蒂斯拉夫·巴亚茨，塞尔维亚出版商、作家。其创办的地缘政治出版社已经翻译出版了《碧奴》《活着》《妻妾成群》等多部中国文学作品，为向塞尔维亚推广中国当代作家的文学作品作出了积极贡献。

随笔

跨越时间的长河，回想最初对中国文化（以及整个远东文化）产生兴趣之时，我必须承认，那就像一个梦：我那时了解的一些事实，对我来说似乎是自我“发明”出来的。怎么会这样？嗯，我想，青年知识分子的思想清新而真实，他们凭直觉获取知识，即使是谎言也不会破坏亲密的感觉。有时，年轻人将外来的知识认作他 / 她的思想和精神中已经存在的知识。发生这种情况时——这种知识看起来像是发明出来的、肤浅的、不可能的——就像是一场梦。

这就是我如何利用（滥用）这种知识：我将它据为己有，如同两情相悦，如同一见钟情。

我第一次见到这种革命性的、不一样的、看待世界的方式，是通过大乘佛教、禅和禅宗佛教。我认识到，这些宗教其实不止是宗教，甚至根本就不是宗教，因而得出这样的结论，佛教的思维方式首先是一种哲学，然后又想到，这实际上是一种哲学信念。但后来我明白了，还不止这些，它是一种思维方式，或者，如果你愿意，是一种生活方式。还有什么比生活本身更伟大?

新的相识已变成终生的关系，变成了爱。实际上，按照我对爱的理解，这种关系一经产生便成为永久，它是基于直觉、感情和情绪的。

1975 年，我加入一个小组［由弗拉基米尔德维（Vladimir Devide）教授领导］，创办一份杂志，介绍日本俳句、禅宗佛教艺术和一般性文学。从第一期开始就涉及中国的禅，因为所有认为是日本禅宗的东西，都出自中国的禅。多年来，这本杂志在全球得到广泛认可，成为一份重要期刊，以论文、讨论、原创写作和翻译的形式，介绍远东哲学知识。

1979 年，我创办了一个小型出版社，名为“笔记本”（Notebooks），出版远东题材的作品，包括塞尔维亚作者的原版书籍，外国作者关于印度、中国和日本遗产的翻译作品，等等。出版社存在了五年，出版的作品有 KaKuan、切多米尔·韦利亚契奇（Cedomil Veljacic）（Bikhu Njanadjivako）、李白、庄子的文章和单行本。除了亚洲作者写的远东历史文化主题，1979 年，我出版（翻译、编辑）了一本名为《垮掉一代的诗》（*Poets of Beat Generation*）。虽然当时这本由十一位“垮掉一代”的代表诗人［艾伦·金斯堡（Allen Ginsberg）、莱尼·布鲁斯（Lenny Bruce）、杰克·凯鲁亚克（Jack Kerouac）、劳伦斯·费林盖蒂（Lawrence Ferlinghetti）、加里·斯奈德（Gary Snyder）、肯·凯西（Ken Kesey）、格雷戈里·科索（Gregory Corso）等］写的诗非常现代，甚至前卫，但我为他们结集出版的目的，是想展示佛教文化对美国“现代偶像”和对世界诗歌的巨大影响力。

1980 年，我编译了一本《禅宗故事》（*Zen Stories*），收录了日本和中国僧侣日常生活中的至理名言［由德扬·拉齐奇（Dejan Razic）教授作序］，该书在南斯拉夫成为经典图书，被多次修订、再版。

我还翻译编辑了一本《禅的故事》（*Ch'an Stories*，1982 年），专门收集来自中国的故事，目的是为了展示中国的禅与日本禅宗的细微差别和独创性。

1983 年，我和弗拉基米尔·科皮奇（Vladimir Kopicl）一起翻译、编辑了一本《旅行——当代美国诗歌指南》（*Trip – A Guide Through Contemporary American Poetry*），收录五十多位二十世纪后半叶当代北美诗人的作品 [来自不同诗歌流派，从弗兰克·奥哈拉（Frank O'Hara）、西尔维亚·普拉斯（Sylvia Plath）、约翰·阿什伯里（John Ashbery）、查尔斯·西米克（Charles Simic）、马克·斯特兰德（Mark Strand），到鲍勃·迪伦（Bob Dylan）、帕蒂·史密斯（Patti Smith）、杰罗姆·罗斯伯格（Jerome Rothenberg）、戴安娜·瓦科斯基（Diane Wakoski ）、Ai、Entler、安妮·沃尔德曼（Anne Waldman）……]。尽管他们的现代性和诗情不同，但他们的诗歌大都体现出受到古代远东写作风格的影响。

1988 年，我出版了自己的俳句和关于我在日本和中国经历的俳文散文作品。

第二年，即 1989 年，我出版了一本小说《竹书》（*The Book on Bamboo*），完全是关于中世纪的中国和日本禅与禅宗僧侣的生活，以及两个王国的概要历史。这本小说是我研究禅和禅宗艺术、哲学与文化的顶峰。十年后，这本书被列入南斯拉夫十年二十五本最佳小说之列。

四分之一世纪后，即 2016 年，《竹书》由塞尔维亚文翻译过来，并在中国出版。之前一年，即 2015 年，我的另外一本小说，《巴尔卡尼亚浴室》（*Hamam Balkania*）也被（从英文）译为中文出版。

1991 年和 1993 年，在全球规模最大的日本东京俳句大赛上，我获得特别奖（我的俳句作品，除了出版成书，还被印在装绿茶的罐子上）。

1991 年，我的俳句作品在日本东京双语版世界文库《四季》（*The Four Seasons*）中发表；1998 年，在加拿大奥尔良世界文库《俳句无国界》（*Haiku Without Borders*）中发表。

1992 年，我出版了一本梦窗疏石（Muso Kokushi，深受中文影响）的《禅宗诗》（*Zen Poems*），是由我翻译、编辑的。

在写作关于中国和远东的文章多年后，1993 年，我在塞尔维亚的贝尔格莱德创办地缘政治出版社（Geopoetika Publishing），现仍在经营。对我来说，这是发展永久兴趣的新途径。过去二十五年，地缘政治出版社以塞尔维亚文出版了许多关于中国艺术和文化的书。

它出版的第一本书是肯尼斯·怀特（Kenneth White）写的《游牧精神》（*Nomadic Spirit*）。肯尼斯是苏格兰人，当时在索邦大学教学，是国际地缘政治学会（International Institute for Geopoetics）的创办者。他毕生研究知识游牧（Intellectual Nomadism，这个词就是他首创的），是以若干文化支柱为基础，其中就有道教、儒教和佛教。在这本革命性的书中，他探讨从孔子、庄子到色伽兰（Segalen）和埃兹拉·庞德（Ezra Pound）提出的问题，以及东方与西方，北方与南方的相互关系。他的影响对我创办地缘政治出版社起到关键作用（出版社最初名为地缘政治中心）。之后，我继续出版亚历山大·格尼斯（Aleksandar Genis）的十几本论文集，亚历山大是一位旅居美国的俄罗斯人，著名知识分子、学识渊博的人，也是中国问题专家。

我后续出版的书籍有 T. O. Ling 编写的《佛教词典》（*A Dictionary of Buddhism*，1988 年）；D. T. 铃木（D. T. Suzuki）写的《禅宗与日本文化》（*Zen and Japanese Culture*，2005 年），和尼古拉斯·奥斯特勒（Nicolas Ostler）写的语言学著作《文字帝国——世界语言史》（*Empires of the Word – A Language history of the World*，2008 年），其中有整个一章讲中国语言。

我的公司与贝尔格莱德大学和孔子学院建立了密切的联系。我们合作的项目是给年轻译者（有时是学生）提供机会，让他们在教授的指导下，尽最大努力从事翻译工作。对于这项目工作的结果，我们非常满意。

开始出版由塞尔维亚作家撰写的关于中国文化、戏剧、文学和语言学的研究书籍时，我们感到非常自豪。其中有佐兰·斯克罗班尼维奇

（Zoran Skrobanović）写的《现代茶馆：汉语拼音的历程》（*In Modernistic Teahouse: Experience of Chinese Alphabet*，关于中国书法在欧洲现代主义中的反馈），和麦加娜·帕夫洛维奇（Mirjana Pavlovic）写的《中国现代戏剧与亨利克·易卜生》（*Modern Chinese Drama and Henrik Ibsen*），两本书都在 2014 年出版。

这两位汉学家为地缘政治出版社编辑了两本优秀的文集：《中国现代小说选集》（*Anthology of Modern Chinese Stories*，2014 年），涵盖二十世纪二三十年代的十位作家。另一本是《中国当代小说选集》（*The First Person – Anthology of contemporary Chinese Stories*，2015 年），包括二十世纪八九十年代的十六位最优秀、最重要的作家。他们还计划编第三本，收录最年轻的新一代中国作家的作品。

最近，有关地缘政治出版社的“中国”产品主要包括以下当代小说家的作品：

——苏童（Su Tong）《碧奴》（2006 年），麦加娜·帕夫洛维奇（Mirjana Pavlovic）荣获“米洛斯·久里奇（Milos Djuric）”塞尔维亚年度最佳翻译国家奖；《妻妾成群》（*Women and Concubines*），三篇小说（2010 年）。

——余华：《活着》（*To Live*，2009 年）；《许三观卖血记》（*Chronicle of The Blood Merchant*，2014 年）；《第七天》（*The Seventh Day*，2017 年）。

——张爱玲（Chang Eileen）：《倾城之恋》（*Love in a Fallen City*），三篇小说（2014 年）。

——张炜：《蘑菇七种》（*Seven Kinds of Mushrooms*，2015 年）；《秋天的愤怒》（*The Autumn Rage*，2017 年）。

——韩少功：《马桥词典》（*A Dictionary of Maqiao*，2017 年）。

一些书籍是与原中国国家新闻出版广电总局和时代出版传媒公司旗下的安徽文艺出版社合作出品的。

我访问过中国，并拥有一些美好而富有成果的经历。

2006 年，在北京国际图书博览会（BIBF）上，在苏童《碧奴》中文版发布之际，我和作者一起向媒体展示了塞尔维亚文版本。我还与各位领导和出版社交流。那时，我已经开始与中国国家新闻出版广电总局合作，并拜访了北京和上海的一些出版社。

2014 年，作为演讲人，我参加了由中国出版集团公司、青岛市政府主办的，中国对外翻译出版公司承办的“中国青岛 2014 年第一届中国文化国际交流论坛”。

2014 年，我还在北京国际图书博览会上做了几次演讲，并签署合作协议。

或许，我参加过的最重要的正式活动是在人民大会堂获得“中华图书特殊贡献奖”，由中国国务院副总理刘延东颁奖。颁奖仪式前，我们进行了半个小时的谈话。在获奖感言中，我表示希望与从事中国文化和语言专业工作的塞尔维亚人分享这个奖项。

2014 年，我在由塞尔维亚文化部和中国国家新闻出版广电总局在贝尔格莱德塞尔维亚国家图书馆主办的“中国—塞尔维亚出版与文化发展高端论坛”上发表演讲。

2015 年，我在北京国际图书博览会上讲话，并在时代出版传媒公司旗下的安徽文艺出版社展台发售我的小说《巴尔卡尼亚浴室》。

在这些活动中，我开始与安徽合肥和北京的大学合作。

作为与时代出版传媒公司长期协议的结果，地缘政治出版社和安徽文艺出版社开始在中国发行《塞尔维亚现代文学系列》（*Serbian Modern Literature Series*）。合作是基于地缘政治出版社发行的（最初在贝尔格莱德出版），由塞尔维亚文译为英文的系列图书［塞尔维亚散文翻译系列——SpiT（*Serbian Prose in Translation Series - SPiT*）］，旨在向世界呈现当代的塞尔维亚文学。到目前为止，已有四本书从英文和塞尔维亚文译为中文出版：

——《巴尔卡尼亚浴室》，弗拉蒂斯拉夫·巴亚茨（Vladislav Bajac），2015 年。

——《恐惧与仆人》（*Fear and Servant*），麦加娜·诺瓦克维奇（Mirjana

Novakovic），2015 年。

——《竹书》，弗拉蒂斯拉夫·巴亚茨（Vladislav Bajac），2016 年。

——《科莫湖》（*Lake Como*），思尔江·瓦里亚莱维奇（Srdjan Valjarevic），2016 年。

此次合作的目标之一，是在中国建立一个塞尔维亚文对中文的翻译团队，因为在塞尔维亚，已经有了“翻译方向相反”的团队。因此，双方大学的院长和教授都参与了这个项目。

事实上，简单地说，我和中国的关系是：我的中国（嗨）故事是一个进行中的项目。

图说语言的运用

旅行见闻

中国人热衷仪式，举个例子，有一年，我在天安门广场人民大会堂的颁奖仪式上，被安排 60 秒的发言。但这并不是唯一的一次，还有在《塞尔维亚现代文学系列》中文版签约仪式上有一次，在北京的书展上有一次，在山东青岛举行的关于中国文化的会议上也有一次。

在出版商和文化部合作的演讲中，我有三分钟的时间（加上翻译的两分钟）。这是塞尔维亚第一次在北京国际书展上设国家展台，所以，我设法多讲了一分钟左右。在展示我的中文版本书籍时，活动时间较长，但仍会限时。中国人将各种各样的公开讲话都称为“演讲”，有很多，所以都很简短。另一方面，当有安全要求时，即使是颁奖（仪式中无言的部分）过程也需要彩排。无论如何，仪式基本上是中国的一项发明，从茶道仪式到现在，都是如此。

在不那么正式的场合，也会有简短的演讲，但这种时候可以来点幽默，把笑声当作演讲。这里可以有代替语言的方式：围坐一起，依次为每个参加者的健康干杯。这种时候，重要的是饮料的选择。如果是中国白酒，那是更明智的选择，因为它更像格拉巴酒，可以用小玻璃杯一点点地喝。如果是啤酒，酒精含量低，你就要被好好款待了：这是错误的选择——你会喝得更多，因为规则说必须干杯，每一杯都要干。所以，想象一下，有二十个人为你庆祝，这个圈子是封闭的，别人，不是你自己，会不断在你的杯子中倒满啤酒。他们到你身边祝酒，要来好几次。在这样的场合，数量战胜质量，你会难以应付。

我曾经接受过所谓传统媒体的采访，这是一种处理语言的出版物，“文学艺术期刊”。加上“所谓”这个词的原因是，我在报刊业度过了至少 25 年的人生后，还是不知道应该称之为报纸还是杂志。即使现在，我对传统媒体节奏的认知，仍是日报、周刊、双周刊和月刊。但这一份是每周出版三次，周一、周三和周五。有人认为这是公共文学杂志的正确节奏，那你会将其叫作三日刊，或三周刊吗？

在纪念为我出书的出版社十周年庆典结束前不到三十分钟时，我们收到了一本小册子，里面有这次庆典中的演讲节选，配有彩色照片，是按需印刷制作。我的出版商将按需印刷使用的机器放在展位上，引起了大家极大的兴趣。科技的语言——也是年轻人的语言。我记得，它面市时，价格数十万欧元。现在，这个产品已是人尽皆知，在西方，使用它的过程被称为“按需出书”。现在的价格也并不便宜（虽然非常实用，也还没有流行到要砸了出版商的饭碗），这是一个数字为文字服务的例子。

在中国，当有的出租车司机想当然地“带你去兜风”(原谅我使用双关语)的时候，你会体验到语言无助的感觉。这种情况，不是你不能理解别人的语言，而是无法理解别人的生活态度。是的，这不是中国独有的，我们只需要在自己的机场外面看看就知道，出租车市场有时是失控的。

几年前，在纪念第二次世界大战结束（中国抗日战争胜利，从日本侵略中解放）七十周年的 9 月 3 日阅兵式前，北京周边的工业已经停产一两个星期。这是少有的情况，城市上空的天是蓝的，飞机可以靠飞行员的双眼而不是导航飞行，外国贵宾可以在洁净的空气中参加活动。现在，我才理解，这之前我们主办贝尔格莱德书展时，接待过中国出版业代表团。午饭后，我带他们去萨瓦河河边，问他们出发前还有什么重要的事情要做，他们说：看看你们的蓝天。他们一直在拍照，并且说，我们的大城市里没有这样的情况。啊，但愿他们知道，我们所谓的大城市的天空是蓝色的，不仅仅是因为我们关心环境，而是因为我们不再有任何工业污染这片蓝天。

在著名的东华门夜市，有成千上万的声音，许多人在同时喧哗。这是中国的每一天（每一夜）。在北京，人们在马路上制作、出售数百种食物，真是美食大全，有鹌鹑，有螃蟹，死的和活的；有昆虫，熟悉和不熟悉的；有的像蝎子被穿在木叉上，身体还在扭动。在这里，甚至连食物都在说话。确实如此。这个受欢迎的本地社区，服务于北京居民和他们的家人，多数人也是最近才从其他地方来到这里。而西方游客只有很少勇敢的人才来这里探险。当你从迷宫中走出来，北京在游客眼前又完全变成那些熟悉的商店和品牌，如同在全世界都能见到的一样。形成对比，又颇具当地特色的是：这里也满是肩并肩的安全服务人员。

中国人很久以前就发现，对词汇最好的运用是不把它说出来，如果必须说，则尽量少说，那是在禅宗佛教（后来成为日本禅宗）繁盛的时代。另一方面，中文拥有三万个字，这使它成为一种强大的语言：绝对数量使它有可能以无数种方式表达自己。尽管有学问的人也最多认识几千个汉字，但这个数字还是令人生畏的。王府井步行街上的大书店对所有人开放，是一个巨大的图书百货商店，有六层楼的书。

在孔庙，孔子沉默着，似乎该说的都已说尽，门徒已将他的智慧和知识广泛传播。设在北京的国子监创办于十四世纪初，是国家最高学府及其管理机构。这座集寺庙与学校于一身的建筑群仍耸立在北京安定门内。十四世纪早期的图书馆（译注：彝伦堂）似乎是最重要的，满眼是克制的奢华，即使已经空空如也。这里记录和保存的手稿不仅表达着师生之间固有的爱，同时还有允许鞭打的纪律。

在追求知识的过程中，石头似乎也已把话说尽。

倒走者或我的父亲在中国（短篇小说）

汽车向前开，时间停止了。我坐下来，舒服地靠在后座上。从这个放松的位置，透过车窗看窗外的行人绝对是一种享受。在北京的人行道上行走，似乎是一件很平常的事，但只是乍一看：每个人都与车平行，有人往相同的方向，有人往相反的方向，除了一位老先生，他同时往两个方向走，因为他在倒走，这样一来，他似乎阻止了时间的脚步。

一开始，我以为这是那种情况，你处在那种特殊位置，世界似乎稍稍向对角线偏移，让你的视角允许有偏差。或者当你被自己对周围环境的反应冲昏头脑，现实就显得异常诱人。就我而言，在那个时刻，所有这些条件都完全满足：我可以轻易地形成对中国的双重印象，一个在我面前，另一个在我的脑海里。好吧，只要这两个世界在接缝处互相让步就好，因为总可以再让它们合二为一。问题是，世界开始跑到接缝之外。

我让司机在人行道旁停下，来核实对步行者的两种印象。我们朝同一个方向走的时候，我们等他，他就跟我们平行，同时又违反“走过来”的逻辑，因为他追我们的时候，一直是背朝前。路人小心翼翼地避开他，没有表现出丝毫的不愿意，同时避免有丝毫的接触，所以他根本不会粗暴地撞到行人。

他自己似乎一点也不担心可能会和另一个人或物体擦碰到、被绊到，或者——上帝保佑——摔倒。我没怀疑他，却怀疑起了自己，因为那么怪异的走路方式，就在我面前，在其他行人难以形容的压力下，一切似乎立刻变得并不虚幻，而是相当正常而普通。

当然，每一个意想不到的、不同寻常的印象，在最初的惊讶后，都有其解释。虽说找到了满意的原因，却也破坏了文学的魔力。所以，司机看到我这么热切地关注这个倒走的人，没等我问，就对这种现象做了解释：这又是一种中国的日常活动，是一种健康的生活方式。根据惯性定律，一个人走路的时候总是会微微向前倾，好像随时会倒向地面。天长日久，长期采用这种姿势，脊柱会在不知不觉中变形。倒走能矫正这种错误姿势，矫正脊柱和整个身体，使其恢复正确的方向，让前胸和后背完美地平衡。

无论听起来多么业余，这个解释都是有道理的。但是，我不知道为什么，当我复杂的大脑把这种行走方式与生命的年表联系在一起时，这种感觉就丧失了：我看到一个人，在我面前，我的父亲，他的整个（被缩短的）人生——就是在倒走。似乎他在五十八岁还不算太老的年纪去世前的那一秒，决定将一切都颠倒过来，从那一刻开始，转身走向年轻的时候，不是获得，而是失去智慧和经验。他越来越年轻，能力却越来越萎缩。对我来说，这就像在镜子里观察你的灵魂：身体是左右颠倒的，而在这里，是前后颠倒。

从那一刻起，我在这个国家每走一步都能看到他，和别人不同。也许是因为他就是和所有人都不同。他去世 30 年了，我甚至都懒得定期去看看他的坟墓，更不用说做些更有责任感的事了。他就像一个儿子来到我的生活，现在是 28 岁，不是 58 岁，一个年轻人，我还必须在生活的某些方面给予指导；我必须是我父亲的父亲；我的儿子是我的父亲——事实上是父亲儿子。

我喜欢中国的东道主带我去一个又一个地方，每个地方各不相同。从中国墙（所有人，包括中国人，都叫它长城）到老舍茶馆，从故宫到皮影戏剧院，从上海塔（东方明珠塔）（263 米高，乘高速电梯只需要几十秒就能上去）——在那上面可以看到以公里计算的整个世界，到竹林和漕港河上贫困但著名的朱家角古镇。在中国，这样的村庄成千上万，村民并不感到羞耻，而是恰恰相反。在其中的一个村子，三个几乎没有一颗牙的老妇人为我唱歌，敲钹吹笛。她们的歌唱变幻无常，声音并没受到没有牙齿的影响，她们身上洋溢着奇妙的快乐。一条河上的一个村庄，中国的迷你威尼斯，狭窄的人行道，当作街道的运河；乘坐带篷的船，像漂浮的人力车——那就叫它人力车船吧——但我不喜欢黑色的贡多拉，我根本不想上去，因为它让我想起灵车，我相信我父亲一定是让灵车拉走的，虽然我并不知道。窥探农民的家：仿佛是在画家的画布上，透过敞开的大门，一幅

巴亚茨先生在北京故宫

贫穷的图画，一种并没让任何人感到尴尬的贫穷，因为这就是他们的生活；与我在那不勒斯看到的贫穷类似，又让我想起印度的贫穷。痛苦无非一种享受，但身处这些人中间，贫困这个事实就是个奇怪的东西。房屋的门敞开着，不仅是因为没什么可偷——在中国的村庄，家里有一张桌子、椅子、炉灶和床；在那不勒斯中部，是一张桌子、一把椅子、一张床、一台电视；在印度，是一张桌子、一把椅子，没有床——而是因为自己，或别人，没有什么东西需要躲避路人的目光。

当我们一家也面临同样的痛苦时，我的父亲并不觉得尴尬，而为那些置他于这种境地的人感到尴尬。他离开年轻职业外交官的富裕生活，从海外服务回来，交出外国城市中心的别墅、汽车和一群宠物，换成他自己的城市贝尔格莱德的一个公寓。因为他的财产已经被没收，因为他最近的身份是人民的敌人，他的公寓，像他自己一样，一无所有，一把椅子都没有，也没有电。在二十世纪后半叶中期，在一个进步的西方社会主义国家，我们生活在地板上，在烛光中，等待着那部悲惨的法律剧上演，但显然，从第一幕就能看到结局。我们在逃避自己。

我逃离导游，穿过村庄。大家都想去参观道观——虽然不是真正的旅游景点，却与人们的宗教信仰相吻合，也对外开放。我躲到一个叫圆清禅院的佛教寺院，那里没有人来。我进门时，老僧亲自摇响手铃，这是他和佛陀对我表示欢迎。不过，他刚对我的到来作出反应，就发现一些必须要做的重要工作，于是弓着背坐在寺庙门口的一张桌子前，让我独自一人待在那里，很好。寺院虽然位于村子的中央，却非常安静，这在其他地方很难找到。在中世纪，中国人产生一种乌托邦的想法，要把哲学和宗教的三大支柱，道教、儒教和佛教合并，也就是明代的“三教合一”概念。他们没有成功。这一次他们是在倒退，就像基督徒把一种宗教变成两种，如果不是三种的话。想象一下，如果他们现在想要复兴三种宗教一个上帝的旧

巴亚茨先生在长城下

观念，与伊斯兰教和犹太教，或者印度教和神道教融合，特别是他们自己要先统一，结果会是怎样。

思考着统一或缺乏统一的问题，我在寺庙的院里和大殿转悠，这又使我回想起我的父亲。他知道斯雷姆斯基·卡洛夫奇的神学院能带给他急需的避世，而他却因为自己的个性，努力远离宗教的指引。他认为自己将与神交战，但战争甚至带走了他的一些人性。是的，它创造了新的神，所以，也许他的誓言总算实现了。然而，这些神却开出了可怕的账单。

在中国的伟大或宏伟的标志——长城的一个入口，你乘坐现代化的缆车，从底部往上爬，就像在滑雪坡上行驶一样，你会因为这个国家身份守护者（长城）的美丽、长度和持久的稳固而屏住呼吸。然后，你就回到现实，回到出发的山谷，身上背着一个小碟子滑行一公里左右，就像在雪橇上一样，在你快速下滑时，唯一必须注意的，是双腿之间的杠杆——一个阻止你自由落体的大手闸。而在下面等你的，是身着传统汉服，从灌木丛中出来的武士，试图用巨大的、非常令人信服的戟和大刀来切开你的喉咙。很粗劣，却与周围环境匹配，二者都很有趣。在城墙上时，一个和尚走过来，用你提到的任何语言跟你说话，你开始以为自己一定是回到公元前七世纪，长城开始修建的时候，或至少公元十四世纪的明长城建成时，直到你看到他手里的可乐。这是一种廉价的对比，但能有效地把你，还有另外一些人摇醒，即便仅仅是意识到，这只巨大的龙，它的双翼伸向亚洲，它是在约两千年前建造的。历史必然性？持久性？那为什么在月球上看不到呢？

也许，长城最伟大的建筑师之一是秦始皇（公元前259—公元前210年），也是中国的第一位统治者。他以五十万士兵将这个国家统一。用这样规模的军队将一个国家统一，就意味着要大量的杀戮人员。但他走得太远了：历史资料告诉我们，他统一的想法夺走所有小国三分之二的人口。战争之外死去的人，死于修建长城，尸体被埋在长城的地基里，这就是现代作家苏童讲述的关于碧奴的著名传说。在北京书展上，我和他一起，面向几百位记者，与公众分享了对这本书的兴趣。不知是为了哀悼死者，还是仅仅

巴亚茨与作家苏童在北京国际图书博览会上举办塞尔维亚语版《碧奴》新书发布会

为庆祝他的所向披靡，秦始皇下令制作著名的兵马俑：三个坑共有 7000 余件陶俑、100 余乘战车、400 余匹陶马和数十万件兵器。但是，荒谬的事不断出现，一个接一个：对于这支陶俑部队，必须有相同数量的真正的士兵为雕塑工匠当模特。每个角色都有对应的真人，没有一个来自于雕塑者的想象，仿佛是那些被杀死或埋在城墙下的人，渴望活下来。而丞相李斯又提出独特的方法，杀害了另外 460 位儒生（学者，那个时代的知识分子）。原因是李斯对研究老鼠感兴趣，他仔细观察后发现，殿堂里的老鼠比街头的老鼠营养更好，也更有攻击性。从这一点，他推断，帝国有可能被有学问的人推翻（也许是对生活太满意了），因此杀害了他们，至于烧掉的那些书，就更不用提了。（编者注：这是作者本人对李斯的解读，与史实不符。历史记载：李斯未成年时，发现厕所里的老鼠又脏又臭，很怕见人，而官府仓库里的老鼠又肥又大，还不怕见人。由此，他悟出一个人所处的位置比别的条件更重要，与坑儒无关。）

下一个朝代——汉朝，开辟了远古的丝绸之路。从它对连接世界的贡献来说，应该能从月球上看到才对。也许还有海上的通道，在中世纪，中国海员就已超越以欧洲为中心的伊比利亚人或威尼斯人。不管怎么说，是谁发明了指南针和舵？对，是中国为你们发明的——要么造就，要么毁灭。即使他们更先进，也有模具破损的时候。例如，商朝的妇好，那个时代为数不多的今天人们知道名字的王后，并不在乎人们对她性别的赞美，却为将军的头衔自豪，率领部队打败两个敌国。她也曾牺牲老百姓，不仅在战场上，也在祭祀仪式中。

有一次，为了进行宣传，我需要回答一个重要的问题，问题包括两个地理选项。用哪张图片可以说明“中国的缩影”，或者更简单一些，“北京的缩影”？当时，我忘记了一些本来很清楚的事，也许是因为必须亲身经历才能举出例子。现在我拥有了答案。

茶馆！但不是任何茶馆，是老舍话剧里的茶馆。它就是那两个问题的答案：它既代表中国和北京，也代表二十世纪的前半叶，甚至后半叶，尽管《茶馆》和它的作者我都没见过。从我自己的观察，或许也可以代表二十一世纪的前十年。为什么？因为它代表了一个多面的中国：最重要的是，在茶馆里，能喝到最好的茶，不管你想要哪一种。除了以精心设计的传统方式服务的女服务员，最后一步是由茶博士将倒茶变成了一种仪式，他将一个长一米多，细长中空的木管，高高地背在背上，在木管的一端，从近乎跪着的位置将茶倒入，像丑角一样弯着腰。茶从另一端出来，倒进他另一只手拿着的杯中，杯子低得接近地板。所有这一切都以惊人的速度完成，当然，一滴也不会洒出来。

然后，会给你端上各式各样精美的茶点小吃，无论从味道还是呈献方式，每一种都堪称艺术品。一种绿色的酱汁，被点缀成阴阳图案，轻轻地覆盖在蘑菇等美味做成的汤上面。我面前的是太极吗，你会这样问自己。我观察那些专注的美食家，努力克制着自己，不去破坏面前旋转的盘子里食物的色彩或外观，理由是它们太养眼了。但最终还是要有个开始，然后就是大快朵颐，任何抵抗都不再起作用。

一盘接一盘上菜时，四位年轻的古乐器演奏者，拿着天然纤维制成的弦，走上舞台，天籁之音在房间飘荡。这场漫长的宴会结束时，不知何故，并没有让你感觉自己像是一只没有生气的、膨胀的袋子，然后灯光熄灭，皮影戏开始了。移动的风景在屏幕上神奇地移动，指导无生命的移动角色的演员真是了不起，你却看不到他们，他们是自己操纵的角色的影子：他们是影子的影子，很奇怪吧。

在这个享乐主义至上的北京缩影的尽头，还是在老舍茶馆，你会发现一个奢侈的商店，卖各式各样的茶——有几百种之多。特别吸引人的，是那些佛教寺庙种的，很少在其他地方出售的茶。因为有佛祖关照它们的培育（可能也会关照它们的销售），你会想拉开架式拍张照片，然后就会有人告诉你，不能在这里拍照。不能给茶拍照吗？茶，它只是中国古代七种所谓的日常必需品之一，和柴、米、油、盐、酱油和醋放一起。也许正是它古老的本质，将它几乎变成一尊神。

当你认为已经看到了所有的对比，一个真正重要的对比出现了：从北京切换到上海，从向外发展的城市，切换到向上发展的城市。

同样，上海也有它自己的对比。上海实际上以两个部分存在着：我们可以称它们为新城和老城，或者，更确切地说，是中式和欧式。这两部分被一条河所分割，几乎像两个城镇。如果我没有在一个同样拥有新老两部分的城市待过，你可以说它是奥匈帝国和奥斯曼帝国，或塞尔维亚和土耳其，或后共产主义（实际上是社会主义—自由主义的资本主义）和资本主义，我会认为这是不可能的。但上海就是这样：进步的一半，有超过2500座30层以上的建筑，另一半则回归十九世纪晚期和二十世纪早期，完全是欧洲设计，只有少许美国风格。一半是用来工作的，但不是工人的！另一半是用来审美的；一半是快节奏生活，用来消费人，另一半是缓慢而稳定，用来消费钱。一半是新亚洲人，另一半是旧欧洲人。在港口的“中国”一侧，你会看到一座水手纪念碑上的题词：“铭记历史，展望未来”，在“欧洲”一侧，你会找到现代作家王安忆和她的小说，只与上海的过去有关。

在新上海，甚至连餐馆的想法都不一样。一家最好的餐厅，供应中国南方美食，却自豪地展示着一张美国前总统比尔·克林顿的大幅照片，照片上他的妻子、客人和餐厅员工围在他身边，然后是食物，很好，却很不一样，例如，大大的黄鱼子酱、海蜇和鱼翅汤。

贯穿我们的一生，父母都在追随着我们，即使我们的孩子或孙辈已无法想象，我们也曾年轻，或意识到我们也曾是（现在仍是）某个人的孩子。这是一种理所当然的真理，你却必须大声说出来，它才能成为真理，就像说“但我们都是被人生出来的！”然后听众才开始思考，因为他们习惯于听到“我们都会死的”，却没有听过相反的说法。我们会和父母一起死去，只有到那时，他们才会死去——和我们一起。

在长城上，我父亲提醒我，他曾抛弃东正教牧师的法衣，最后还是相信了共产主义，而共产主义也最终给他以回报。在这两个极端之间的岁月，还有过一个极具个人英雄主义的故事——他从第二次世界大战的漩涡中救下了 150 个孤儿，并带他们参加游击队，只有一个孩子选择参加南斯拉夫祖国军（他的兄弟当时也在，却没有参加）。然而，这并没有减轻我长期以来的惊讶，因为我不能理解，父亲怎样在他一生的不同轨迹间找到关联。直到有一天，他对我说：共产主义也曾经是新的，你知道，在二十世纪，那是很前卫的思想，几乎和超现实主义或达达主义一样。人们追随这些运动，穷人希望获得社会公正，知识分子渴望世界完美，一些是从艺术出发，一些是从政治出发。

他对所有那些孩子都有兴趣，就像奥斯曼帝国、中国或其他任何皇帝，与数百位看不见的嫔妃在一起。当他的后宫消失，只有两个儿子留下来，对于他们，尽管他努力过，却没有时间，更不用说设法对他们感兴趣了。我，冯贝茨（von Beitz）王子，因缺乏继承而苦恼，但依然是他的后人，我不得不去外面的世界寻找继承。直到今天，我还是没有找到信仰，或永恒，甚至没有找到真正的理由去寻找，更不用说找到自己了。

但我确实找到了中国，倒走的中国。本该如此，如果世界要变好，要得救。

短篇小说选自 *Gastronomadic Tales*，《故事集》（*Collected Stories*），2017 年。

从小时起，中国就对我产生了强烈的吸引力，仿佛冥冥之中有一股命中注定的力量，将我的未来与这个古老文明紧紧地联系在一起……我将坚定不移地继续从事翻译工作，并不遗余力地推广中国当代文学的杰出作品，因为我认为它们值得任何一个对中国和中国梦感兴趣的人去认识和了解……我选择了一条满布荆棘的艰难之路，但每当看见自己的努力成果，我就知道，自己终会得到丰厚的回报，而且，每个人都将从中国奉献给世界的、不可思议且无穷无尽的宝贵遗产中获益。

至于我自己的收获，我认为是学习汉语带给我的快乐、喜悦和满足。中国已经给了我太多东西，如今我有责任回馈给她，为推广中国的独特文化倾尽绵薄之力。

——白罗米（罗马尼亚）

我的中国故事

白罗米（罗马尼亚）

白罗米，罗马尼亚布加勒斯特大学孔子学院外方院长，布加勒斯特大学外语学院东方语言系汉语专业教授，主要教授现代汉语语法、中国文化、翻译、中国文字的演变等课程。主要翻译作品：《荀子》《庄子》《天堂蒜薹之歌》《酒国》《许三观卖血记》。

若要叙述中国和我的关系，以“我的中国故事”为题似乎恰好与我的人生经历不谋而合。中华文化、乃至整个汉语世界和我有着千丝万缕的联系，我无法划出界限来清晰地分开这一切。你或许会好奇其中的来龙去脉，请容我细细道来。

二十世纪七十年代，当我还是个年仅七岁的小女孩时，便已开始学习汉语了。在当时的罗马尼亚，无论是对孩子，还是对成人来说，汉语都是一门罕见的语言。在中罗两国于 1949 年建交的一年后，一群青年学生被送往中国求学，他们是首批学习汉语并成为汉学家的罗马尼亚人。经过长达六年的紧张学习，他们中的一些人成了布加勒斯特大学的教师，就职于当时新成立的特别院系——中文系。此后，每四年就有七到十名学生在这里学习汉语，毕业后成为翻译家、外交家和作家。

这其中，有一位就是弗洛伦蒂娜·维桑（Florentina Visan）教授。她于1971年开始在一所小学教授两个班级的汉语课程，我恰巧是她的学生之一。当时，中文系针对小学阶段进行的实验性汉语教学一直持续了七年，直至我们中学毕业。在这七年里，我每周都会和其他29名同伴一起上一次汉语课，但我不知道这堂课竟会对自己的命运产生如此深远的影响。我忘了最初究竟是什么让我对汉语如此着迷，或许是中国文字或它们的发音，又或许是我们学唱的那些中文歌曲，但可以肯定的是，当时被激发出来的那股热情伴随了我的一生。

正是在那些年，我开始领会到汉语写作的魅力和神秘，以及中国这个国家美不胜收的河山和丰富多彩的文化。我曾读过的每一本书、翻过的每一本杂志，都会将中国的方方面面呈现在我面前，全都是我视若珍宝的重要财富，隐藏着通往神奇世界的路径。从小时起，中国就对我产生了强烈的吸引力，仿佛冥冥之中有一股命中注定的力量，将我的未来与这个古老文明紧紧地联系在一起。当我就读高中，要选择自己喜欢的院系时，我毫不犹豫地决定要学习汉语，绝不允许有任何差池。我开始努力学习，以便通过入学考试。得知自己被布加勒斯特大学外国语言文学系录取，将在该校学习汉语和英语的那一天，是我一生最快乐的日子之一。在此后长达数十年的漫长岁月里，我努力学习和工作，作为大学生、作为研究生、撰写博士论文，之后在布加勒斯特大学中文系担任教师。

在中文系学习期间，我最感兴趣的是翻译课，这门课程帮我掌握了中罗双语互译的专业知识。当时，我还迷上了中国古典哲学，并学习了文言文。刚一毕业，我就在曾经的高中汉语老师、青年汉学家塔蒂亚娜·西格尔（Tatiana Segal）指导下，开始翻译庄子的著作。经过多次合作，我们决定将《庄子》整本书翻译为罗马尼亚文。我们发现，除了汉学家和学习汉语的人以外，还有许多罗马尼亚人也很有兴趣学习既丰富多彩又引人入胜的中国文化，想要了解更多道家和儒家等伟大思想家的著作。因此，我和塔蒂亚娜·西格尔开始了《庄子》一书的翻译，这是一个漫长的过程。我们不仅将原文译为罗马尼亚文，为了让读者更容易理解，还在文中增加了详尽的注释和评论。

正如尤金·奈达（Eugene Nida）所言，译者要追求的并非文字的对等，而是意义的对等。由于中罗两国的语言和文化体系迥然不同，双语互译就需要一种跨文化的交流。译者不仅要熟悉源语言和目标语言，还要对两种文化有深入的了解，这是把源文本及其文化价值诠释出来的必要策略。

我们心中铭记奈达的翻译理论，力求创作出最好的《庄子》译本，让罗马尼亚读者好好解读这本古老的中国哲学著作。

我与良师益友塔蒂亚娜·西格尔所做的翻译工作可谓异常艰难，因为那时查找相关文献资料非常不易。后来，我获得机会来中国参加各种培训和会议，于是，我就利用每一次中国之行，寻找更多的参考书籍，与这方面的专家学者见面，讨论庄子、道家和中国的思想体系。我发现，对于一个刚毕业不久的新人来说，翻译如此艰深晦涩的文字确是一项需要很大勇气和努力的工作。我逐渐明白，自己必须学得更多、工作更努力，才能达到这项庞大工程的所有要求。

经过20年的辛勤工作，包括翻译、调查研究大量概念和关键词的含义、查阅无数中西方注释，《庄子》的罗马尼亚译本终于在2009年由人文出版社出版。

该书在罗马尼亚最重要的高迪亚姆斯书展（Gaudeamus Book Fair）上发布时吸引了大量参观者。《庄子》的罗马尼亚译本在高迪亚姆斯书展发布是人们期待已久的一大盛事。展会上，哲学家、人文出版社社长加布里埃尔·利恰努（Gabriel Liiceanu）先生主持了新书发布会。他强调，当自己还是个正在学习东方哲学的青年学生时，就曾读过庄子著作的英译本。他读了《庄子》之后，就被书中所蕴含的无穷智慧深深吸引。他因此深信，庄子是最伟大的人文主义思想家之一，而罗马尼亚文《庄子》译本的出版，是他理应奉献给本国读者的一件文化珍品。与此同时，他还表达了自己对该书译文质量的高度赞赏。

人文出版社社长的这番话对我产生了巨大的影响，激励着我除了在布加勒斯特大学东方语言系担任汉语教师外，还继续投身于翻译工作。

那是我翻译活动的开始。我不能称之为翻译生涯的开始，因为我主要从事的仍是汉语教学。但自从在布加勒斯特大学和北京语言大学求学之时起，我就已对翻译有着特殊的兴趣，将其视为不同文化之间的桥梁，促进人们互相了解的不可或缺的工具。

而为了能让翻译发挥桥梁和工具作用，我就必须将中国文学作品高质量地翻译为罗马尼亚文。这就是为什么从一开始我就将严复的“译事三难：信、达、雅”作为座右铭牢记于心。在致力于翻译《庄子》的那些年，我不仅学习了更多的文言文，还不断提升自己的翻译技巧，积累更多知识，逐步实现自己在翻译领域的目标。在此过程中，我曾不止一次怀疑和担心自己是否有足够的能力完成翻译中国文化史上最重要著作之一的艰巨任务。不过，我已学习汉语数十载，能够从这个浩如烟海的文明中汲取灵感和智慧，并从小就认识到中国人民不畏艰难的精神。每当我面对那些困惑和担心时，那些中国历史上和文学作品中的英雄总会不断地在我眼前闪现，我逐渐对战胜困难充满信心，我必须完成自己的人生规划，成为一位在汉语作品翻译领域出色的译者。

事实上，我们翻译的《庄子》是在罗马尼亚直接译自汉语的唯一版本。它出版后不久便售罄，这让我欣喜不已，同时，也让我充分意识到一个事实：跟随我的中国榜样，经过不懈地学习和训练，我有能力为那些想要更深入了解中国文化的罗马尼亚同胞提供高质量的译本。这是对我能够成为一位好译者的肯定，同时也是一种推动，鞭策着我在翻译领域作出更多的贡献。

在与搭档一起翻译《庄子》的那些年，我阅读了大量中国哲学书籍，深谙要翻译如此艰难晦涩的文字，不仅要通晓文言文，还必须首先对中国的思想体系有一个透彻的了解。于是，我开始查阅更多书籍，也因此发现了另一位同样举足轻重、却在罗马尼亚还不被知晓的中国思想家——荀子的著作。

罗马尼亚第一代汉学家翻译过不计其数的中国文学作品，而最具代表性的中国思想家的著作只有孔子、老子和孙子。世界文化遗产的重要贡献者名单还很长，罗马尼亚人却只认识上面几位。因此，我决定翻译《荀子》，这项工作花了五年时间才完成。同时翻译《庄子》和《荀子》并不是一件容易的事，我必须付出双倍的努力。不过，我欣喜地发现，尽管两位思想家属于不同哲学派别，但由于都根植于同一沃土，他们的思想在概念、观点和理念上存在着很多相通点。因此，在翻译时，通过考查这些相通点，通过阅读和研究，我得以更深入地了解中国文化的基本原理。

《荀子》译本由罗马尼亚著名的珀利罗姆出版社（Polirom Publishing House）发行。这是迄今为止唯一的罗马尼亚文译本，而孔子或老子等其他哲学家的著作则早已有了好几个翻译版本，或从汉语，或从其他语言翻译而成。在《荀子》译本出版之前，许多读者对儒家的印象仅限于孔子，这本书出版以后，他们了解到儒家学说的博大精深，包含了浩如烟海的思想、理念和观点，与辉煌灿烂的中国文化遗产紧密相联。此译本大获成功，罗马尼亚读者和文化界人士均认为，要了解中国的智慧和文明，这样的作品必不可少，应该有更多类似的思想家著作的翻译作品面世，如孟子、韩非子、梁漱溟、杜维明，等等。

尽管我也认为自己耗费多年时间翻译的两本书对罗马尼亚人了解中国非常重要，但也意识到，它们的读者群仍局限于知识分子圈子，普通民众对这类书籍并不一定感兴趣。

若通过这些书籍评估中国文化在罗马尼亚的接受程度，我们可以看到，在过去，文学作品是首选，并对读者产生了巨大影响。在二十世纪六七十年代及八十年代前五年，大量的中国文学译本纷纷涌现，主要是由罗马尼亚汉学家翻译的古典文学。如古诗词、《诗经》、屈原诗集、唐诗等高质量译本，均令读者如痴如醉，这些译作让读者们领略到了中国诗词及其特定主题和象征的无穷韵味。在 1989 年以前的小说译本中，《红楼梦》《水浒传》和《西游记》多年来一直是最畅销书籍。罗马尼亚读者非常喜欢此类文学作品，视之为名副其实的杰作。而在当时，他们对中国现代或当代文学作品几乎一无所知。

在过去的 27 年里，因为相关了解不足和宣传的缺乏，导致了在很长的一段时间内，中罗两国在文学领域的交流大大减少。不过，应注意到，2011 年以后，随着中国当代文学在世界范围内变得越来越活跃，两国的合作再次变得频繁起来。这个时期，尽管几乎没有古典文学作品出版，但由于罗马尼亚出版商对引入更多中国当代文学作品产生了浓厚兴趣，新的趋势已经逐渐形成。出版商过去一贯对这种文学类型有所保留，现在，他们的态度发生了转变，在这件事情上，各位汉学家功不可没。我自己也不遗余力地致力于去影响编辑和出版商，改变他们对中国当代文学的看法。在过去，信息匮乏和既往成见阻碍了他们发现这类文学作品的真正价值，甚至产生了某种错觉，误以为罗马尼亚读者不会对它们有任何期待。

但自 2011 年，经过我和同事与各大出版社的反复交流，情况发生了改变，这种变化反映在已经或正在翻译的汉语作品数量增加及翻译质量的提升上。2012 年见证了中国文学作品在罗马尼亚的大丰收，莫言小说《生死疲劳》在罗马尼亚民众中引起了轰动。同年，莫言获得诺贝尔文学奖，更是吸引了世界各国人民的广泛关注。

我也借机与人文出版社继续合作，翻译出版社委托的两本莫言的小

罗马尼亚语版莫言作品《天堂蒜薹之歌》

罗马尼亚语版莫言作品《酒国》

罗马尼亚语作品余华《许三观卖血记》、阿城《棋王 树王 孩子王》

说——《天堂蒜薹之歌》（2014）和《酒国》（2015）。这两部作品广受读者们的认可，他们也因此开始改变对中国当代文学的看法。去年年末，我还翻译了从莫言短篇故事集中挑选出来的一篇《怀抱鲜花的女人》。此书的出现重新燃起了读者对莫言作品的兴趣。

莫言每一本新作问世，总会有随之而来的发布会、与众多参与者的讨论会，以及在文学界最有分量的报刊上的评论文章。

作为布加勒斯特大学孔子学院院长，我还组织了一系列以中国当代文学为主题的辩论会，促使来自各行各业的人们转而关注中国及其当代社会。

去年，我开始翻译余华先生的小说《许三观卖血记》，此译本将在今年出版。我的众多翻译作品（例如，将在今年年底出版的阿城的《棋王 树王 孩子王》）之所以能够出版，全靠中国图书进出口（集团）总公司的大力支持。

在过去的四年间，布加勒斯特孔子学院在向罗马尼亚推广中国文学方面作出了巨大贡献，其中包括与中国作家协会建立联系与合作项目。2015

莫言罗马尼亚语系列图书活动现场

年，孔子学院接待了作家协会代表团一行，其中一位成员便是苏童。由于作者本人亲临现场，因此，他过去三年中被译为罗马尼亚文的汉语小说作品也就成了许多活动的热议话题。

2016 年，包括我刚才提到的余华、曹文轩和蓝蓝等中国作家代表团一行参加了布加勒斯特的高迪亚姆斯书展，并出席了由布加勒斯特大学中文系和孔子学院筹办的专题讨论会。这是罗马尼亚公众与中国著名作家见面，并熟悉其作品的千载难逢的机会。

同样是在 2016 年，我有机会前往北京，参加由中国文化部、中国国家新闻出版广电总局和中国作家协会联合举办的中外文学出版翻译研修班。在一个多星期的行程中，我参观了北京的出版社、书店和大学，与众多作家、编辑、教授会面，并在他们的引荐下认识了更多作者及其作品，还了解到更多关于中国当代文学状况、文学发展趋势、成功的作家和畅销书等信息。这次北京之行让我对中国文学类型有了更深入的了解，也对我挑选要译为母语的中文作品大有裨益。

总结我作为译者的经验，可以说，中国当代文学虽然在过去几年受到罗马尼亚社会各界的欢迎，但仍面临诸多挑战。首先，并非所有在中国公认为杰作的作品均被罗马尼亚读者认可；此外，文化差异、对文化背景和历史事件及其他因素了解不足，都会削弱中国文学作品在罗马尼亚的接受程度。作为译者，我们的任务不仅限于翻译，还要甄选出最能让本国读者有兴趣阅读的作品。中国拥有宝贵的文学作品和杰出的作者，无论何时与那些世界文豪并肩而立，都毫不逊色，但他们亟需大力的宣传。中国文学所蕴含的地方特色吸引了众多的外国读者，而这种特色应该通过熟悉中国文化的专家学者和汉学家等，以各种不同的渠道有的放矢地去传播推广。当然，要做到这些，还需要中国政府、中国作家协会、众多出版商以及相关团体的长期支持。

我将坚定不移地继续从事翻译工作，并不遗余力地推广中国当代文学的杰出作品，因为我认为它们值得任何一个对中国和中国梦感兴趣的人去认识和了解。与此同时，我还会继续翻译古典著作（我现在正在翻译《孟子》），因为当代中国深深根植于其坚实的文化历史土壤之中，我们若对后者一无所知，就无法真正了解当代中国。我选择了一条满布荆棘的艰难之路，但每当看见自己的努力成果，我就知道，自己终会得到丰厚的回报，而且，每个人都将从中国奉献给世界的、不可思议且无穷无尽的宝贵遗产中获益。

至于我自己的收获，我认为是学习汉语带给我的快乐、喜悦和满足。中国已经给了我太多东西，如今我有责任回馈给她，为推广中国的独特文化倾尽绵薄之力。

精彩翻译赏析

拇指铐

莫言

巨大的恐怖袭来。他本能地将身体往后仰去，这时，他听到了拇指铐从拇指残根上脱下又跌落在地的声音。他仰面朝天躺在地上，看着那棵离开了自己怀抱的松树，猛然的惊喜降临。一轮皎洁的满月在澄澈的天空里喷吐着清辉，无数白色的花朵成团成簇地、沉甸甸地从月光里落下来。暗香浮动，月光如洒。白花不停地降落，在他的面前，铺成了一条香气扑鼻的鲜花月光大道。他抖抖索索地站起来，往那诱人的大道扑去，但他头重脚轻地栽倒了。他感到嘴唇触到了冰凉的地面。

后来，他看到一个小小的赭红色的孩子，从自己的身体里钻出来，就像小鸡从蛋壳里钻出来一样。那小孩身体光滑，动作灵活，宛如一条在月光中游泳的小黑鱼。他站在松树下，挥舞着双手，那些散乱在泥土中的中药——根根片片，颗颗粒粒——飞快地集合在一起。他撕一片月光——如绸如缎， 声若裂帛——把中药包裹起来。他挥舞双臂，如同飞鸟展翅，飞向铺满鲜花月光大道。从他的两根断指处，洒出一串串晶莹满润的血珍珠，叮叮咚咚地落在仿佛玛瑙白玉雕成的画板上。他呼唤着母亲，歌唱着麦子，在瑰丽皎洁的路上飞跑。他越跑越快，纷纷扬扬的月光像滑石粉一样从他身上流过去，馨香的风灌满了他的肺叶。一间草屋横在月光大道上。母亲推开房门，张开双臂。他扑进母亲的怀抱，感觉到从未体验过的温暖与安全。

Cătuşe la degetele mari

Mo Yan

O spaimă înfiorătoare i s-a strecurat în inimă. Instinctiv, s-a lăsat pe spate şi în clipa aceea a auzit cum cătuşele se desprind de la rădăcina degetelor şi cad pe jos, după care s-a prăbuşit şi el la pământ. Stătea întins, cu faţa către cer, privind pinul care îi scăpase din îmbrăţişare, spre plăcuta lui surprindere. Luna plină cernea o strălucire albăstruie pe bolta transparentă, în timp ce nenumărate flori albe, adunate în buchete, cădeau greoaie din razele lunii. O aromă tainică plutea în aer, iar lumina lunii părea să curgă în valuri. Florile albe cădeau neîncetat în faţa lui, aşternând o potecă de boboci proapeţi şi lumină revărsată, învăluită într-un parfum ce împresura nările. Ayi s-a ridicat în picioare tremurând şi s-a năpustit înspre drumul acela ademenitor, doar că pe dată capul greu şi picioarele şubrede l-au pus jos. A simţit pe buze atingerea pământului rece.

Apoi, a zărit un copilaş micuţ-micuţ, de culoare cărămizie, desprinzându-se din trupul lui, ca o păsăruică ce se iveşte firavă din găoace. Avea trupul lucios, mişcările sprintene, aşijderea unui peştişor negru care înota în sus pe razele lunii. S-a oprit la poalele pinului, dar numai ce şi-a mişcat mâinile că leacurile acelea împrăştiate prin ţărână - rădăcină cu rădăcină, bucăţică cu bucăţică, bob cu bob, granulă cu granulă – s-au adunat laolaltă ca într-un zbor nebun. A frânt o rază de lună, cu un foşnet ca de mătase sfâşiată şi le-a învelit grijuliu. Apoi, şi-a fluturat braţele cam tot aşa cum păsările îşi flutură aripile în zbor şi a alunecat într-o plutire lină către peteca înţesată cu flori proaspete şi scăldată de lumina lunii. Din locul de unde fuseseră smulse degetele mari se iviseră picături de sânge ca nişte perluţe strălucitoare şi molatice care cădeau, pic-pic, pe petalele florilor, parcă sculptate în agate şi jad alb. Copilul îşi chema duios mama, îi cânta un cântecel grâului şi alerga în zbor pe drumul acela minunat şi strălucitor. Alerga tot mai repede, avântat, lăsând în urmă razele cernute de lună. Vântul înmiresmat îi umplea plămânii. A văzut apoi cum pe coama razelor de lună se înălţa o biată colibă. Când s-a deschis uşa, mama şi-a desfăcut braţele, iar el s-a aruncat grăbit la pieptul mamei, căci niciodată nu mai simţise atâta căldură şi atâta ocrotire.

酒国

莫言

躺在舒适的——比较硬座而言—— 硬卧中铺上，体态臃肿、头发稀疏、双眼细小、嘴巴倾斜的中年作家莫言却没有一点点睡意。列车进入夜行，车厢顶灯关闭，只有脚灯射出一些微弱的黄光。我知道我与这个莫言有着很多同一性，也有着很多矛盾。我像一只寄居蟹，而莫言是我寄局的外壳。莫言是我顶着遮挡风雨的一具斗笠，是我披着抵御寒风的一张狗皮，是我戴着欺骗良家妇女的一幅假面。有时我的确感到这莫言是我的一个大累赘，但我很难抛弃它， 在黑暗中我可以暂时抛弃它。就像寄居蟹难以抛弃甲壳一样。我看到它软绵绵的，铺满了狭窄的中铺，肥大的头颅在低矮的枕头上不安地转动着，长期的写作生涯使它的颈椎增生了骨质，僵冷酸麻，转动困难，这个莫言实在让我感到厌恶。此刻它的脑子里正在转动着一些稀奇古怪的事情：猴子酿酒、捞月亮；侦察员与侏儒搏斗；金丝燕吐涎造巢；侏儒在美女肚皮上跳舞； 酒博士与丈母娘偷情；女记者拍摄红烧婴儿；稿费、出国；骂人……一个人脑子里填充了这样的一些乱糟糟的东西，真不晓得他会有什么乐趣。

Ţara Vinului

Mo Yan

Cum stătea întins pe patul din cuşetă - un pat destul de tare – cu siguranţă la clasa a doua, rotofei, ciufulit, cu ochii mijiţi, cu gura strâmbă, pe Mo Yan, cel între două vârste, nu-l lua somnul deloc. Odată cu sosirea nopţii, luminile din plafonul cuşetei s-au stins şi doar nişte spoturi din podea au mai rămas să săgeteze împrejur câte o lumină palidă. Ştiam că mă asemăn cu acest Mo Yan în multe privinţe, dar îmi era limpede şi că există multe contradicţii între noi doi. Eu sunt pagurul, iar Mo Yan îmi este carapacea; el este protecţia mea împotriva furtunii, în timp ce eu sunt ca o blană de câine pe care ţi-o arunci pe spinare când e vreme rea sau ca o mască purtată când vine vorba de sedus femeile din familii bune. Uneori chiar socoteam că Mo Yan ăsta e o mare pacoste, însă din câte bag de seamă cu greu aş fi putut să mă dezbar de el, cam tot aşa cum un pagur cu greu poate să se desprindă de propria-i carapace. În beznă mă puteam descotorosi de el, dar numai pentru o vreme. Îl vedeam cum se lăţise molatec pe patul îngust, aflat la mijloc. Îşi tot sucea căpăţâna pe perna bătută, căci anii îndelungaţi cât a trudit ca scriitor, cu capul aplecat peste foaia de hârtie, i-au adus ceva vertebre strâmbe care acum îi dădeau dureri şi îl făceau cam ţeapăn uneori. Adevărul este că Mo Yan ăsta mă dezgustă profund. În momentul de faţă, prin cap i se perindă tot felul de evenimente stranii, cum rar ţi-e dat să întâlneşti: maimuţe care prepară băutură şi pescuiesc luna; investigatorul care se luptă cu piticul; rândunici cu coada aurie care îşi construiesc cuibul din salivă; piticul care dansează pe burta dezgolită a unei femei superbe; doctorul oenolog care îşi face de cap cu soacra; reporteriţa care îi fotografiază pe bebeluşii prăjiţi; plata pentru manuscris, plecări în străinătate; înjurături adresate unora... Ce bucurii mai poate avea cineva a cărui minte este înţesată de asemenea trăznăi?

天堂蒜薹之歌

莫言

四个男人围着高马站着，像四根黑木桩。八只眼都不转动地死瞅着高马的脸。枣红马驹飞跑着。蹄声响亮，马蹄溅起来的火苗疾速滑行着，噗噗噗地响着。马驹环绕着人群旋转，把金菊也圈在圈里。它从黄麻地里跑过时，黄麻的茎秆就如柔软的柳条一样，自动地向两边分开，那些绿色的光点碰撞到马驹光滑的皮肤上，又轻软地反弹回来。小马驹……小马驹……金菊深着两只胳膊，像去搂抱它像绸缎一样的脖子。

高马的手动了一下。

“好啦！”杨助理员兴奋地说，“好了！云南白药名不虚传！真他妈的管用！”

高马的眼睛睁开了一条缝，杨助理员俯下身子，亲切地说：

“小子，你捡了一条命！要不是我的云南白药救命丹，这会儿你早见到了阎王爷啦！”

高马唇边漾着安详甜蜜的微笑，对着杨助理员点了一下下巴。

“八舅，现在怎么办？”大哥问。

高马胸膛里呼噜呼噜地响了一阵，胳膊收回，把头和脖子从地上托起来。他的嘴角上哩哩啦啦地留出一些带血的丝线。高马哥……我的亲哥……枣红马驹把毛茸茸的嘴触到你的脸上了，它哭啦……高马的头掉在地上，又慢慢地举起来；马驹用金黄的舌头舔着高马哥的脸。

“这小子，真顶打！”杨助理员看着踞伏在地的高马，由衷地赞叹着，“高马，知道为什么揍你吗？”

高马笑着，点点头。他在看我。高马哥的脸上都是笑。枣红马驹用舌头舔着他脸上的血迹。

Baladele usturoiului din Paradis

Mo Yan

Cei patru stăteau în jurul lui Gao Ma precum nişte stâlpi întunecaţi, cu privirea aţintită asupra lui. În tot acest răstimp, mânzul galopa nebuneşte. Tropotul lui era atât de limpede, iar scânteile stârnite de copite alunecau cu atâta iuţeală, lăsând în urmă un sfârâit surd. Galopa în jurul lor, cuprinzând-o şi pe Jinju în cercul pe care îl descria. Atunci când ieşea din câmpul de ardei iute, tulpinile de iută, molatece precum crenguţele de sălcii plângătoare se înclinau de-o parte şi de alta, îngăduind razelor de lumină verzuie să se îngemăneze cu luciul mânzului, pentru ca mai apoi să revină domol la loc. „Mânzule..., mânzule...!” Cât de mult şi-ar fi dorit Jinju să-i cuprindă cu braţele grumazul mătăsos!

Gao Ma îşi mişcă uşor mâna.

- Gata! exclamă însufleţit deputatul Yang. Foarte bine! Medicamentul ăsta din Yunnan îşi merită renumele. E al naibii de bun!

Gao Ma îşi deschise un pic ochii, moment în care deputatul Yang se aplecă şi spuse cu un ton afabil:

- Ai noroc, băiete! De n-ar fi fost leacul meu salvator, de acum ne zâmbeai de pe lumea ailaltă!

Cu un surâs liniştit aşternut pe faţă, Gao Ma îşi ridică bărbia către deputatul Yang.

- Unchiule al Optulea, ce-i de făcut acum? întrebă Fang cel mare.

Un bolborosit înfundat se auzi din pieptul lui Gao Ma în timp ce îşi trase braţele şi se propti în coate, săltându-şi capul şi gâtul de pe pământ. În colţul gurii i se ivise un firişor de sânge. „Frăţioare Gao Ma..., frăţiorul meu..., mânzul îţi atinge chipul cu boticul lui moale ca puful. Şi el plânge..." Lui Gao Ma îi căzu capul în piept, dar apoi, cătinel, îl ridică din nou. Cu limba lui aurită, mânzul începu a-i linge sângele închegat pe faţă.

有人可能会担心，中国的崛起或中华民族的伟大复兴会成为世界的威胁，但我相信，中国不会如此。如今，中国正变得前所未有的强大，我坚信，中国的崛起是亚洲地区乃至全世界的福音，而非威胁；我还坚信，中国正在尽最大努力为全球繁荣发挥关键性的作用，并与世界分享自己的发展经验、文化和价值观。我希望中国能继续和平崛起，而我也会继续将更多的中国文学作品翻译成我的母语版本。

——杜光民（缅甸）

中国图书翻译之路

杜光民（缅甸）

杜光民，缅甸青年翻译家，从事中国古典文学及现当代文学研究工作，积极向缅甸读者推广中国文化，主要译著有《论语》《围城》《生死疲劳》《红高粱家族》等。

2015年6月，我收到一封来自中国的邮件，被告知获得第九届中华图书特殊贡献奖青年成就奖，我倍感惊喜。尽管我当时对该奖项不甚了解，却也晓得这是个国家级的重大奖项。在收到此邮件的三个月前，即2015年3月，中国驻缅甸大使馆曾致电于我，告知中国政府将颁发一个图书类奖项，让我给他们发送相关的个人资料，以便推荐我为候选人。坦白地说，这让我甚为诧异，因为我之前虽曾翻译过一些汉语书籍，但从未与中国大使馆或其他中国机构有过联系。更重要的是，这是我第一次和中国大使馆接触。

我的首部译作是中国前国家主席江泽民先生的传记，缅甸语于2008年北京举办夏季奥运会之际出版。在我的祖国缅甸，名不见经传的新人要出版自己的书并不容易，尤其是翻译作品，若原文非英文则更是难上加难。可以说，我有点儿小运气，一位出版商愿意出版我译自汉语的译作。但即

刘延东副总理向杜光民先生颁发中华图书特殊贡献奖

便这样，我花了将近一年的时间寻找出版商，之后又等了一年才看到我的第一部作品，这本书在出版一年后获得了缅甸国家级图书奖项。除此以外，我还翻译过其他一些汉语著作，包括钱钟书的《围城》、孔子的《论语》和莫言的《蛙》等。

正如我上面所说，缅甸文学界的"情况"是：大多数出版商都不重视原文非英语的翻译作品，无论体裁是否为小说类，皆是如此；大多数文学译者也倾向于翻译英文版的作品，无论原作是否用英文写成。不过，仍有那么一群译者坚持直接翻译原语版（非英文版）文学作品。即便如此，一位译者要是想在本国的文学界得到广泛认可，或多或少还是要翻译一些英文作品。

为什么我要翻译中文著作呢？一方面是因为我懂中文，尽管也曾翻译过若干英文小说，但我更想将莫言的作品从汉语原版而非英译本直接译为我的母语。更重要的是，在我国，译自汉语的书籍寥若晨星，而人们需要阅读更多的中国书籍，了解这个邻国的真实状况。而我只翻译了几本中文

杜光民先生缅甸语翻译作品

图书，只能算间接地为推广中国的文化和文学尽了微薄之力。或许正是出于这个原因，我才获得了 2015 年第九届中华图书特殊贡献奖青年成就奖。当年，该奖项的评审委员会评选出来自世界各国的 20 位获奖者，不过我想，在所有人中，可能只有我是第一次来中国。此前，尽管中缅毗邻而居，我却从未到过中国，更没想过有一天会因获奖而置身此地。

我决定去北京领奖。这是我首次中国之行，不禁想象北京会是怎样一番景象。我对北京的印象还停留在天安门广场、毛主席画像、五星红旗、统一着装的工人、自行车、印有中文字的搪瓷杯和北京烤鸭，等等。（在我家乡就有餐馆会做我爱吃的地道的北京烤鸭。）

如今，北京和中国都发生了翻天覆地的变化，却仍保持着优良的传统，比如，悬挂在天安门城楼上的毛主席画像。一个国家不管经历了怎样的巨变，她的民族象征都应该保存下来。这是我的观点。

1978 年，在伟大领袖邓小平的带领下，中国人民开始对国家进行改革。30 年后的 2008 年，中国成功进入小康社会，并有能力在首都举办夏季奥运会。经过 30 多年的改革，中国已取代日本成为世界第二大经济体。因此，我必须承认，中国人民是一个勤劳刻苦的民族，他们在短短 30 年间重建了国家，让一个贫困落后的国家一跃成为超级经济强国，有人称之为“中国奇迹”。

2012 年 10 月 11 日，正当我准备翻译莫言的最新小说《蛙》时，瑞典文学院宣布 2012 年度诺贝尔文学奖授予莫言，因其作品“魔幻现实主义融合了民间故事、历史与当代社会”。真是无巧不成书！莫言先生是首位获得诺贝尔文学奖的中国籍作家，而我也正好借此机会将他作为主流当代小说家及诺贝尔文学奖获奖者介绍给我国的读者。此外，由于他是新近获此殊荣，要找到愿意出版译为缅甸文的莫言作品的出版商轻而易举。与欧美文学相比，包括中国文学在内的亚洲文学翻译在缅甸仍处于弱势。尽管我们已经有了从英文版翻译过来的缅甸文版《红楼梦》，但总的来说，被译为缅甸文的中国文学作品仍是凤毛麟角。

缅甸文版《蛙》在莫言获得诺贝尔文学奖的一年后出版，在文学界广受好评，缅甸读者也开始了解到，中国除了《红楼梦》等四大名著，还有很多现当代小说也值得一读。尽管中缅毗邻而居，尽管两国在经济领域不乏合作，但在文学翻译方面尚有许多可发展的空间。我们的很多读者都知道日本作家村上春树，却很少有人认识中国的现当代作家及其作品，在缅甸也很难找到中文原版小说。多亏了信息通讯技术，让我们如今在纸质中文书籍数量有限的情况下，在缅甸也能读到电子版的中文著作。

莫言获得诺贝尔文学奖后，包括缅甸在内的世界各国开始更加关注中国文学。越来越多的读者愿意阅读中国小说，我们也因此有机会翻译和出版更多缅甸文译本的中国文学作品。去年，西德尼·沙博理先生（Sidney Shapiro）的英译本《水浒传》被译为缅甸文出版了，尽管并非全译本，但前四十五回由本国已故著名翻译家吴妙丹丁先生（Mya Than Tint）完成。吴先生还曾翻译过《红楼梦》的英译本。据说，吴先生多年前已着手此书的翻译工作，但苦于找不到愿意出版此书的出版商，直至去世仍未能完成夙愿，译稿唯有束之高阁。简言之，在莫言因获奖而闻名于世之后，国内一些出版商变得乐于出版中国文学作品，而读者对中国文学文化的兴趣也日益浓厚。

北京给我这个初来乍到者的印象就是“大”。机场宽敞，道路宽阔，很多建筑高高矗立。幸运的是，当时气候宜人，我并未看到之前一直担心的雾霾。北京天气晴朗，阳光明媚，但不炽热，可惜在我逗留期间，故宫暂停开放因而难见真颜。不过，我参观了人民大会堂，并在此接受了中华图书特殊贡献奖青年成就奖；随后又游览了天安门广场，登上了万里长城，还体验了异常便捷的北京地铁，唯有出租车很难叫到。总的来说，我的第一次北京之旅非常愉快。

在北京期间，我认识了很多新朋友。其中一位就职于中国图书进出口（集团）总公司，是由我们一位共同的中国大使馆朋友介绍的。在我准备动身从仰光前往北京之前，我们一直通过电子邮件联系。这位新朋友非常热情好客，我在北京期间，得到了他的盛情款待。后来，在他的帮助联系下，我才得到作者的版权许可，翻译更多的莫言作品。在造访中国之前，我从未接触过中国的出版商，也没有任何渠道得到作者的版权许可。现在，我的第二本缅甸文译本莫言小说——《生死疲劳》（英译 *Life and Death are Wearing Me Out*）即将出版。有机会参加 2015 年北京国际图书博览会，是我北京之行的既定行程之一。

抵达北京后，我才认识到，之前我对中国的了解只不过是冰山一角。我们要学习的中华文化浩如烟海，需要译为母语的中国文学作品多如繁星！除了孔子、老子和四大名著以外，还有不计其数的现代、当代作品值得我们去翻译。比如，当时在国际汉语文学译者中引起一股热潮的《狼图腾》，现已被译为 30 多种语言。

中国政府也非常鼓励来自世界各地的作者、译者和出版单位共同参与推广中国的文化和文学，中华图书特殊贡献奖就是一个很好的例证。设立于 2005 年的中华图书特殊贡献奖属于中国国家级奖项，授予在向海外介绍中国、文化和书籍方面作出重大贡献的世界各国的作家、翻译家和出版商。

杜光民先生缅甸语翻译作品

对于获奖者，这是一个莫大的荣誉。

在改革开放的推动下，中国经济正走向全球。人民币现已成为除了美元和欧元外举足轻重的全球性货币。中国品牌也因其价格公道、品质不断提升而逐渐得到全世界的认可，华为和小米等智能手机品牌就是很好的例子。如今，正是中国文化走向世界的大好时机，因为与其他民族相比，中华民族拥有五千年的深厚历史文化底蕴，自古以来就对周边国家有着深远的影响。

时至今日，越来越多的中国人开始编织由中国国家领导人习近平主席提出并成为热门词汇的“中国梦”。习主席说，中国梦就是实现中华民族的伟大复兴，就是中华民族近代以来最伟大的梦想。近几年，中国还开始推动同样由习主席提出的“一带一路”倡议，“一带一路”是“丝绸之路经济带”和“21 世纪海上丝绸之路”的简称。它将充分依靠中国与有关国家既有的双多边机制，借助既有的、行之有效的区域合作平台，高举和平发展的旗帜，积极发展与沿线国家的经济合作伙伴关系，共同打造政治互信、经济融合、文化包容的利益共同体、命运共同体和责任共同体。

有人可能会担心，中国的崛起或中华民族的伟大复兴会成为世界的威胁，但我相信，中国不会如此。如今，中国正变得前所未有的强大，我坚信，中国的崛起是亚洲地区乃至全世界的福音，而非威胁；我还坚信，中国正在尽最大努力为全球繁荣发挥关键性的作用，并与世界分享自己的发展经验、文化和价值观。我希望中国能继续和平崛起，而我也会继续将更多的中国文学作品翻译成我的母语版本。

我曾不止一次地想象孩子们和年轻人阅读我翻译的中国小说和诗歌。那样，他们将会获得一些其他的审美观和价值观，而不仅仅是接受欧洲的文化熏陶。多年以后，他们的生活将更加丰富；如果他们成为作家，他们创造价值的方式一定会是独具特色的方式，而不是他人要求的方式，而且，也是别人无法企及的方式。这就是为什么我一直在说，我通过翻译丰富了罗马尼亚的文学和文化。

我的父亲和祖父都是商人。我相信自己一定是继承了母亲的基因，进入了文学和艺术领域。我的儿子跟随我的步伐，也取得了很大成功，未来他一定会超过我。他的名字是 Lupeanu Adrian Daniel，也是一位汉学家和诗人。他在上海学习，是 USR 的成员，近年来发表了关于中国文学和自己创作的新的翻译作品。他的儿子 Filip Gabriel 在北京芳草地学校读书，该校也是他在二十世纪八十年代就读的学校。一家三代均与中国有着不解之缘，我相信，我们一家与中国的关系将会和长城一样长。

——康斯坦丁·鲁博安（罗马尼亚）

感恩与挚爱

康斯坦丁·鲁博安（罗马尼亚）

康斯坦丁·鲁博安，罗马尼亚出版家，北京罗马尼亚文化中心主任，创办玉麒麟出版社，并翻译出版《易经》《诗经》《四世同堂》等中国名著。

大家好！让我先向读者致以友好的问候。我生活在中国，与中国有着深厚的友谊。

我很高兴生活在中华民族伟大复兴时期。谁能忘记中国文化的伟大？中国文化是世界上最古老、最丰富、更具独创性的文化之一，难道不是吗？目前，中国的艺术和文化产业蓬勃发展，对提高中国人民的生活水平大有裨益。当下所创作的文学作品集中体现了中国伟大的古典文化，也符合当前的国际形势。在中国，可爱的孩子们每天都在茁壮成长。如今，在这里工作是一种享受！

在离开中国多年后，我于 2017 年 12 月重返北京。罗马尼亚政府交给我的任务是领导旨在积极展示罗马尼亚文化和艺术的“北京罗马尼亚文化中心”。我的职业是外交官，曾在中国（北京）、新加坡、越南、泰国担任外交官和大使。我的外交工作也因作家这一身份而受到各方面的支持且加倍充实，我创作了六部小说，还有一些短篇故事、诗歌和散文。我将中国文学作品译为罗马尼亚文。这也就解释了为什么罗马尼亚文化中心的领导层建议我重新回到中国。

艺术是人类精神文明的高度体现。文化意味着亘古、永恒。这也就解释了为什么在文化领域工作会被认为是一种公益活动，它们会给人带来好运，因为这些工作不仅不会让人倦怠，还会让人充满激情。国际政治大局正在改变，对我们而言，对普通百姓来讲，政治往往难以理解，同时又非常残酷。但文化是国与国、人与人之间永恒的友谊桥梁。这就是我接受这项任务的原因。

罗马尼亚文化不是昨天才产生的，而是在人类起源时就有了古老的根源，它与中国和世界其他古老文明一样，代代相传。

罗马尼亚的文化是几千年前达契亚人创造的，最开始主要表现在农业和农民文化，口口相传延续至今。从扎尔莫西斯（Zalmoxis）开始，通过不断的启蒙和传承，她已经发展了将近两千年。

罗马尼亚文化与其他文化不同的是，现在，人们已经普遍了解到罗马尼亚的起源，在所有传统省份中这种文化已保存了上千年之久，罗马尼亚人捍卫了国家的疆界。罗马尼亚民族是一个面向世界的民族，一个不断与其他地区人民相联系的民族。每个民族都有自身的文化特征。如果可以，我愿意将罗马尼亚的民族特点介绍给你。有很多品质可以定义我们，并让我们在世界民族之林享有一片特殊的天地。

这些品质有：简单、善良、好客、勤勉、务实、智慧、优雅、敢于发明、自觉、勇于创新、乐观、自由与独立、爱国主义、自豪感、开放态度、批判性和自我批判精神、幽默、浪漫；但同时也有：忧郁的天性，喜欢听天由命，相信宿命并带有少许叛逆。

诗人乔治·科斯布奇（GeorgeCoşbuc）（1866 年至 1918 年）从国家、语言和人民的角度给罗马尼亚人做了如下定义：

Noi prin vremuri ce ne¬ncercară
在我们面对挑战的时候
Altă armă n¬am avut,
我们或许没有其他武器
Numai dragostea de țară
但有对这个国家的爱
Ce strămoșii ne¬o lăsară
以及祖先给我们的传承
Și pe sfântul Domn, de scut!
还有来自上帝的馈赠!

对我来说，担任北京罗马尼亚文化中心主任和外交官二者是没有区别的。两个职位都是为了更好地了解罗中双方，加强双边合作与交流，增进罗中友谊。罗马尼亚和中国的友谊并不是昨天才建立的，而是两千年前就已存在：在罗马尼亚祖先达契亚人和汉朝人开始接触的时候。而且，还不止于此，第一次接触大概在五千年前，也就是今天我们所说的库库泰尼文化和仰韶文化时期。

关心欧洲和罗马尼亚的读者可能已经了解我汉学家的身份。我译为罗马尼亚文并已出版的中国图书大约有三十本。

我认为，文学作品的翻译不是机械的语言转换，而是一种创造。从巴尔扎克（Balzac）到奥克塔维奥·帕斯（Octavio Paz），文学翻译家已逐渐被大家称为作家，而不仅仅是翻译家。文学翻译无疑也是一种艺术创作。无论是诗歌还是散文，无论译为哪一种语言，都需要掌握：气氛、节奏、颜色、声音及原有的任何其他特点。在我动手翻译之前，我会先阅读中文版本并进行改写，我试图“破译”这些伟大的作品，然后，再按照我们的方式译为罗马尼亚文。我翻译中国文学不是为了赚钱——我有自己的职业——是为了某种文化激情，是一种纯粹的艺术创作。我认为，文学翻译可以丰富自己的语言，丰富自己的文化。实际上，欧洲文明正是随着翻译一起成长的。它是以一种语言翻译为基础，从一种语言再到另一种语言。《圣经》最初被译为希腊文，从公元四世纪起，耗时一个多世纪；拉丁文译本在罗马尼亚沿用了一千多年。如果我没有记错，尼古拉·米尔斯库·斯帕塔尔（Nicolae Milescu Spatarul）在1661年至1668年完成了《圣经》罗马尼亚版本的第一个完整翻译。布加勒斯特的1688年版本《圣经》就受益于尼古拉·米尔斯库博士。

我们以《圣经》为例说明，原作内容丰富度的复制和再现取决于时间的流逝和翻译的经验。这就要求翻译人员要有足够的翻译时间，只有这样，其作品才能流芳百世。目前，《圣经》最好的罗马尼亚文版本出自一位大器晚成的作家——瓦勒里·阿尼尼亚（Valeriu Anania）。

翻译意味着对其他文化的开放。语言转化是一种通用的沟通工具，是传递和检索文学创作（而不仅限于文学创作）的唯一途径；只要存在不同的语言，翻译就必定会存在，而且，翻译是了解和理解彼此、增进各个国家和各民族间友谊与合作的重要工具。

在此意义上，我认为，自己的翻译是在为罗马尼亚文学服务。这些宝藏对罗马尼亚人来说并非遥不可及。我曾考虑过解决方案，那就是：动手翻译！我曾不止一次地想象孩子们和年轻人阅读我翻译的中国小说和诗歌。那样，他们将会获得一些其他的审美观和价值观，而不仅仅是接受欧洲的文化熏陶。多年以后，他们的生活将更加丰富；如果他们成为作家，他们创造价值的方式一定会是独具特色的方式，而不是他人要求的方式，而且，也是别人无法企及的方式。这就是为什么我一直在说，我通过翻译丰富了罗马尼亚的文学和文化。通过翻译和出版的罗马尼亚文作品给大家的生活方式带来了一些影响，人们逐渐对中国文化有了认识。从这个角度来看，我对自己很满意，就像我为自己填满了一个书架！

在最近的采访中，我夸张地声称自己打造了一个卢浮宫帝国。那是书的帝国，你不用惊讶或羡慕，这里充满了文明、光明和奉献。在这样一个学术领域中——毫不谦虚地说——中国文学和哲学创造的世界性价值转化成了达契亚人（本人擅长丹苏西亚文学和哲学）文化的精髓，而且具有很大的延展空间，这些是由我们自身的创造力维持着的：诗歌、小说、散文、儿童和苗圃文学、戏剧，甚至传统医学书籍。我会说，永恒的帝国将会证明它在未来的价值，而且将伴随罗马尼亚文化一直存在。它有自己的特点，具有强大的吸引力，充满魅力、智慧、美学美感。我出版的图书在首都和各县的几乎所有主要图书馆里都可以找到。不过，有一点我想问，现在图书馆里还有读者吗？

我从不做随随便便的翻译，也不做流行一时的翻译。我说过，除了我已经翻译的，我仍在寻找其他合适的作品，首先是中国文学的杰作。同时，我们也将不同时代的作品翻译状况考虑在内，从而使从古至今的中国文学均可在罗马尼亚的书中找到。我们选择了一些伟大的古典小说，古代的书籍——儒家思想、道家，以及由我研究制作的十九世纪中国文学及出版概论：二十世纪中国戏剧——七个剧目；现代中国小说散文——二十位散文作家；当代中国诗歌——七十多位诗人，从胡适到吉狄马加！

我是如何工作的？在翻译工作中，挑战无处不在，从生僻的词到对表达、习俗、生活情境的理解。我首先通过字典和百科全书进行了解，同时再听取中国朋友的解释。困难不断激励着我们！我需要不断前进。如果我停止翻译，这些优秀的文化、伟大的思想可能就会在相当长的时间之内不为我的同胞所知。我每天写作、翻译文学作品，没有什么可以阻止我。到目前为止编辑的三四十本书都是我的孩子。这就是我所做的工作！

在一次会议上，我应邀用中文演讲了两分钟。我说了几句简单的话：

“我的意思是关于词语的语义：感恩与爱。

首先，我要感谢中国人民。他们创造了许多伟大的作品；没有他们，也就没有今天的我。我要感谢领导的认可和奖励。我小的时候，读了唐代诗集。中国诗歌的美丽让我印象深刻，于是，我决定在高中毕业后，用中文阅读唐诗。我在布加勒斯特大学学习汉语和文学，逐渐被中国文化所吸引。

青年时期的鲁博安先生

此后，我开始翻译古典与现代中国文学。中国的文化是深厚、古老的，在你学习的时候，你会意识到自己的知识太有限了。它是人类文化的组成部分，我很高兴向罗马尼亚同胞传递了其中一小部分内容。我很荣幸为罗中两国文化交流做了一些有益的事情。我相信，今天屡获殊荣的汉学家们都有与我相似的经历，深邃而奥妙的中华文明值得我们一辈子去探索。”

说到对我作品的评析，以及作品质量，丁超教授是我的见证人。现任东欧文学研究所所长的他于 2006 年在中国人民文学出版社出版了一本 290 页的学术专著《中罗文学关系史探》。书中有 50 页内容提到了 1965 年至 1989 年期间对中国文学翻译真正有益的人。这 50 页中，Mirei Lupeanu

（1944—2006 年）和 Constantin Lupeanu 占据了 12 页内容，共有三十篇原创翻译和作品。书中写道：

“鲁博安夫妇在上个世纪七八十年代沉湎中国文学和文化经典，无论是研读原著还是翻译出版，其速度和数量都相当惊人，从部分译本与原著对照情况看，质量亦可称上乘。这不仅大大推进了中国文学在罗马尼亚的流传和接受，而且也确立了鲁博安夫妇在罗马尼亚汉学界的地位和威望”。（第 127 页）

提到译文质量，丁超教授使用了“上乘”这一佛教术语，这个词通常借指高妙的境界或上品。

最后，请允许我简单介绍一下我的家庭。我的父亲和祖父都是商人。我相信自己一定是继承了母亲的基因，进入了文学和艺术领域。我的儿子跟随我的步伐，也取得了很大成功，未来他一定会超过我。他的名字是 Lupeanu Adrian Daniel，也是一位汉学家和诗人。他在上海学习，是 USR 的成员，近年来发表了关于中国文学和自己创作的新的翻译作品。他的儿子 Filip Gabriel 在北京芳草地学校读书，该校也是他在上世纪八十年代就读的学校。一家三代均与中国有着不解之缘，我相信，我们一家与中国的关系将会和长城一样长。

如何描述我的中国朋友？忠诚且真挚地守候在你的左右！这是一个流行的表达，突出了对中国人的高度感激之情。我会努力接受所有真正的朋友。我早已了解中国人的彬彬有礼、坚韧不拔、情感丰富、守信重诺，最重要的是，他们都是真正的学者。

精彩翻译赏析

JIDI MAJIA

PATRU POEZII PENTRU ROMÂNIA

ALEGERE

— Scriitorului Eugen Uricaru

În timpul acesta al nostru zgomotos,
Răsăritul şi apusul soarelui sunt la fel ca întotdeauna,
Doar că, pe lângă răsăritul magnific, strălucirea apusului
Este mai tristă, deplorabilă!
Stelele îndepărtate ne fac semn
Corăbiile mărilor se pierd şi sunt regăsite.
În timpul acesta al nostru, unii zic:
Îl vrem pe Gandhi, nu pe Guevara,
În timp ce alţii ne avertizează: Noi
Pe Guevara îl vrem, nu pe Gandhi.
Nu ştiu cine are dreptate,
Sunt atâţia oameni în dispută!
Ieri, adepţii lui Guevara au avut miting,

Notele autorului:

(1) Eugen Uricaru, născut la 11 ianuarie 1946 la Buhuşi, Moldova, cstul României, este unul dintre cei mai reprezentativi romancieri contemporani, fost preşedinte al Uniunii Scriitorilor din România.

(2) Mohandas Karamchand Gandhi, 2 October 1869 – 30 January 1948, supranumit Mahatma Gandhi, a fost liderul mişcării de eliberare naţională din India, gândirea sa filosofică a non-violenţei i-a influenţat pe naţionaliştii din lumea întreagă, precum şi mişcarea internaţională de obţinere a independenţei prin transformări paşnice.

(3) Ernesto "Che" Guevara, 14 Iunie 1928 – 9 Octombrie 1967, revoluţionar marxist argentinian, om de stat internaţional, personaj cheie al revoluţiei cubaneze, erou al războiului de partizani şi simbol al mişcării de stânga din lume.

Astăzi au demonstrație non-violenții lui Gandhi.
De-ar fi ca aceste două grupuri de oameni să aleagă
Una dintre culori și s-o spună răspicat,
Disputa lor s-ar fi încheiat demult.
Totuși și totuși, nici măcar un singur om
În toiul dezbaterilor, nu răspunde unei astfel de întrebări:
Cine l-a născut pe Guevara? Cine
L-a creat pe Gandhi? E dreptul nostru
Să-l alegem pe oricare dintre ei.
Iar un astfel de rezultat nu permite celor două părți
Un răspuns clar. Și nici nouă.
Eu știu că astfel de meciuri vor continua,
Aprecierea și respingerea celuilalt și recunoașterea valorilor
Îi dezbină adesea pe oameni în grupuri ostile.
Dar cu toate astea, noi n-avem cum prezice
Dacă-ntr-un timp care va să vină, vor apărea sau nu —
Un alt Guevara, un alt Gandhi.

21 ianuarie 2017

选　择

——致作家欧根·乌里卡鲁[1]

在我们这个喧嚣的时代，
每天的日出和日落都如同从前，

① 欧根·乌里卡鲁，1946 年出生于罗马尼亚东部摩尔多瓦地区的布胡希，是罗马尼亚当代最具有代表性的小说家之一，曾担任罗马尼亚作协主席。

只是日落的辉煌，比日出的
绚丽更令人悲伤和叹息！
遥远的星群仍在向我们示意，
大海上的帆影失而复得。

在我们这个时代，一部分人说：
我们要甘地①，不要格瓦拉②，
而另一部分人扬言：我们
只要格瓦拉，不要甘地。
不知道这是谁出的一道命题，
竟然让这么多人陷入了争论。
昨天是追随格瓦拉的人在集会，
今天又有甘地的非暴力者在游行。

如果说这两部分人，仅仅是在选择
两种不同的颜色，表达自己的主张，
这样的争论早就已经有了结果。
但是，但是，没有一个人，
在争论中，回答了这样一个问题：
是谁造就了格瓦拉？又是谁
造就了甘地？而选择他们中的
任何一位，都是大家的权利。
然而这样的结果，并没有让争论的
双方以及我们得到明确的答案。

① 甘地，莫罕达斯·卡拉姆昌德·甘地（1869.10—1948.1），尊称圣雄甘地，是印度民族解放运动的领导人，其“非暴力”的哲学思想，影响了全世界的民族主义者和争取和平变革的国际运动。
② 格瓦拉，切·格瓦拉（1928.6—1967.10），阿根廷的马克思主义革命家、国际政治家及古巴革命的核心人物，是游击战争英雄和世界左翼运动的象征。

我知道这样的争论还会继续下去，
对他人的好恶和价值观的认同
常常把人分裂成不同的对抗群体。
但是尽管这样，我们无法预测
在下一个时间，会不会出现——
另一个格瓦拉，另一个甘地。

2017 年 1 月 21 日

TREBUIE SĂ MERG LA BUCUREȘTI

Am hotărât că trebuie să merg la București,
Să văd orașul pe care mi l-am imaginat de-atâtea ori.
O s-aleg un loc înalt, să văd cât mai departe,
Să cuprind panorama perfectă a frumuseții sale
Din zori, de când primul tramvai taie aerul
Și până târziu în noapte, câtă vreme din locuințe se revarsă lumină.
Știu că în Bucureștiul fascinant,
Jumătate din văzduh are culoarea Paradisului
Iar cealaltă jumătate scânteiază de o lumină fără seamăn.
Stoluri de porumbei zboară deasupra clădirilor,
Zvâcnetul aripilor trezesc clopotnița adormită.

Acesta este Bucureștiul meu real și fantast,
Un castel în piatră construit din imaginație.
Vreau să mă duc într-un loc, deși nu-i știu numele,
Un loc pe care l-am visat.

Se află acolo o biserică veche, cenușie,
În al cărei zid exterior lucește o piatră,
O piatră tăcută, întunecată, ascunsă-ntr-un colț,
O piatră care m-așteaptă și nu mă lasă s-amân vizita.

Aș vrea să merg la cârciuma cu lumină caldă, blândă
De pe zgomotosul Pod, pe care lumea curge ca-ntr-o urzeală,
Cine poate să-mi spună, Eminescu venea aici?
Aleg locul de lângă fereastră, socotit cel mai nimerit,
De-aici voi vedea agitația vieții din oraș.
Singur, fără gânduri, un moment minunat al vieții.
Oamenii găsesc atâtea motive să trăiască,
Doar să dea uitării paragraful morții, în împăcare cu sine.
În acele clipe, nu-i nevoie să stea nimeni cu mine,
Vreau doar să gust liniștea atemporală fără conținut a momentului.
București, vreau să-ți pătrund cât mai adânc tradițiile,
Drept la coloana vertebrală, la granița dintre lumină și întuneric.

Se spune că poeziile mele au dobândit aici o viață nouă,
Astăzi ele cu siguranță sunt recitate de unii oameni.
Un bătrân respiră adânc și măsoară cu privirea cartea mea din raft,
O tânără cu părul blond a citit cartea de câteva ori.
Aceasta este slava cuvântului, misterul limbii încă o dată relevat,
Numai poezia poate intra în sufletele neîngrădite,
Fiindcă ea refuză vărsarea de sânge, asasinatul, orice formă de violență,
Ea le dă tărie celor slabi, proclamă adevărul, stă de partea oropsiților.
București, respirația ta caldă e antică și mereu tânără;
Ca poet, acum, când poezia mea călătorește aici,

Presimt că voi fi și eu parte a ei.

Vreau să merg la București să-mi împlinesc o dorință:
Când mă voi plimba cu adevărat prin acest oraș
Pe care mi-l imaginez uluitor fără de margini,
Aș vrea să pot deschide ușa timpului cu cheia din mâna mea,
Și într-o clipită să-i văd chipul ascuns în nemurire.

20 Decembrie 2016

Nota autorului: Bulevardul Pod, în traducere Podul Mogoșoaiei, azi Calea Victoriei, în centrul Bucureștiului.

我要去布加勒斯特

我已经决定要去布加勒斯特，
去看这座我想象过无数次的城市。
我要选择一个高地能极目远望，
最好能覆盖它完美无缺的全貌。
从黎明时划破空气的第一辆电车，
以及直到深夜还亮着灯光的小屋。
我知道，在令人着迷的布加勒斯特，
它天空的颜色，有一半接近于天堂，
而另一半却闪烁着奇异灿烂的光。
那些飞过屋顶的一群群灰色的鸽子，
翅膀拍击的声音惊醒了沉睡的钟楼。

这是我的现实和虚幻的布加勒斯特，
它是用想象构建的另一座石头的城堡。

我要去一个地方，但不知道它的名字，
只是在睡梦中与它真实地有过相遇。
可以肯定那是一座古老灰色的教堂，
教堂的外墙上有一块斑驳发亮的石头，
那块石头沉默而幽暗，它躲在一角
等待着我不容更改早已期许的光临。

我还要去那家灯光温暖而暗淡的酒吧，
它就在人流如织异常热闹的波多尔大街[①]，
谁能告诉我，爱明内斯库是否真的到过？
选择窗边的那个座位谁都认为十分惬意，
从这里能看见这座城市沸腾喧嚣的生活。
独自发呆是生命中必须经历的美好时刻，
如果没有遗忘死亡的段落和静止的空白，
人类用不同方式活下去的理由就不够充分。
此时，我不需要任何一个人坐在我的身边，
我只希望享受这永恒中片刻无意义的宁静。
布加勒斯特，我要在最深处潜入你的传统，
在你光明和黑暗的缝隙里直抵你的脊柱。

据说我的诗歌在这里获得了又一次生命，
今天它一定在某几个人的手里窃窃私语。
有一册在一个老人的书柜里呼吸睁着眼睛，
还有一本被一位黄头发的少女翻阅了多次。
这是词语的光荣，语言的玄妙被再次张扬，
只有诗歌能进入每一个没有围栏的心灵，

① 波多尔大街，意译为桥街，现名为胜利街，在布加勒斯特闹市区。

因为它拒绝血腥、杀戮和一切形式的暴力，
同情弱者，伸张正义，站在被压迫者一边。
布加勒斯特，你温暖的气息古老而又年轻，
对于一个诗人而言，当我的诗歌在这里游历，
我相信从那一刻起我就成为了它的某个部分。

我要到布加勒斯特去，去完成一个愿望，
当我真的穿过这座想象中无比奇妙的城市，
但愿我手中的那把钥匙能真的打开时间，
让我在瞬间看见它那张隐没于不朽中的脸。

2016 年 12 月 20 日

TITANUL

— Lui Constantin Brâncuși

Pietrele acelea brute
Aproape ca un miez
Au sosit în portul realului.
Pielea lemnului face
Să sclipească texturi cosmice
Scară alcătuită din butuci.
Curbură albă aur turnat
Coloană din colțuri pătrate stivuite
Timp prefăcut în gât de pasăre.
Din partea opusă, netedă și moale
Uimește nudul sfârtecat.

Tributul unei singure culori
Forma dinților strălucitori.
Totul prezentat simplu, ca la începuturi
Faptele îngropate rămân încă ascunse.
Într-un final, zid curbat din metal
Anunță victoria ciocanului și a liniei.
Nici o fisură până la final
Între două obiecte comparate
Singură lumina dovedește eternul primordial.

30 Decembrie 2016

Nota autorului: Constantin Brâncuși, 19 Februarie 1876 – 16 Martie 1957, de cetățenie română, recunoscut drept sculptorul cel mai original din secolul XX, reprezentant al sculpturii minimaliste.

巨子

——献给康斯坦丁·布朗库西[①]

那些粗糙的石头
近似于核心
抵达了真实的港口。
就是木质的肌肤
也闪动着宇宙的纹理
它是积木搭成的梯子。
白色的弧形铸成黄金

① 康斯坦丁·布朗库西（1876—1957），罗马尼亚籍，被公认为20世纪最具原创性的雕塑家，简约主义雕塑代表人物。

由方角堆砌的脊椎
时间变形成鸟的脖颈。

在光滑柔软的另一面
裸体坍塌睁大着瞳孔。
只有单一的颜色被礼赞，
形式的牙齿熠熠生辉。
所有呈现的一切都朴素如初
被掩埋的事实还在藏匿遁隐。
最终是板材构建的弯墙
宣告了铁锤与线条的胜利。
没有结束留下的缝隙
在两个对比的物体之间
唯有光证明了永恒的原始。

2016 年 12 月 30 日

MEŞTERUL CUVINTELOR

— Sinologului Constantin Lupeanu

Tu ai trecut nu un lanț muntos
Ci văi prăpăstioase, stânci suspendate, abisul
Și deși n-ai pășit peste oceane
Ai ridicat pe celălalt mal
Emoționante pânze albe.
Sosit de pe alt tărâm, ai fixat grinzile acoperișului
Fără nici o fisură, iar la un semn

Al brațului tău, fiecare fereastră
A pătruns în roiul de aur.
Tu traversezi ziduri nevăzute, îmbraci cu privirea
Nicovala, alegi cuiele bine forjate
Privești de departe înapoi
Creezi cu mâna ta spații și sensuri
Tăcerea toată are răsunet de clopot.
Un miel cu două limbi cântă viguros, cu glas neasemuit de înalt
Ești tu, pe coloana vertebrală a două misterioase metafore
Înlocuiești roșul cu roșu și faci ca negrul să se apropie de perfecțiune
Ești tu, în văzduhul împânzit de stele albastre
Construiești China pe o altă latitudine.

22 Ianuarie 2017

词语的工匠

——写给翻译家鲁博安[①]

翻越的不是一座群山
但你翻越了沟壑、悬崖、深渊

跨越的虽然不是海洋
但你在另一个彼岸，升起了
令人为之激动的白帆
来自另一个国度的工匠，你的房梁

① 鲁博安，罗马利亚诗人、汉学家、翻译家，1941 年 8 月出生在罗马尼亚多尔日县穆尔加什乡，曾用罗马尼亚文翻译 10 余部中国古典文学作品和现当代作家的作品。

已经被送上了没有缝隙的屋顶
你挥舞着手臂，让每一扇窗户
刹那间涌入了金黄的蜂群
你穿过了看不见的墙，在铁砧上
睁大眼睛，选择淬过火的钉子
每当你在更遥远的地方，回望
你亲手创造过的空间和意义
所有的寂静便会发出叮当的声响。
一头伟岸无比高声鸣叫的双舌羊
是你在两种神秘隐喻的脊柱上
用红色替换红色，让黑色接近于完整
是你在布满了蓝色星星的天空
搭建了一座另一种纬度的中国。

2017 年 1 月 22 日

要知道，在中国历史上，文学在整个民族文化的语境中起着特别突出的作用，而当代中国作家的作品正是一个窗口，通过它，我们可以相对容易地了解和认识中国人的心理。在德国人眼里，中国人的心理（他们在想些什么？关心什么？期待什么？……）总是显得非常神秘。生活在今天，我们尤其需要国际对话，而对于当代的任何一种国际对话而言，深入了解对方都是必不可少的。

——高立希（德国）

我的三十年
——怎样从事中国当代小说的德译

高立希（德国）

高立希（乌里希·考茨），德国汉学协会（DVCS）创始主席，积极把中国作家的作品介绍到德国，相继翻译并出版的作品有《京城内外》《美食家》《活动变人形》等。

我不妨用一段引文来开始我的文章。这段引文摘自一篇发表在《法兰克福汇报》上的书评，评的是我翻译的中国作家陆文夫的小说《美食家》。书评作者是一位生活在德国的华裔，他写道：“从文学上说，《美食家》绝不是一部巨著……书中的许多地方还带着‘文革’的影响。这方面的影响在陆文夫的语言上留下的痕迹尤其突出，而在德译本上这些已经看不出来。译著读起来比原著舒服得多。也许应该请一个‘东德佬’来翻译这部小说，那样的话，他就会知道，在共产主义体制下人们是怎样说话的。”

这位书评作者也许不知道，我就是一个东德人……而且我可以保证：

改进原著者的风格决非我的意图！不过，上面那段引文倒是触及一些问题，是我接下来要讨论的。在此，我所关心的是：怎样把中国当代文学引入德国，以及翻译在这方面所起的作用。

不过，首先要简短地自我介绍一下：我出生于1939年，中学毕业后，从1957年到1961年在莱比希卡尔·马克思大学翻译系学习英语和汉语；曾担任过德意志民主共和国驻华大使馆主任翻译（1961—1966）和使馆商务处主任翻译（1973—1976）；1966年起在柏林洪堡大学任教，负责翻译人员的培养；同时也从事德—汉／汉—德翻译的研究，并撰写博士论文（1980）和教授论文（1987）；1992年至1995年在德国歌德学院北京分院负责“高级口译培训班”的组织和教学，接着从1995年到1998年在歌德学院慕尼黑总部工作，负责安排歌德学院在世界各国资助举行的牵涉到翻译的各项工程；自1998年至2005年在美因兹大学任教，目前已退休。

我自1982年来致力于把许多中国当代文学作品介绍给德国读者。其中，我曾翻译过李准、王蒙、邓友梅、陆文夫、李国文、王朔、余华、皮皮、阎连科等作家的中篇小说和长篇小说三十几部。此外，我还发表过不少学术文章，介绍中国文学作品及其作者。1989年荣获民主德国建设出版社翻译奖。2007年荣获中国“中华图书特殊贡献奖”。2014年参加首届中国当代文学翻译高峰论坛。

下边，我准备先简单说一说中国文学作品在德国图书市场上的位置。我本人并不是这方面的专家，只不过是从三十年来研究中国文学、从事中国文学翻译的角度来谈这个问题。当然我没有可能全面系统地总结这方面的情况，所以我所要讲的仅仅是一些个人的看法。所涉及的问题有以下几个：德国读者为什么要看中国小说？目前德国有哪些中国作家的德文译本能买到？德国出版社在选择翻译中文书籍时，有什么限制和偏好？德国汉学家选择翻译对象的标准是什么？德国汉学家（包括我自己）在翻译中国小说时碰到的普遍困难在哪里？我在翻译当代中国小说的时候采取哪一些策略？

有关中国书籍在德国图书市场上的地位，统计资料不多，我所掌握的信息主要是从专门经营与中国有关书籍的德国书店所发表的目录而获得的。我下边谈中国文学书籍在德国市场上的现状，不谈其他种类的书籍。据德国波鸿大学一份材料统计，在 1827 年至 1995 年间，德国大约有 900 种中国小说等文学作品被翻译成德文，其中很大一部分在二十世纪二十年代和八十年代出版问世。仅在 1987 年一年就有 40 本译成德文，形成前所未有的高峰。那时候，张洁的《沉重的翅膀》一书，以一万多册的销售量创造了空前的记录。

二十世纪五六十年代德国出版社出版的中国文学作品，在选择方面采用的标准经常不是某一部作品的文学价值而是它的社会背景、历史背景等（东德汉学家甚至被迫着眼于作品的意识形态）。直到今天，在西方人们还是往往带着“政治眼镜”观看那些来自中国的文学作品。至于美学标准——要知道我们在欣赏其他国家的文字作品时总是理所当然地采用这样的标准，好像在面对中国文学时就被降了格。…… 这样选书，不能说没有

高立希与作家余华合影

德语版余华作品《活着》

德语版余华作品《第七天》

德语版余华作品《许三观卖血记》

德语版余华作品《兄弟》

道理，因为德国人当然想了解中国人究竟是什么样的人，中国究竟是什么样的国家。但因为这种兴趣实际上并不是对中国文学本身的兴趣，而是对中国国情的兴趣。

余华的小说《兄弟》，可以说已经成为德国人了解中国社会的必读书之一；它的相对成功也很能说明问题。莫言的许多小说也满足了这方面的需求，让西方人能更好地了解“异国情调”的中国人。

特别是二十世纪九十年代中期以来，德国出版界在促进中国文学作品传播方面的优良传统，在某种程度上得到了继承，出版了中国当代文学和现代文学的许多代表性的作品。目前，凡是比较有名的作家都有德文译本。仅八十年代以来翻译的作家就很多，包括：阿城、阿来、白先勇、北岛、毕飞宇、残雪、陈丹燕、戴厚英、邓友梅、多多、冯骥才、古华、 顾城、韩少功、黑马、虹影、姜戎 、李锐、 刘恒、 刘心武、刘震云、 陆文夫、马建、莫言、苏童、王安忆、王蒙、王朔、徐星、徐则臣、杨炼、张洁、张辛欣、张贤亮、张抗抗、张系国、张枣，等等。虽然在德国，这些中国作家的作品都谈不上畅销，但只要是感兴趣的人，就能找到大量的德文译著。当然，还有许多重要的中国作家，有待德国读者去发现。我个人认为，像陈忠实、格非 (刘勇)、 励婕 (安妮宝贝)、史铁生、王小波或张承志等人的作品迫切有待翻译成德文。

尽管如此，德国各大出版社在制订出版计划时，对待各类中国文学作品仍然非常谨慎。他们非常重视一部文学作品在市场上是否有成功的潜力。而成功不成功在很大程度上取决于广大读者对该作品所讲的故事是否感兴趣，也就是说，一本小说能否成功，跟其故事性或说可读性有密切的关系。甚至可以说，故事性越强，成功的可能性就越大。（我说的成功，指的当然是经济成功，这有时候跟审美价值不一定相同。）各大出版社考虑的第一步，就是愿不愿意冒风险投入大量资金。因为中国文学作品在德国的印数一般不会超过三千册左右（已经很不错，经常远远达不到这个数字）。应该承认，在德国出版中国文学作品的出版社，恐怕常常要赔钱。二十世纪八九十年代出版的几种中国文学作品，可能只有三四种稍微有一点利润。大的出版社不愿发表的作品，有时以一两百册的印量由大学出版社或文学期刊出版。这样，除了汉学家外，其他的读者几乎见不到这些作品。

中国当代作家的作品为什么进入德国市场这么困难，广大读者为什么常常不能接受它们，这个问题人们曾反复思索过。在这方面不得不承认，作品的质量有时不够高，这恐怕是其中主要原因之一。众所周知，无论是哪一个民族的文学，第一流的作品必定占少数，中国文学当然也不例外。有些外国专家认为，中国文学家过分强调文学作品的教育功能，从而忽视了作品的艺术效应，也就是说他们审美观不够发达，让西方读者普遍感到失望。（至少到二十世纪九十年代初，情况就是这样。）

据我看，自从二十世纪九十年代起，中国文学作品的“平均质量”大大提高了，内容范围变得更加广泛，写作方式、艺术风格形成了多样化，使得审美效应也提高了许多。恰恰是这些作品，对德国读者来说比所谓“伤痕文学”更有趣， 因为它们反映着人性和社会的复杂性，既不局限于文学的教育作用，也不像所谓的先锋派文学那样过分地脱离现实生活。但在我个人看来，中国作家必须加快脚步，赶紧弥补过去所错过的东西，譬如对个人、个性的描述，一个人怎样应对迅速发展的社会环境等等。

谈起这个问题来，还有一点值得一提：随着全球化的浪潮，最近二十几年来，有些作家在写作时考虑外国人（即西方读者、评论家、汉学家等等）的鉴赏标准考虑得过多，实际上试图为“国际读者 ”写作。特别是“流亡国外”的中国作家更有这个倾向。应该承认，他们常常的确比较成功。另一方面，如果过分地考虑到在作家看来是西方读者对中国小说的假定期望，也容易失去应有的“ 中国特色”，结果导致失败。

总的来说，应该承认，中国现代文学无疑有非常成功的作品，对中国人和外国人同样有吸引力。2012 的诺贝尔文学奖授予莫言也证明这一点。关键是，我们西方人是否能及时发现这些作品，我和其他德国汉学家的判别能力是不是够高？选择翻译对象这个问题，值得进一步谈一下。德国乃至整个西方世界的汉学家，他们看中文书比起中国人自然缓慢得多，所以读得也较少，这是不可避免的。考虑到中国每年出版3000至4000部新小说，那么从中选择真正有价值的，值得翻译成德文的，显然是一项艰巨的任务。当然，在西方国家也有不少汉学家原籍是中国，他们看书看得快。不过，就连他们也不一定能够帮助西方汉学走出上述窘境，因为华人认为的佳作，对广大西方读者来说却不一定合乎口味。

当然，还有一个更为重要的问题妨碍着中国文学作品在德国的传播，那就是所谓的文化差距。不妨举个容易被人们忽视的简单例子：对一般的德国读者来说，中国小说中的人物太多，要知道人名、地名等专称对一般的外国读者来说，很不容易记住。总的来说，很多中国小说家用大量的篇幅描写中国各方面情况和中国文化等等，常常还写得太罗嗦，或者说，太“中国”了。这也是不容易为西方一般读者接受的。这可能还涉及文体的问题，因为中国作家喜欢使用大量的比喻，而这些在西方读者眼里往往显得过分或多余。

另外，妨碍着中国文学在德国的传播，还有一个关键原因，跟原文作家的写作好坏没有直接的关系，那就是德文译本常常不够优美。再好的汉学家也不见得是好译者。要知道，翻译家需要了解基本翻译理论和技巧。即使有此知识、具有翻译能力，但考虑到可怜的报酬，他们也不一定愿意从事文学翻译。仅靠翻译工作不足以维持生活。当然，更遗憾的是，在德国培养文学翻译人才乃至一般的翻译人才的院校很少，因此汉学家也学不到必要的翻译知识和技巧。

至于我个人，我想说：我还是很幸运的！从1957到1961年，我在东德读的大学，那时恰好有一门培养中文笔译和口译的本科课程。我的中文翻译基础，以及后来从事中国文学翻译的底子，就是在那一期间打下的，要知道翻译能力不止是纯语言知识的问题。当然，“常规”文本的翻译与

德语版《美食家》

德语版《烟壶》和《那五》

德语版《收获》

德语版《我是你爸爸》

文学文本的翻译有很大区别。比如说，在一个工商企业里从事翻译，基本上是“前瞻”式的（说得通俗些，即“向前看”），也就是说，你的目光落在目标文本上面，或多或少会远离原语的文本。文学翻译家则不同，他的眼光不仅是“前瞻”的，而同时是“回溯”的（“往回看”），时时要顾及原语文本。这是因为，比起非文学作品的翻译，原著的形式、原著者的风格在一个文学文本的翻译中所起的作用要大得多。

上边谈的是质的问题，下边还讲讲一个量的问题。这是一个看起来很荒谬，但实际上很重要的问题：德国出版社之所以经常不同意出版我们汉学家所推荐的优秀作品，是因为中国小说的篇幅太长，吓住了出版商，使他们不敢出版。篇幅太长，其原因之一，肯定与很多中国小说人物众多、故事常常讲好几代人的经历等因素有关系。不妨举个例子：王蒙的《活动变人形》一书，中文有 370 页，可我的德文翻译有 600 多页，这对德国出版社和德国读者来说，显然过长。（顺便告诉大家，这部我个人认为是佳作的长篇小说，最后终于还是得以出版了。不过，经王蒙的认可缩短了一部分篇幅。）

我从事中国小说的翻译已有三十年。在这三十年里，我总结出了一些翻译的策略和方法，愿在这里简单地说两句与大家分享。

首先，我当然是读中国小说，边读边想弄明白：是怎样的一种创作理念在主导着作者。我会跟着自己的感觉走，或者说，投入自己的情感，对作品中的各种人物有所同情、有所厌恶。这自然是凭直觉，而这样的直觉对于翻译是极其重要的。在这一基础上，我再来创造一个德语的文本，使得它尽可能地像原语文本对中国读者产生的影响那样，对德国读者产生影响。

精心地还原原文本的语义和修辞色彩，这很有必要，但仅此还不够。翻译活动不只涉及语言，还跟文化和美学有关。正因为此，我在翻译过程中更多的是为“普通读者”着想，也就是为大众着想。这意味着，我会顾及一般人的理解能力，从我所了解的德国读者的角度考虑问题。由于文化背景的巨大差异，这方面的问题与中国读者面对的问题是很不一样的。

我必须考虑我要面对的“普通读者”的理解能力，而我的翻译实践正是建立在这一基础之上。我要做的并不是去抹平所谓的文化差异，就像我在面对两种语言的差异时所做的那样。因为读者有权保持对外国事物的好奇，我不打算剥夺他们的这种好奇心。对外国事物的好奇，正是促使他们去阅读中国书的动机之一。那么，怎样才算顾及德国读者的理解能力呢？举例说，书中的有些地方对于中国人来说是不言自明的，不需要多加解释，但对德国读者来说难以理解。碰到这种情况，翻译就需要比原著更为详细，做到让一般德国人都能看明白。一方面，德译本的有些段落会比原著长；另一方面，对原著的有些段落我会加以精简。这种根据需要对原著进行扩展或缩减的策略，我认为是一把很要紧的尺子，可以用来检验一个翻译家的能力。

当然，译者首先要处理好汉语缺少的、但德文文本必有的、必须表达出来的语法范畴，像动词的时态和虚拟式、名词的单复数，等等。除此之外还有不少别的语言现象也需要译者思考。举例说，在德译本中我会经常改造汉语“正常的”语序，即“主—谓—宾”句式，以避免造成单调划一的印象。在德语里面，句子成分的顺序是很多样化的，因此德国读者对译成德文的外国小说也会怀有这种期待。如果译者按照中国人使用汉语的习惯，碰到复合句的时候处处都把从句放在主句的前面，就会导致单调，因为在德语里，从句可以跟在主句后面，甚至插在主句的中间。

再举两个例子。第一个例子：作为译者，假如我深受原著语言结构的影响，在德译本中我就会极少使用被动式，须知，德语使用被动式是相当频繁的。第二个例子：代词在德语中用得非常广泛，而汉语则倾向于重复名词，少用代词。（顺便插一句，这也是汉语文本让德国人觉得累赘的原因之一。）所以，在翻译时我会有意识地根据需要补充代词。

在几个前后相连的句子里，汉语习惯重复同一个词。这种做法我在德译本里也会有意避免，而会根据德国读者的期待采用同义词或反义词的否定式，除非同一个词的重复是原著者有意使用的修辞手段。

还有，对原著的言语行为意义我也会经常加以改变，比如说，我会把一个陈述句变为一个疑问句，或者相反；把一个命令句改为疑问句或相反，等等。

“翻译问题和翻译方法” 这个话题，当然还可以继续深入讨论，我在一本关于译者如何深造的书里曾有所涉及。希望我在 2000 年发表的、共有 650 页的《口笔译教学手册》会帮助年轻一代译者提高自己的业务水平。

那么，总括起来，由于上述提到的及这里无法提到的其他种种原因，中国文学在德国图书市场上的地位应该说大有改进的余地。2009 年，法兰克福图书博览会上的一位负责人提到：在 2004 年只有一本中国书被译成德文，而在中国，却有 560 本德文书被译成中文出版。虽然 2009 年——那一年中国是法兰克福图书博览会的主宾国——新译出的中国书竟达到了近 200 种。

身为德国汉学家和翻译家，我们当然不能接受这种状况！难道中国不是我们最重要的经济和贸易伙伴之一吗？难道中国不是德国人最喜爱的旅游目的国之一吗？在各个方面，德中之间的交往不是都在逐年增加吗？不是有越来越多的德国年轻人在学习汉语和中国文化吗？要知道，在中国历史上，文学在整个民族文化的语境中起着特别突出的作用，而当代中国作家的作品正是一个窗口，通过它，我们可以相对容易地了解和认识中国人的心理。在德国人眼里，中国人的心理（他们在想些什么？关心什么？期待什么？……）总是显得非常神秘。生活在今天，我们尤其需要国际对话，而对于当代的任何一种国际对话而言，深入了解对方都是必不可少的。

因此，尽管上面提到了种种困难，以及还存在的许多我没有提到的困难，我们都不愿被它们拖住脚步，而是要争取克服，继续前进。我们德国翻译家面临着重大的任务，我们愿意也必须去承担这些任务。而我自己也已准备好，要在这方面继续工作。为此我们需要对翻译工作有一股子永不歇止的热情。只有这样，我们才能觅到合适的中国书，把它们完美地译成德文，并用我们的热情去感染出版商。总之，我们要尽自己的义务，让德国和中国之间的文学交流顺利展开。

余华《活着》 第一章 （片段）

Yu Hua, Leben!, Kapitel 1 (Auszug):

Als ich erwachsen war, trieb ich mich gern in der Stadt herum. Oft kehrte ich ein oder zwei Wochen nicht nach Hause zurück. Ich war ganz in weiße Seide gekleidet, und mein Haar war auf Hochglanz pomadisiert und gebürstet. Im Spiegel blickte ich wohlgefällig auf die lackschwarze Pracht und fand, ich sah wirklich nach Geld aus.

Ich ging gern ins Bordell. Das nächtelange Gekicher und Gegacker der liederlichen Frauen dort empfand ich als angenehmen Kitzel. Wer zu Huren geht, der fängt irgendwann auch mit dem Glücksspiel an, beides gehört zusammen wie Arm und Schulter. Am Ende machte mir das Spielen mehr Spaß als das Herummachen mit den Huren; das diente mir nur zur Entspannung, so als ob du pinkeln gehst, wenn du viel getrunken hast. Spielen war ganz anders, es war Freude und Spannung, und besonders diese Spannung, die verschaffte mir ein unbeschreibliches Hochgefühl.

Zu jener Zeit ging es mir wie dem Tempelbonzen im Sprichwort, der Tag für Tag nichts anderes tut als die Glocke zu schlagen – ein ewiges Einerlei. So vertrödelte ich meine Tage. Wenn ich morgens aufwachte, war meine einzige Sorge: Wie bringe ich diesen Tag herum?

Mein Vater seufzte oftmals und warf mir vor, ich würde unseren Ahnen keine Ehre machen. Ich dachte bei mir, wieso soll ausgerechnet ich den Ahnen Ehre machen? Warum sollte ich meine besten Jahre mit so was Ödem vergeuden wie den Ahnen Ehre zu machen? Außerdem hatte es mein Vater als junger Mann ebenso gehalten wie ich, denn von seinem Vater hatte er vierzehn Hektar Land geerbt, und die waren unter seinen Händen im Nu auf die Hälfte geschrumpft. Ich antwortete also meinem Vater: „Du brauchst dir keine Sorgen zu machen – da wird eben mein Sohn unseren Ahnen Ehre machen!“ Man soll schließlich immer etwas Gutes für die nächste Generation übrig lassen. Meine Mutter, die diese Worte gehört hatte, kicherte. Heimlich sagte sie mir: „Als mein Papa jung war, hat er zu meinem Großvater genau dasselbe gesagt.“ Eben!, dachte ich bei mir. Was mein Vater selbst nicht geschafft hat, das soll nun ich erreichen. Aber nicht mit mir!

Damals war meine Tochter Fengxia gerade vier Jahre alt und mein Sohn Youqing noch nicht geboren. Meine Frau war im sechsten Monat schwanger und natürlich ein bisschen unansehnlich. Es sah aus, als steckte ein Dampfbrötchen in ihrer Hose, wenn sie breitbeinig watschelnd daherkam, die Füße seitlich nach außen gestellt. Ich ließ sie meine Abneigung spüren: “Mensch, du gehst ja auf wie ein Ballon, kaum dass ein kleiner Wind bläst!”

Jiazhen widersprach mir niemals. Über meine rohen Worte war sie bestimmt unglücklich, doch sie sagte nur leise: “Bloß, dass es nicht der Wind war.”

我长大以后喜欢往城里跑，常常是十天半月不回家。我穿着白色的丝绸衣衫，头发抹得光滑透亮，往镜子前一站，我看到自己满脑袋的黑油漆，一副有钱人的样子。

我爱往妓院钻，听那些风骚的女人整夜叽叽喳喳和哼哼哈哈，那些声音听上去像是在给我挠痒痒。做人呵，一旦嫖上以后，也就免不了要去赌。这个嫖和赌，就像是胳膊和肩膀连在一起，怎么都分不开。后来我更喜欢赌博了，嫖妓只是为了轻松一下，就跟水喝多了要去方便一下一样，说白了就是撒尿。赌博就完全不一样了，我是又痛快又紧张，有一股叫我说不出来的舒坦。以前我是过一天和尚撞一天钟，整天有气无力，每天早晨醒来犯愁的就是这一天该怎么打发。

我爹常常唉声叹气，训斥我没有光耀祖宗。我心想光耀祖宗也不是非我莫属，我对自己说："凭什么让我放着好端端的日子不过，去想光耀祖宗这些累人的事。再说我爹年轻时也和我一样，我家祖上有两百多亩地，到他手上一折腾就剩一百多亩了。"我对爹说："你别犯愁啦，我儿子会光耀祖宗的。"总该给下一辈留点好事吧。我娘听了这话吃吃笑，她偷偷告诉我："我爹年轻时也这么对我爷爷说过。" 我心想就是嘛，他自己干不了的事硬要我来干，我怎么会答应。

那时候我儿子有庆还没出来，我女儿凤霞刚好四岁。家珍怀着有庆有六个月了，自然有些难看，走路时裤裆里像是夹了个馒头似的一撇一撇，两只脚不往前往横里跨，我嫌弃她，对她说："你呀，风一吹肚子就要大上一圈。"

家珍从不顶撞我，听了这糟蹋她的话，她心里不乐意也只是轻轻说一句："又不是风吹大的。"

王蒙《活动变人形》第二章 （片段）

Wang Meng, Rare Gabe Torheit, Kapitel 2 (Auszug):

Immer erregter wurde sie, der Blick wild und starr. Phh! Der Speichel rann am Spiegel herunter. Lange aufgestaut, brachen Hass und Tücke, Trauer und Zorn aus ihr hervor.

Grausam bist du und brutal! Ein guter Mensch? Du? Der Edle kennt keine kleinlichen Skrupel – wer nicht grausam ist, wird kein rechter Mann!, heißt es doch immer. Töten – was ist das schon? Rollt doch bloß ein Kopf. Da kannst du bitten und betteln, da gibt’ s kein Pardon! Brausender Wind unterm Himmel so hoch, und trauriges Affengeschrei. Unzähliger Bäume welkendes Laub fällt raschelnd zur Erde herab. Trostlos der Abschied auf ewig, der Tod! Ja, und ich schlag dich zu Brei! Unkraut oder Korn, Hund oder Huhn – nichts wird verschont und niemand! Keiner! Was ich mache, mache ich gründlich! Mit Cao Cao halt ich's: Besser allen Unrecht tun als Unrecht von anderen erdulden! Rache ist süß, und währt sie auch lang! Wenn ich nicht zur Hölle fahre – wer dann? Bin ich tot, dann ist ohnehin alles zu Ende – hast recht, alter Lu You! Ob mir das leicht wird? Man kann auch sagen, in der Familie sind schon immer alle Gelehrte gewesen, gebildet und tugendhaft. Des Biederen Sippe gedeihet auf Dauer; wer liest, sichert seiner Familie Bestand. Und wieder ein Lenz mit duftenden Kräutern, das alte Jahr ging dahin mit Böller und Knall. Nichts geht auf Erden über die treue Gattenliebe. Hungers zu sterben, ist nicht so schlimm, schlimm ist die Witwe, die nicht enthaltsam lebt und nicht des Gatten gedenkt. Ach, das ganze Leben der Frau, egal ob Jungfrau oder Witwe: nichts als Reinheit und Keuschheit! Was nützt ihr das Antlitz so schön, dass Fisch und Wildgans und Blume und Mond beschämt vor der Schönheit vor Neid schier vergehn! Schon gut, schon gut, schon gut! Es blühen Päonien so herrlich im Licht. Die Vögelein singen im Frühling so hold. Nicht mit den Blumen wetteifre die Liebe, denn wer liebt, wird oft von der Liebe enttäuscht. Was du mir gegeben, ich werd es dir danken, in dieser und in der anderen Welt. Prachtvoll ist alles, strahlend und schön – kalt lässt mich alles, ich will es nicht sehn. Wer mein Feind ist, der kriegt es mit mir zu tun! Doch wehe dem, der einsam in schlimmer Zeit sein Leben beschließt, ohne Geld, ohne Gut!

Während dieser wild hervorgestoß0enen, zusammenhanglosen Tirade hatte sich ihr Gesichtsausdruck fortwährend verändert. Bald zeigte er wilden Schmerz oder maßlose Trauer, bald Erbarmen oder verlorene Selbstvergessenheit, dann wieder kalte Grausamkeit. Immer erregter wurde sie, immer heftiger der Ton, in dem sie zu ihrem Spiegelbild sprach. Sie blinzelte sich verschwörerisch zu, sie knirschte mit den Zähnen, sie zitterte und bebte am ganzen Körper, als wäre sie vom Teufel besessen. Sie wand sich verzweifelt, während sie all die wirren Gedichtfetzen und Dichterzitate hervorstieß und alles um sich herum anspuckte – oben und unten, rechts und links, immer wieder. Ni Zao wusste, wenn er sich jetzt der Tante näherte, würde er unweigerlich ebenfalls angespuckt – jeder in der Familie wusste, dass man jetzt einen gehörigen Abstand zu ihr zu halten hatte.

她两眼发直，激动起来，“呸”的一声，一口唾沫啐到了镜子上。积蓄已久的仇怨和恶毒，悲哀和愤怒，突然喷涌而出。

你真是心狠手毒。好哇，你？量小非君子，无毒不丈夫！杀人不过头点地。苦苦哀求，就是不留！风急天高猿啸哀！无边落木萧萧下！最是生离死别时！我把你剁成肉泥！杀他个良莠不分，鸡犬不留！一不做，二不休，宁让我负天下人，不让天下人负我！君子报仇，十年不晚！我不下地狱，谁下地狱？死去元知万事空！我容易吗？也可谓书香门第，知书识礼。忠厚传家久，诗书继世长。又是一年芳草绿。爆竹声中一岁除。恩爱夫妻万事空。饿死事小，失节事大。女子一生无非是贞节二字。好一个沉鱼落雁之容、闭月羞花之貌。罢、罢、罢。芍药开，牡丹放，花红一片。艳阳天，春光好，万鸟争喧。春心莫与花争发，一寸相思一寸灰。结草衔环，我来世把你报。良辰美景奈何天，赏心乐事谁家院？冤有头、债有主。只怕你凄风苦雨了却残生，孤独独赤条条来去无牵挂！

静珍嘟嘟嗫嗫地念着这些不连贯的句子，脸上作出各种强烈的表情，忽而痛苦，忽而悲伤，忽而怜惜，忽而迷醉，忽而冷酷。她的情绪愈来愈激昂，她与镜子里的自己谈得愈来愈火热。她挤眉弄眼、咬牙切齿、浑身发抖、直如鬼神附体一般。她挣扎着，边说边浑身用力，边拼命地往上下左右四面啐唾沫——倪藻知道，如果这时候走到姨姨的身边，必被周姜氏啐一脸唾沫无疑。而他们家的任何人，都知道这个时候避姨姨三分。

人类对知识的追求和渴望无论在什么样的时代都是无穷尽的。而作为传播知识的重要载体，图书是永远不会消失在我们的视线中的，我一直坚信这一点。所以纸质图书也好，电子图书也罢，无论是以何种形式都一定会存留下载。在这个层面上，作为出版人就有责任去寻找、开发一种方法，让人人都能非常轻易地共享知识和信息。从这个角度来看，中国出版市场正给汉字文化圈的国家带来积极的希望。

——金胜一（韩国）

与中国结缘

金胜一（韩国）

金胜一，韩国东亚大学教授，长期致力于翻译中国当代作家作品和研究中国近现代文学，对在韩国推广传播中华文化作出了积极贡献。

我与中国结缘，还要从小的时候偶然看到的一个坐落在深山农村里的小小的华侨学校开始说起。那时我好像也刚刚上到小学五年级，如果我没有记错的话，大概是1966年。那时韩国的年人均国民收入只有大概70美元，还处在非常贫穷的时期。虽然我也是后来才知道的，那个时候的韩国，在二百多个国家里仅仅排在倒数第七位，正在经历一个非常困难的阶段。当然，我们家也不例外。那时候父亲是小学教师，父亲的工资虽然能让我们不至于挨饿，但日子仍旧过得紧巴巴的。母亲根本就没有时间照顾我们兄弟四人，整日在地里做农活，这样加上父亲的收入才能让全家勉强度日。我们兄弟几人是连年出生的，我又是长子，可能是因为自己得到了父母比较多的照顾，所以兄弟几人中我算是最健壮的。但是到了学校，我仍旧是个子最矮小的一个。那时候的我，相比较学习更喜欢运动。放学以后常去运动场打篮球、踢足球来打发时间，天黑了就溜溜达达地回家。回到家一边观察母亲今天的心情好不好，一边吃晚饭。最后为了不挨父母的训斥，稍稍念一会儿书便去睡觉了。这就是我的一天。因为家里用水不是那么方便，所以我对洗澡几乎没有什么概念，只擦擦手脚就睡了，这在那时是再自然不过的事了。只有到了星期六的下午或者星期日去河里戏水，也就算是洗澡了。离我家步行三十多分钟距离的地方，有一条小河。因为距离比较远，平时很少去，只有朋友们相约去玩儿的时候才会和他们一起去。

忽然有一天，朋友们提议去一条更远的小河玩儿，终于，让我遇见了那个地方。途中经过了一条非常狭窄的山路，就在这时不知从哪里传来了一阵奇怪的声音。那个地方离镇子比较远，有一个排球场大小的运动场和三四个教室，一个像学校一样的地方。一阵阵我完全听不懂的声音，从那里传了出来。不知道为什么，我对这声音非常好奇，于是问身边的朋友："那是什么声音啊？"伙伴们都说不知道。这时候，有人装作很懂的样子说道："那是从中国人学校里传出的声音啊！"那个时候说起中国人，我只能想到开中餐馆和面包店的那些人，完全没有想到会有专门授课的学校，这样的意外让我满脑子都是疑问。"那些人可是每天都能吃上炸酱面的有钱人，可是怎么会把学校开在这样的地方呢？""他们为什么不去我们念书的学校，偏要在这儿学习呢？""难道是麻风病人？"这些疑问充满了我的脑子。当时的韩国孩子们最憧憬的东西恐怕就要数炸酱面了，所以他们非常羡慕中国人。虽然这些疑问只是瞬间在脑海中划过，但从那以后总会想起那天发生的事情。事实上也并没有引起我很大的兴趣，只是偶尔会好奇，中国的学校里怎么上课，都教些什么呢？也不会太费脑子去想，转念就又忘了。后来我才知道，那时的中国人非常擅长做生意，即使是在非常贫困的国家也能赚到很多钱，所以政府向他们征收比韩国人高三倍的税，当时的处境也非常困难。不知道这之间是不是有联系，现在想来也许当时那些中国人就是为了保留他们本国的语言和文化，才刻意避开韩国人的视线，为他们的子孙把学校开在那样隐蔽偏僻的地方的。

就这样，天真烂漫的小学时光就这么过去了。成绩排在中游的我考上一所学费很便宜的国立中学。那时国语教科书里用的还是汉字，也就自然学了汉字。那时候只觉得汉字实在是太难了。“中国人为什么会造这么难的字出来？”“难道中国人全都很聪明？”“他们到底是怎么沟通的啊？”……这诸多的疑问又冒了出来。虽然中学的时候只学了基础的汉字，但在当时已经是接触了非常难的领域了。

初中三年级的暑假开始，我突然对学习有了新的理解。“为什么要学习？”“应该怎么学习？”这些想法开始在我心中悄悄生根发芽。所以就去农村的外婆家“狠狠地”学了一个月。而且每天学习两个小时汉字，一天都没落。

可是，刚一上高中，韩国政府就发起了“韩字专用”运动。军部独裁政府为了推行民族主义，主张外国文字一律抵制，提出了只使用简单易学的韩国文字的理论。现在想来，真是不可理喻的政策。虽然当时民族主义还没有准确的概念，但只要丢弃了使用了两千多年的汉字就能实现民族主义了吗？真让人怀疑。然而幸运的是，在这个政策推行的初期，学校有权利自主选择是否开设汉字课程。我就读的高中从一年级到二年级每周都有两个小时的汉字课。于是，我开始跟着马上就要退休的地理老师学起了汉字。就这样，我开始接触中国学。然而当时我的理想是读医科大学，所以连做梦都没有想到会学中国学。现实往往是与人愿背道而驰的，我也是在考大学的时候才明白的。提前两年就开始做准备，想要考医学系，最后以失败告终，所以我不得不参加后面的大学入学考试。小时候那些对于中国的好奇心似乎又重新萌生了出来，于是我决定放弃我最初的医学梦，违背了父母的期望，报考了人文系历史专业。我的成绩足以考上历史系，并且免除了学费。

除了极少数的天资聪明的天才之外，读书对任何人来说都不是件容易的事。在某些特定的情况下，最辛苦的事情莫过于读书了，大家也都认同这一点。出人意料地，一个机会落到了我的头上。那是大学一年级的时候。我才入学一个多月，为了处置反对军事政权非法统治的大学生，政府下达了戒严令和休学令，我便回到了家乡。

初中二年级的时候，我只敢在碰到的时候偷偷看上一眼的邻家女孩儿举家搬去了首尔，一天我在公交站偶然遇见了她。因为她的哥哥大学毕业以后想找一位同乡的女人结婚，所以回来相亲，当时正打算坐大巴回首尔。恰好我的一个同乡的朋友因为学校的事情要去首尔，我送他到车站，便碰到了。她的哥哥比我大十几岁，因为我性格内向，虽然是邻居但之前从来没说过一句话，只是记得这位邻家大哥的样子。生性害羞的我不知是不是因为有了在外地生活的经验，高兴地向那位大哥打了招呼，而他也竟“毫不吝啬”地向我露出了笑脸。一边打着招呼，他看了看我胸前的校徽，告诉我他也是我们学校毕业的，似乎显得更亲切了。这时，一位穿着浅粉红色衣服的少女，怀抱着一大束金达莱和野百合微笑着来到了我们面前，和我寒暄了起来。那时候的我从来都不曾跟女孩子有什么接触，尴尬得不知如何是好。大哥说这是他妹妹，这样我才知道这女孩儿的来历。一直到二十世纪八十年代，韩国社会受儒教传统思想的影响，还处在强调“男女七岁不同席”的时期，虽然当时也有不受社会风气制约、追求自己喜欢的女孩子，尽情地恋爱的“情圣”，但像我这样性格内向的人连那样的梦都没做过。

我后来才知道，那个女孩儿虽然比我低一学年，但是年纪大我一岁。那时的她早已出落成了一个仿佛盛开的鲜花一般的美丽女子，竟让我一时间没认出来。在我眼里，她比天使还要美丽。我喜欢的一首韩国歌曲叫《春天的少女》，不论是歌词还是旋律，都能打动韩国人的心。她在我眼里就像是那“春天的少女”，当时又恰逢阳春三月，终于我鼓起勇气，问她现在在读哪所学校。谁知她告诉我，她已经在 ×× 银行的 ×× 支行工作了。后来我才知道，她毕业于一所有名的女子商高，随后就到了银行工作。无论是当时还是现在，那都是一份非常让人羡慕的好工作。自卑感油然而生，我还是硬着头皮打算约她，谁知话到嘴边，大巴车的司机大喊着催促他们上车，我也只好把好不容易送到嘴边的话又咽了回去。无奈那个年代电话也没有现在那么方便，也不知女孩知不知道我的心意，笑着看了看我便上车去了。当时我满脑子都是跟她一起去首尔的念头，经过整整一夜的思考，

参加中韩出版研讨会活动

韩语版《中国法律思想史十讲》

韩语版《善的历程》

我终于鼓起勇气，向母亲要了车费和最基本的花销，坐上了去首尔的大巴车。

当时我们家就靠着在小学里教书的父亲的薪水，四兄弟中两个在读大学，另外两个在读高中，并不十分富裕。我只能靠着家里寄来的上学的车费和买粮食的饭费生活。去学校食堂买饭吃从来都没想过，上学也只是带着饭，蹭同学带来的下饭菜来填饱肚子。所以那时候的我，两个口袋也总是空空的。

下了大巴车，我直接去了她告诉我的银行。不知道走了多少公里，我几乎问遍了每一个路过的银行，费了好大的力气才找到了她工作的地方。那个时候的东大门市场完全不是现在的这个样子，像一个洞穴一样，想要找到二层一角里的那个银行，真的不是件容易的事。疲惫不堪的我迫不及待地想要知道这是不是她工作的地方，于是一下子打开了银行的门。她就在门口的柜台，尽管我视力不太好但我还是一眼就认出了她。她正低着头工作，我克制不住喜悦的心情大声喊了她的名字。听到有人叫自己的名字，她猛地抬起头四处寻找声音的源头，看到我的那一刻，不知是惊慌还是……脸却红了起来。那一瞬间我以为给她带来了麻烦，不知所措，心里担心着她会不会说我什么。谁知她却向我挥了挥手，示意我过去，并小声地告诉我在银行门口的茶室等我。我强按住心中的喜悦进了茶室，坐在鱼缸旁边的座位上。

就在那个瞬间起，我开始了我的读书（阅读）生活，后来又为了研究中国历史去了中国台湾地区留学，再去日本完成了博士学业，这一切的一切真的是我当时连做梦都没有想到的。那次偶然的见面就像是我人生的分岔路口，无论什么时候，我都和身边的人这样说。

现在的银行都是计算机化办公，所以每天的工作都可以在当天完成，然后按时下班，而当时却不像现在一样。那还是用算盘算数的时代，所以很难在下班时间之前完成所有的工作。那时的我还没有接触社会生活，以为六点下班是很自然很正常的事情，所以坚定地认为她直到九点还没有出现，一定是把我们的约会忘了。我只能用看书来打发漫长的时间，也正是从那时候开始，我爱上了读书。当时满心的抱怨让我萌生了很多不该有的想法，“难道是嫌我招呼都不打突然跑来，偷偷地回家了？”“还是因为我突然闯来，她挨了上司的骂？”……而且，从下午两点一直等到了晚上九点，七个小时的等待中我忍受了茶室老板多少的白眼，现在想来当时的我也是怪可怜的。

快十点了，她才推门走进了茶室。看到她的那一瞬间，那些奇怪的猜测和抱怨的想法瞬间消失不见了。后来我知道了她迟到的理由，不由得为自己当时的抱怨感到羞愧。听到她婚讯的那一刻，我后悔不已，直到现在那种心情还清晰地留在我的心里。她没有坐下，说了声“走吧”，然后就来到了前台，掏出钱包付了茶钱。“时间不早了，我们去我家附近吧！”那时我才知道，她家和我的自炊房（租屋）完全是相反的两个方向，坐大巴车要一个小时。然而我们根本就没顾上这些，兴冲冲地小声聊了起来，从过去到现在，声音小得生怕别人听见似的。就这样过了半个多小时，她说该下车了。对于这个第一次来的地方，我还没反应过来，她挥着手招呼我快下车，我跟着她进了一家名叫“白房子”的小吃部坐下。不知是因为她也没吃晚饭，还是因为觉得连饭都没吃等了几个小时的我太可怜了，她连忙叫我点菜。虽然我口袋里没什么钱，但还是碍于男人的面子，对她说：“想吃什么点什么！”那个时候如果没有钱的话都会用收票抵账，当时我已经准备好摘下手表了。不知她是怎么知道了我的心思，只点了两碗拌面。我们俩狼吞虎咽，瞬间吃完了整碗拌面，她说太晚了，我忙说送她回家便一同出了小吃部。在那个年代晚上十二点以后是禁止在路上行走的，可能是担心我回不了家吧，她说不用了。而我像没听到她说的话一样，只是默默地跟在她后面。可是没走多久，她回过头对我说“我到家了”。我偷偷地看了一眼她的家，就是像农村的瓦房一样的普通房子。能让我知道她家住在哪里，心里也觉得十分幸运，我赶忙跟她道别“明天见”，说完没命地疯跑，这才赶上了末班车。回去的路上，想着来时与她的点点滴滴，仿佛找到了今生伴侣一样，幸福感流遍了全身。

从那天起，我每天都去她上班的东大门市场，在那家茶室里等她下班，然后一起坐公交车到她家附近的那家小吃部吃了晚饭，再送她回家。不知是不是因为我每天都等她，每次都是她来付饭钱。可能是知道我没什么钱，也可能是想要谢谢我等她吧。这样的生活一直持续到来年 4 月我入伍当兵的前一个星期。

学长们都说，大学一年级是人生中最难忘的重要时期，而我似乎对这一点体会得更加深刻。当然，他们的意思是鼓励我去创造更多的人生体验，而我觉得，是她让我有了更多的时间读书，而这些书就成了我人生的重要基础，这些就是我对大学一年级所有的记忆。虽然当时的我只是为了打发等待的时间才读书，但谁又能想到，这成了决定我人生道路的重要契机。

每天下课后，我一定会去图书馆借一些书，再来到那间茶室，一边读书一边等她。一般早的话要等四个小时，晚的话经常要等上七八个小时。不管怎么说，托她的福，真的读了好多书。而这对于我来说应该算是另外一种幸运，因为我觉得比起下了课和一些不相干的人一起用酒肉打发时光来说，在等待的时间里尽情地读书要显得更有价值。

服完兵役复学之后，我常在名为 AFC（Akademi Friendship Club）的大学联合社团里与其他学校的大学生讨论，我想那时读的书应该在这中间起了很大的作用，也是读书让我产生了去留学的想法，并赋予了我在留学期间一直得到奖学金的能力。回国后在研究院工作，在大学教书，现在又在运营“东南亚未来研究院”，甚至还经营起了生产我喜欢的“书”的出版社，我觉得这一切的一切，都是托她的福。

后来她结婚了，我们之间的关系也就随之断了。比我年长一岁，早早的通过安稳的职业过上了安定生活的她，对于服役三年后还要继续完成三年的学业，即使毕了业也不知能不能找到一份安定工作的我来说，似乎成了一个遥不可及的奢望。但人生真的很奇妙，那次我与她在公交站相遇是 1975 年 4 月 16 日，我去服兵役与她道别的日子却也是来年的同一天，1976 年 4 月 16 日，她结婚的日子是 1979 年 4 月 16 日。虽然只是短短的四年的时间，她给予我的是一年的读书时间，三年的书信往来，我们通过书信来互通读后感，这些对于我来说都是上天对我的珍贵的恩赐。

她结婚以后我复学的那三年，还有后来在中学教书的一年里，我迷上了毛笔书法。虽然后来因为去留学就放下了，但练习书法的过程中让我对汉文有了更加深刻的理解，也可以说书法是我后来去中国台湾地区留学的原动力。当时中韩还没有正式建交，所以我根本就没有想到去中国大陆留学。决定去中国台湾地区留学，在一定程度上受了当时一起在书法社团活动的华侨同学的影响，而且当时已经在中国台湾地区留学的社团的学长也积极地向我推荐了台湾地区，当然，更多的还是通过读书让我对中国产生了巨大的好奇心，这促使我最后做了决定。在台湾地区我第一次正式学习中文，当时有多么用功到现在我还清晰地记得。小时候在韩国学的汉字真真帮了我不少忙。

为了更多了解我非常喜欢的毛泽东，我选了“明末清初，湖南省农村社会和农民的社会经济分析”作为我研究生毕业论文的课题。为了完成论文，我阅读了大量的关于毛泽东的书籍。这样的经历又让我以一篇名为“中国革命的起源”的论文在日本拿到了硕士学位，也成为我后来回到韩国翻译《毛泽东选集》的重要契机。

我在中国台湾地区留学的时候，国民党当政的台湾地区一直处于戒严时期，所以中国大陆的论文是无法看到的。而写关于毛泽东的论文更是难上加难。后来我选择去日本留学，在一定程度上也是为了摆脱这种困境。日本收藏的中国大陆相关资料比台湾地区要多得多，也正是因为这样，我才能写出很多优秀的论文。当然配合他们的想法也绝非易事。然而不是因为当时所处的环境，而是家里的情况突然恶化，我不得不咬牙克服诸多困难，只用了 4 年就修完了文学博士课程，拿到学位回到了韩国。

回国后，韩国的情况也不是很好。本来承诺接收我的母校，因为教授们之间的斗争而不能兑现承诺。最后，学校不能任用我为教授，我只好去申请其他的大学。然而当时最紧急的是，作为要养育两个孩子的家长，要奉养父母的长子，我必须马上找到糊口之策。因为我的专业是中国历史，正好借着当时中韩建交的机会，我决定通过翻译中国的书籍把中国真正的

韩语版《明代哲学史》

韩语版《觅渡》

韩语版《出版业研究》

样貌介绍给韩国社会。虽然当时从出版社拿到的翻译费少得可怜，但因为这是我全部所学，我也真的别无他选。

就这样，我翻译的第一本书是《我的父亲邓小平》，由邓小平的三女儿毛毛所写，当时在对中国改革开放有着极大兴趣的韩国人中间引起了巨大的反响。1993 年 3 月，为了纪念这本书的出版，书的原作者毛毛还亲自来到了韩国，与当时的大宇公司在希尔顿酒店十层举行新书发布会。我是毛毛的第一位韩语译者，她送我的那本签过名的书，到现在我还珍藏着。

那时候，以韩、中、日三国为中心成立的国际出版学会每两年都会轮流举行研讨会，我从 1992 年首尔国际出版学会的时候开始，负责翻译工作，也是通过这样的机会，我认识了很多各国出版界的著名学者，并有幸与他们进行交流。特别是中国出版界的元老们，因为他们的关系，让学中国历史专业的我对中国有了新的认识，特别是在中国出版方面学到了很多东西。其中比较有代表性的学者有：著名的北京大学教授、编辑戴文葆老师，前人民出版社社长薛德震，中国编辑学会会长邵益文老师，人民出版社总编辑吴道弘老师等，能有幸与这些学者相识，我真心地感到荣幸。特别是戴文葆老师，每次来韩国都会到我家来看望我的家人；薛德震老师还曾带我去曲阜，还与我一起游泰山；吴道弘老师把我喜欢的一首名为《降雪》的诗词用行书写下作为礼物送给我，到现在还挂在我家的客厅的墙上。年事已高的邵益文老师去年（2017 年）还到新闻出版研究院参加了我的专访。这些专家学者来往于韩、中、日三国之间，每次相逢的场景，到现在都历历在目。

他们那个年代之后的出版界，我结识的朋友更是数不胜数，直到现在他们都待我非常热情。我每年大概会去北京五六次，每次都要和这些朋友小聚，这似乎已经成为了我生活中不可缺少的一部分，我也真心地感谢这些待我如亲人的朋友们。

就这样从日本回国之后，直到 2002 年我当了教授的这十年里，我一直从事与中国相关的史书编辑和翻译工作。现在想来，那时虽然经济上不是那么富裕，但时间很多，也正是因为处在那个血气方刚的时候，才能完成那样的工作。另一方面，在中韩建交的那最关键的十年里，我有幸能从事那么有意义的工作，这或许也是上天的安排吧。那十年里我大致翻译了以下这些书。

1. 毛毛：《我的父亲邓小平》
2. 毛泽东：《毛泽东选集》《实践论 · 矛盾论 · 新民主主义论》
3. 邓小平：《邓小平文选》
4. 郭沫若：《金刚山哀话记》《豕蹄》
5. 李敏：《我的父亲毛泽东》
6. 蒋菲菲：《韩中关系史》
7. 洪迈：《容斋随笔》
8. 上海临时政府旧址管理处：《申报韩国独立运动关联记事拔萃集录》《中国抗日战争与韩国独立运动》

2002 年成为教授到 2012 年退休的十年里，我大部分的时间都花在了写论文上。当时总共完成了一百二十余篇论文，其中三分之二大概有八十多篇是对韩中日三国的文化、经济、政治以及民族性的比较研究，也有一些是关于韩中关系的。其中比较有代表性的论文有以下几篇。

1. 关于韩、中、日三国的近代化挫折与成功之思想的背景比较研究——以佛教思想的调和与葛藤为中心
2. 20 世纪初，韩、中、日知识阶层对半殖民地论之性格的比较
3. 对韩、中、日三国之殉国意识的比较研究
4. 韩中日多宝塔的特性比较

5. 韩中建交前后，中国价值理念在韩国传播的状况、问题及其解决方案
6. 在汉字文化圈，翻译之近现代的意义与对向后协力方案的一考察
7. 3.1 独立运动前后，孙中山的对韩观变化研究
8. 情报技术革命时代与东亚之出版协力——以协力方案的摸索为中心

2012 年 8 月，我参加了韩国为主宾国的北京国际图书博览会，当时是以准备委员会副会长的资格参展，为书展的顺利举行献出绵薄之力。书展举行的前一天我参加了第六届中华图书特殊贡献奖的授奖仪式，我本人成为了第一个获奖的韩国人。

后来我成立了“东南亚未来研究院”，研究院的成员是我的几个在中国取得文学硕士学位和博士学位的学生、一些汉文翻译能力比较强的大学毕业生。我们做一些韩国政府的项目的同时，也会把我多年积累下的材料编辑成书，主要作品如下。

1.《韩中关系的误解和真实》
2.《韩民族与东亚世界》
3.《中国革命之起源》
4.《韩中书籍交流史》
5.《韩中日文化 · 思想比较研究》

此外，我们与中国的出版社例如人民出版社、新世界出版社、人民大学出版社、三联书店等合作，从事翻译出版事业。从 2012 年开始先后在韩国翻译出版了以下图书。

1.《中国人的美德》
2.《出版产业研究》
3.《中国法律思想史 10 讲》

4.《中国社会思想史新编》
5.《中国历史与文化》
6.《中国之路》
7.《中国的未来》
8.《中国改革开放 30 年》
9.《中国的抉择》
10.《北京奥运的人文价值》
11.《十三世达赖喇嘛》
12.《格萨尔王》
13.《大国的责任》
14.《人民币读本》
15.《礼与法——中国传统法律文化总论》
16.《国史续述》
17.《中国的传统道德》
18.《中国文化与中国宗教》
19.《新教育讲演录》
20.《非常采访》
21.《明代哲学史》
22.《中国关键词》
23.《觅渡》
24.《中国经济发展模式研究》
25.《毛泽东箴言》
26.《毛泽东，周恩来，溥仪》
27.《邓小平南方谈话真情实录》
28.《在毛泽东身边 106 人的回忆》
29.《毛泽东评述诸子百家》

30.《中国通史简本》

31.《朱镕基讲话实录》

32.《中国古代文论的现代阐释》

33.《善的历程》

34.《毛泽东评述中国历史名人名著》

35.《人口转变的中国道路》

36.《儒学社会通论》

37.《百年衣裳》

38.《你是这样的人——回忆周恩来口述实录》

39.《握手风云——毛泽东与国际政要》

40.《简明清史》

韩语版《中国通史简本》

韩语版《北京奥运的人文价值》

韩语版《中国历史与文化》

韩语版《中国古代文学的现代阐释》